LE
SALUT DE L'EUROPE.

Versailles. — Imp. BRAU jeune, rue de l'Orangerie, 36.

LE SALUT
DE
L'EUROPE

« La justice élève les peuples ! »

SALOMON

Première partie : Le nœud gordien, situation politique du monde entier.

Deuxième partie : Les solutions, politique nouvelle proposée au gouvernement français.

Troisième partie : Les réformes.

PARIS
LIBRAIRIE DE CHARLES DOUNIOL,
RUE DE TOURNON, 29.

PRÉFACE.

Quand Alexandre le Grand trancha de sa vaillante épée le célèbre nœud de Gordium, les devins lui déclarèrent qu'il était digne de commander à l'Asie. Et, ce jour-là, les devins dirent vrai, contre leur habitude, car, bientôt après, selon la parole d'un écrivain antique, « la Terre se taisait devant le roi de Macé-
» doine. »

Or, aujourd'hui, il existe un Nœud bien autrement compliqué que l'innocent filet de chanvre du vieux roi Gordius : et ce Nœud, à la fois physique et moral, tangible et insaisissable, visible et invisible, enlace le monde entier. Il est né de la vertu et du vice, de l'erreur et de la vérité, des crimes des scélérats et de l'héroïsme des gens de bien, des excès des puissants et de la patience des faibles, des folies des sophistes et de la doctrine des sages, de l'égoïsme et du dévouement, des passions et de la raison, en un mot, de tout ce que les bons et les mauvais génies, les bienfaiteurs et les fléaux du genre humain ont produit depuis l'origine des sociétés humaines. Ce phénomène n'est autre chose qu'une phase importante de la lutte éternelle que le bien et le mal, le juste et l'injuste, le droit naturel et les caprices de la volonté humaine, se livrent depuis le commencement des siècles.

Primitivement, cette lutte n'avait pour théâtre qu'un coin de terre, et cependant elle était assez vive pour produire, d'une part, l'héroïsme de l'innocence et du martyre, de l'autre, tous les excès des passions, signalés par la révolte contre Dieu et par le meurtre ou l'oppression de l'homme.

A mesure que la race humaine étendait au

loin ses rameaux vigoureux, l'opposition radicale entre le bien et le mal, voyageant avec les tribus nomades, choisit enfin son domicile au milieu des nations. Toutefois, les communications entre des lieux éloignés étant alors difficiles, souvent même impossibles, ce perpétuel combat était toujours circonscrit dans d'assez étroites limites, et ses émouvantes péripéties variaient çà et là, selon le cours d'une rivière, le versant d'une montagne, le bassin d'un fleuve ou d'une mer. L'Empire romain lui-même aurait pu s'appeler l'Empire méditerranéen.

Le monde était donc divisé en plusieurs petits mondes complétement différents de mœurs, de principes et de lois. Il y avait très-peu de rapports sociaux et certainement aucune solidarité entre le monde romain, le monde parthique, le monde hindou, le monde chinois, et le monde des tribus germaines, scythiques ou libyennes. Pendant que Caligula, Néron et Domitien répandaient dans Rome la terreur et la dégradation, l'empire Chinois, qui ne s'en doutait guère, jouissait d'une prospérité inouïe sous la puissante dynastie des Han, les Parthes étaient heureux avec les Arsacides, les Africains et les hommes du Nord avec tel ou tel chef de tribu.

Le même isolement régna parmi les nations au moyen-âge ; et la religion seule put établir une certaine solidarité entre le monde chrétien, d'une part, et les peuples musulmans, de l'autre.

Mais, depuis que de providentielles découvertes ont facilité les relations sociales ; depuis que les idées ont voltigé sur les feuilles d'impression dans tous les coins du globe ; depuis que la vapeur a offert aux populations voyageuses un agent mille fois plus rapide et plus sûr que les dromadaires du désert et les voiles qui couvraient l'océan ; depuis que l'électricité a mis les hommes en communication d'un bout du monde à l'autre, un prodigieux changement s'est opéré sur la terre. Les vieilles barrières qui séparaient les peuples sont tombées en ruines ; d'universelles relations se sont établies ; les opinions, les croyances et les mœurs sont entrées en fusion ; les intérêts de tous les peuples se sont emmêlés ; en un mot, les hommes de tous les climats sont devenus solidaires les uns des autres, non point, certes, de cette solidarité ridicule, vantée par quelques Belges, et par laquelle des hommes égarés s'engagent à vivre et à mourir dans un matérialisme dégradant pour la nature humaine, mais de la *solidarité véritable* qui naît de la communauté des besoins, de l'harmonie des aspirations et de la fusion des intérêts.

Ce mouvement qui s'accélère chaque jour davantage conduira le monde à un état qui ne s'est jamais vu et que l'on peut caractériser en trois mots :

« *Variété dans l'Unité.* »

Mais, en attendant cette étonnante métamorphose dont les plus pénétrants génies ne peuvent encore avoir qu'une intuition incomplète et une prévision à demi voilée, le genre humain est en marche vers des horizons inconnus jusqu'à ce jour.

Or, tout exode est accompagné de dangers : et celui-ci, plus que tout autre, semble enveloppé de nuages et de tempêtes. Les passions humaines qui ont autrefois produit tous les excès de la force brutale, l'oppression, la corruption et l'avilissement de l'Humanité, s'agitent avec une fureur d'autant plus grande que la carrière s'étend à perte de vue devant elles. Les hommes qui ont si longtemps profité des abus établis dans l'ancien monde, prétendent en user plus que jamais dans le monde nouveau; les puissants se donnent la main pour opprimer les faibles : les opprimés s'appellent à grands cris pour repousser le joug des forts : et le monde tend à se diviser en deux camps rivaux que la jalousie et la vengeance, d'une part, l'égoïsme, la cupidité, l'ambition, de l'autre, animeront d'une haine inextinguible. Le globe deviendra ainsi un immense champ clos où les grands et les petits, les riches et les pauvres, les aristocrates et les prolétaires s'extermineront sans pitié, si le ciel n'apaise par sa douce intervention les violents orages prêts à éclater.

Voilà le plus redoutable des Nœuds Gordiens ! Et celui qui le dénouera sera digne de l'empire du monde !

Sans aspirer si haut, tout homme sage doit s'efforcer, du moins, de préparer les voies à l'action bienfaisante de la Providence, en travaillant à rendre la société meilleure, en lui signalant les dangers qui l'entourent, les ennemis qui la menacent, les abus qui la rongent, les plaies qui la déchirent, les douleurs qui la tourmentent, et les moyens les plus aptes à faire triompher la *Justice* qui doit être la reine du *Monde Nouveau* vers lequel nous marchons à grands pas.

Telle est la pensée qui a inspiré ce livre, et son auteur sera heureux, s'il fait un peu de bien.

Il est dédié spécialement à la France, parce que les principes, le caractère et la grande position de la Nation française la désignent évidemment pour marcher à la tête de la croisade civilisatrice qui doit conduire le genre humain à *l'Ère de la paix universelle*, où l'organisation de la justice humaine qui régit aujourd'hui les individus, sera complétée par la *Justice internationale* qui régira les peuples et les rois, afin que les droits de chacun soient en harmonie avec les droits de tous.

J.-B.-V. Marie.

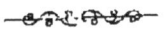

PREMIÈRE PARTIE.

LE NŒUD GORDIEN

EXPOSITION DE TOUTES LES QUESTIONS POLITIQUES ACTUELLEMENT
PENDANTES DANS LE MONDE ENTIER.

CHAPITRE Ier

Le Pangermanisme.

Un roi de Prusse s'élança un jour fort agité hors de sa couche royale, en s'écriant : « Je l'ai vue ! je l'ai vue ! » Ses chambellans accoururent étonnés, et lui dirent avec respect : « Sire, qu'a donc vu Votre Majesté ? » Mais le roi ne voulut pas s'expliquer : il était à la fois joyeux et rêveur; il fit apporter ses armes et tout son costume guerrier, et, quand il en fut revêtu, il manda aussitôt son premier ministre. Or c'était le point du jour, et le sommeil régnait encore dans toutes les royales demeures de Pétersbourg à Lisbonne et de Paris à Stamboul. Seul, le roi de Prusse veillait à Berlin ! Il veillait dans son cabinet, en parcourant du doigt une superbe carte de l'Europe du moyen âge, et en répétant : « C'est cela! oh! c'est bien cela! » Et il trépignait en attendant son vizir.

On l'annonça enfin ! et le prince, oubliant l'étiquette royale, courut à lui et l'embrassa en disant : « Ah ! cher comte ! je l'ai vue ! je l'ai vue enfin !... » — « Mais quoi donc, Sire ? » — « La Prusse historique !!! Vous savez que vous m'en parliez depuis longtemps, et que je ne pouvais pas y croire. Mais cette fois je suis converti. Oh ! je l'ai vue, je l'ai admirée, je l'ai contemplée. Elle ressemblait au personnage qu'on appelait jadis la Ligue Hanséatique ; mais elle était beaucoup plus grande et plus forte ; ses yeux lançaient des éclairs ; sa tête était couronnée de tourelles ; ses cheveux étaient des fusils à aiguille, et tous ses doigts des canons rayés ; sur diverses parties de son vêtement étaient écrits les noms du Schleswig, du Hanovre, de la Saxe, de la Hesse, de la Bavière, du Wurtemberg. Et ce que vous ne croirez pas, c'est qu'elle grossissait à vue d'œil... et que son manteau commençait à couvrir la Bohême, la Hollande, la Belgique, l'Autriche, la Lorraine, l'Italie ; c'est que l'Orient et l'Occident lui tendaient les bras, et que la couronne du Saint-Empire romain descendait déjà sur sa tête, quand une femme... (peut-on la nommer sans blasphème !) une femme audacieuse a paru soudain ; elle s'est élancée, elle a saisi la couronne, elle l'a mise en pièces avec fracas, et a proclamé le *Droit nouveau !* Plein d'un juste courroux, j'ai voulu aussitôt me lever pour venger notre Prusse ; mais elle s'est évanouie à mes yeux : tout a disparu dans une vapeur blafarde, et je n'ai plus entendu que des voix lointaines qui répétaient : *Le Droit nouveau! le Droit nouveau!*

« Que pensez-vous, Bismark, de ce rêve incroyable? »

Le comte de Bismark (car c'était lui) s'inclina profondément, et répondit sur ce ton à la fois brusque et fin qu'il sait si bien prendre quand il veut : « Je disais bien à Votre Majesté que la Prusse est appelée à remplir un grand rôle historique; je suis joyeux de voir que mes projets politiques sont approuvés par le ciel même qui vient ainsi de nous dévoiler l'avenir. Sire, ceci n'est pas seulement un jeu de votre esprit, un rêve, une fantasmagorie nocturne; mais c'est un avis céleste! c'est un conseil! c'est un ordre! c'est un événement! Si Votre Majesté veut m'en croire, Elle mettra sur-le-champ la main à l'œuvre. » — « Mais le *Droit nouveau?* Qu'est-ce que c'est que ce *Droit nouveau* dont il s'agissait à la fin de mon rêve? Si nous allions favoriser la liberté, cette sotte Liberté populaire?... Hein? qu'en pensez-vous, Bismark? Il vaudrait mieux ne rien faire du tout... » — « Oh! nous y veillerons, répondit le rusé ministre; et puis cela n'est pas clairement annoncé : Votre Majesté ne l'a vu que dans un nuage; tout cela est donc problématique et vaporeux; il n'y pas lieu de s'en troubler, et il ne faut pas abandonner le certain pour l'incertain, ni renoncer aux victoires promises pour éviter un embarras douteux.... Tout nous pousse à l'action : la circonstance est favorable ; le trésor royal est plein à regorger ; l'armée est belle, nombreuse et vaillante : les rivaux sont chancelants et maladroits... Agissons, Sire, agissons ! Dieu le veut !!! »

Le roi Guillaume tressaillit, tendit la main à son ministre, et se leva en disant : « Dieu le veut !... Alors il faut marcher en avant ! » — « Nous marcherons, Sire, je le promets à Votre Majesté !» répliqua l'audacieux comte en prenant congé de son roi.

Ceci se passait clandestinement à la cour de Berlin, au printemps de l'année 1866. Ce jour-là vit le *Pangermanisme* s'incarner dans le roi Guillaume, et le sceptre de la Prusse passer à M. de Bismark.

Cet homme d'État avait déjà fait ses preuves dans l'affaire du Schleswig, dans la spoliation du Danemark et la convention de Gastein. Mais il n'était pas sans rivaux en Allemagne; son prestige n'était pas encore affermi, son habileté n'était pas reconnue de bon aloi par une foule de patriotes allemands. On ne voyait encore en lui qu'un brouillon, un ambitieux, un Louvois au petit pied : bon nombre de rois, de princes et de ducs lui faisaient la sourde oreille et se proposaient bien de braver ce qu'ils appelaient alors « l'insolente audace du major prussien. » Le roi

de Prusse prêtait une oreille à son ministre et
l'autre à ses hobereaux. Les monarques voisins
eux-mêmes souriaient et disaient d'un air intri-
gué : « Voyons ce que fera ce diable de comte.
La chose sera d'autant plus curieuse qu'elle ne
nous touche pas et que nous sommes tout à fait
désintéressés... L'Allemagne est un champ clos.
Voyons ce que va faire l'ours prussien contre le
taureau d'Autriche et toute la meute qui le suit. »

Un an s'est écoulé depuis lors, et tout le monde
a changé d'attitude : les plus hauts seigneurs
allemands font antichambre chez M. de Bismark.
Ses ordres sont obéis ; ses lubies sont respectées ;
le petit peuple ne l'appelle plus que le *Grand
Comte*. Une partie de l'Allemagne est couverte
de sanglants débris. L'Autriche silencieuse panse
ses plaies à l'écart. Les plus puissants princes de
l'Europe réfléchissent. Les peuples, plus clairvoyants peut-être que leurs princes, plongent leurs
regards vers tous les points de l'horizon, prêtent
l'oreille à tous les bruits, et se demandent avec
inquiétude si tout est bien fini là, et si les conquérants nouveaux-nés ne vont pas troubler audacieusement leur repos.

Une campagne heureuse a produit ce revire-
ment extraordinaire. Les journées de Gitschin,
de Nachod et de Sadowa, en donnant à l'armée
prussienne une opinion exagérée de sa force, ont
paru réaliser le rêve du roi Guillaume ; et l'habi-

leté diplomatique de M. de Bismark, plus redoutable que les fusils à aiguille, a rendu la Prusse l'arbitre de l'Allemagne.

Aucune bataille livrée dans les temps modernes n'a produit un effet moral aussi prodigieux que celle de Sadowa. Les petits princes allemands ont montré en cette occasion tous les défauts des gens de mince valeur. Après avoir été hautains jusqu'à la jactance envers le ministre prussien, ils se courbent devant lui jusqu'au servilisme, sans aucun souci de leur dignité personnelle. C'est à qui se hâtera le plus de renoncer à ses droits et à ses priviléges : c'est à qui se dépouillera le plus complétement ; c'est à qui s'inclinera le plus littéralement jusqu'à terre. L'an passé l'Europe assistait aux scènes lugubres des champs de bataille, et, disons-le, elles ne furent pas sans gloire pour l'Allemagne ; car si les généraux des petits Etats allemands, — les Saxons et les Hanovriens exceptés, — jouèrent le rôle de matamores, les grandes armées de la Prusse et de l'Autriche comptèrent plus d'un héros. « C'était le jeu des dés de fer où l'on jouait les sceptres et les couronnes, » selon l'énergique expression de M. de Bismark, et l'on pouvait y succomber sans honte.

Mais les pasquinades des Allemands, en présence de la dictature militaire du roi de Prusse, rapetissent singulièrement l'idée que l'on aurait pu se faire du caractère de leur nation.

On dirait un bétail né pour les verges et le fouet.

Je ne sache rien de plus triste que de voir un grand peuple renoncer à toutes ses libertés, se lier pieds et poings et se faire l'instrument aveugle d'un pouvoir conquérant qui veut fouler à plaisir les droits des nations voisines. Cette prodigieuse aberration d'esprit peut produire certains épisodes d'une gloire fausse, d'une prospérité apparente et d'un éclat sinistre; mais elle finit à peu près toujours par la ruine des agresseurs. Après l'abus de la victoire, un jour se lève enfin, jour de colère et de vengeance, où le ciel et la terre semblent s'unir pour prononcer l'arrêt de la nation coupable, et pour faire tourner à sa perte les triomphes mêmes dont elle a tant abusé. L'univers applaudit à sa défaite, et à l'infamie, qui s'attache toujours aux pas des contempteurs du droit, se joint la honte d'un châtiment reçu et mérité.

L'Allemagne prussienne commence aujourd'hui un rôle d'aberration qui la conduira fatalement à des abîmes.

Le Pangermanisme, qui depuis quelques années errait çà et là comme un rêve sinistre dans quelques cervelles hégéliennes et dont tout ce qu'il y a de sensé en Europe déplorait la folie, a tout à coup pris un corps. Ce fantôme s'est personnifié dans le roi Guillaume, dont l'intelligence *piétiste*[1] semblait prédisposée aux hallucinations ; et le voilà superbement campé au centre de l'Europe avec armes et bagages, braquant sur tous les points de l'horizon ses fusils à aiguille et ses canons rayés, proclamant inaliénables les droits du Saint-Empire allemand qui vivait en l'an 1000, écrasant le Danemark, pressurant la Pologne, maltraitant l'Autriche, menaçant la Hollande, flairant la Belgique, insultant la France même, et prodiguant ses caresses d'ogre à l'Italie, parce que le roi de Berlin espère un jour recevoir à Rome la couronne des empereurs d'Occident, qui fera de sa personne un Charlemagne et de la Prusse l'empire des Germains.

Tels sont les plans avoués ou secrets des pangermanistes allemands. « *L'Allemagne par des-* » *sus tout, l'Allemagne au-dessus de tout dans le monde !* [2] » Voilà leur cri de ralliement.

[1] Tout le monde sait que la secte des piétistes fondée en 1689 à Leipsick, par Spener, dans des réunions appelées *colléges de piété* compte de nombreux adhérents à Berlin, et se distingue entre toutes les sectes luthériennes par son austérité, sa ferveur mystique et son ardent prosélytisme. Le roi de Prusse en est l'un des membres les plus exaltés. M. de Bismark a su le prendre par son côté faible en lui persuadant que Dieu l'appelait à régénérer l'Europe par le piétisme, et Guillaume croit de bonne foi que toutes ses guerres sont de véritables croisades pour le triomphe de l'Evangile et du droit divin des rois qui en est inséparable à ses yeux. Cela donne peut-être la clé des sympathies de certaines feuilles protestantes pour la Prusse.

[2] C'est le mot d'ordre de la *Burschenschaft,* la plus an-

Ils se flattent que l'heure de la grandeur de l'Allemagne a sonné, qu'elle n'a qu'à vouloir pour saisir le sceptre de la suprématie échappé successivement à tant de peuples rivaux; qu'un nouveau César est nécessaire à l'Occident, et que le roi de Prusse est appelé par la Providence à remplir cette prétendue mission historique. Là-dessus, ils dirigent contre tous les peuples voisins leur politique cauteleuse et agressive, mélange de force et de ruse, de menaces et de persuasion, pour les affaiblir graduellement, et les amener enfin à reconnaître la suzeraineté du futur empereur des Germains.

Mais, comme ils savent bien que depuis les revers de l'Autriche une seule puissance en Occident peut encore empêcher leur triomphe, c'est contre cette puissance qu'ils dirigent toutes leurs attaques secrètes ou apparentes, c'est elle qu'ils cherchent à isoler, à effrayer, à discréditer, à diviser pour la frapper ensuite d'un coup de massue, comme ils ont frappé l'Autriche à Sadowa !

Voilà le fil de toutes les rouéries de M. de Bismark ; voilà le chemin que suivent les fonds secrets de la couronne de Prusse ; voilà le mobile de ces gigantesques armements que l'Europe n'avait pas vus, même en 1844, et que l'on ne peut com-

cienne société patriotique de l'Allemagne, au sein de laquelle M. de Bismark a sucé la politique « du fer et du sang » parer qu'à la grande invasion des Barbares qui engloutit l'empire romain.

Le danger est donc grand pour l'Europe occidentale, et il est d'autant plus grand que les flots de conquérants qui s'apprêtent à franchir le Rhin ne sont plus composés d'hommes simples et libres que la civilisation chrétienne peut adoucir, mais d'hégéliens, de panthéistes et d'athées, farouches par principes, cruels par réflexion, oppresseurs par système, ennemis jurés de la France, parce qu'elle a osé proclamer le droit des peuples, parce qu'elle voudrait mettre fin à l'absurde politique de la guerre en organisant le congrès permanent de la paix, parce qu'elle voudrait chasser la force brutale de son trône séculaire pour donner à la justice le sceptre du monde régénéré.

Oui, le danger est grand pour l'Europe, car, par une singulière coïncidence, de même que jadis les tribus germaines étaient suivies de près par les hordes d'Attila, de même, aujourd'hui, derrière les régiments de la Prusse s'avancent les légions de la Russie. Le *Pangermanisme* n'est que l'avant-garde du *Panslavisme*. Les tsars, fidèles à la politique de Pierre le Grand, ont toujours cherché en Occident un puissant État qui voulût être leur complice. La France a été plusieurs fois sollicitée à ce sujet, spécialement par Alexandre 1er à Tilsitt. Le tsar Nicolas avait essayé de l'Autriche, mais la Prusse seule consent à être assez docile aux perverses volontés des tsars. Une alliance offensive et défensive, dans un but de conquête et d'oppression, est conclue en secret entre Pétersbourg et Berlin.

Les deux cabinets affectent de vouloir la paix, de parler de modération et de respect pour les traités, mais ils ne tiennent à tout cela qu'autant qu'ils peuvent s'en servir pour leurs projets ambitieux. Il faudrait être aveugle pour ne pas le voir. Avant la campagne de Bohême, la Prusse parlait de paix, prenait des airs de modération et faisait sonner bien haut son respect pour les traités ; mais tout cela n'était qu'un jeu pour cacher ses préparatifs de guerre. Un mois après, elle écrasait l'Allemagne du sud et violait audacieusement le pacte d'équilibre européen. Elle a conquis le Holstein, sous prétexte qu'on y parlait allemand ; mais elle n'en garde pas moins le Shleswig, quoiqu'on y parle danois et la Pologne où l'on parle polonais [1] ; elle convoite la Hollande

---

[1] La conférence de Londres lui a arraché avec peine le Luxembourg où tous les cœurs sont français. Mais M. de Bismark a eu soin d'insérer dans le traité une clause habile qui donnera un jour ce duché à la Prusse. L'article spécial qui réserve les droits des agnats de la maison d'Orange-Nassau est une porte toujours ouverte, par laquelle le roi de Prusse qui a acheté à prix d'argent les droits desdits agnats, rentrera un jour dans la forteresse de Luxembourg, en bénéficiant de la neutralité garantie par l'Europe. Cet article seul suffit pour rendre le traité de Londres illusoire, dangereux et humiliant

où l'on parle hollandais ; elle menace la France elle-même, parce qu'elle lui rappelle la justice et le droit.

Où s'arrêtera cette politique d'envahissement? Dieu seul le sait. Mais en ce moment, le roi Guillaume nous paraît ambitionner le rôle de l'empereur Frédéric Barberousse qui, dans la diète de Roncaglia, força les docteurs de Bologne à déclarer hérétiques et excommuniés tous les *rebelles*, y compris le pape Alexandre III, qui ne voulaient pas reconnaître la haute suprématie du *saint empereur des Romains* sur l'Occident.

En présence de telles prétentions, la paix n'est pas possible. L'Europe n'est pas disposée à s'incliner devant ces despotiques réminiscences du moyen âge. Les orgueilleuses passions de la Prusse ne peuvent manquer d'embraser l'Occident. Le Luxembourg n'est qu'un atome dans ce grand débat. La véritable question est celle-ci : l'Europe veut-elle, oui ou non, laisser grandir dans son sein un État conquérant qui n'admet d'autres droits que la force, d'autre mobile que son intérêt, d'autres règles que ses caprices? Si oui, l'Europe aura une paix fausse et orageuse qui la conduira au plus honteux asservissement: si non, il faut

pour la France. Le roi de Hollande ne pourra pas céder le duché à la France : le roi de Prusse pourra l'acquérir comme héritier des agnats. Voilà qui est humiliant pour notre patrie.

tirer l'épée, pour soutenir énergiquement les droits et la liberté des peuples.

Grâce à la modération de la France, la question du Luxembourg a été réglée dans la conférence de Londres, et tout bon Français sera fort aise que l'Europe ne puisse pas accuser son pays d'avoir mis le feu aux poudres pour s'agrandir.

Mais je constate avec tristesse que si la Prusse persévère dans la politique « du fer et du sang » que lui a tracée M. de Bismark, la querelle, loin d'être vidée, renaîtra bientôt plus brûlante que jamais. Voilà pourquoi la Prusse conquérante doit être comptée comme la première maille du Nœud Gordien !

CHAPITRE II

Le Panslavisme.

Mais il y a encore bien d'autres dangers qui menacent l'Europe.

N'entendez-vous pas dans le lointain la voix affaiblie de cent échos plaintifs ?...

C'est le râle de la Pologne !

Ce sont les gémissements d'un peuple dans les fers !

Ce sont les pleurs des vierges déshonorées, des vieillards souffletés, des veuves et des orphelins sans abri.

Ce sont les cris de douleur des prisonniers expirant sous la plèthe ou le knout, et dans les tortures de la faim.

Ce sont les lamentations des femmes arrachées à leurs époux, des enfants ravis à leurs pères.

Ce sont les soupirs des patriotes exilés dans cet enfer de glace d'où l'on ne revient pas et sur toutes les portes duquel sont écrites en lettres de sang ces paroles du Dante :

Lasciate ogni speranza, ô voi ch'intrate !...

C'est aussi le pas monotone et cadencé des sentinelles russes veillant sur des tombeaux.

Ce sont les ricanements des bourreaux acharnés sur leurs victimes.

Ce sont les clameurs des officiers, ordonnant le pillage, le massacre et l'incendie.

C'est la voix du despote approuvant ces horreurs...

C'est le cri des croyants qui espèrent encore ! ! !

Mais, silence !... Écoutez !... De nouveaux bruits s'élèvent...

C'est le cri d'horreur de la Scandinavie, car le bras des bourreaux se lève aussi contre elle, et le sort de la Pologne lui est peut-être réservé dans un prochain avenir.

C'est le cri d'effroi de la mourante Turquie. L'aigle russe a flairé cette proie et pousse ces cris secs et gutturaux qui annoncent son vol et présagent son attaque.

Ce sont les chants funèbres des héros circassiens. Ils ont défendu comme des lions les portes de l'Asie occidentale contre la Russie. Mais les hordes moscovites, semblables à une mer furieuse, montent, montent encore, montent toujours et débordent enfin par-dessus les hauts sommets du Caucase dans les vallées de l'Arménie. Les braves Circassiens disent un éternel adieu au doux foyer qui les vit naître, aux abruptes rochers, témoins de leurs exploits, et vont chercher sur la terre étrangère le pain amer de l'exil et les joies austères de la liberté.

Prêtons l'oreille encore !...

De sauvages clameurs s'élèvent du désert...

Ce sont les Khirghiz, les Kalmouks et vingt autres tribus tartares que leur héroïsme n'a pu sauver et que le géant moscovite foule aux pieds avec sa barbarie accoutumée. Khodjent, Taschkendt, Bokhara, les cités reines du pays des steppes ont courbé leur front superbe devant le Tsar.

La métropole de Genghiz-Kan et de Timour-Lenk, la puissante Samarkand est menacée à son tour. C'en est fait. Les Tartares sont domptés... Leurs belliqueuses hordes, comme celles des Cosaques, font partie de l'armée du conquérant.

Sans doute, comme Attila, il leur a promis le pillage du monde !

En effet, en ce moment, dans toute la Russie, retentit le cri de guerre : on fabrique des fusils, des canons, des machines de toute espèce ; on aiguise les lances ; on fourbit les épées. Le tsar lève des contributions inouïes et appelle sous l'étendard des Iwans les hommes farouches des régions polaires. A travers l'immensité des steppes, les armées se rassemblent, d'innombrables guerriers sont en marche...

Où vont-ils ? Sur quelle contrée les bourreaux

de la Pologne, de la Circassie, de la Tartarie vont-ils déployer leurs fureurs ?...

Deux voies depuis longtemps préparées sont ouvertes devant eux aboutissant l'une et l'autre à la conquête de l'ancien continent. Ce sont le panslavisme et le schisme grec.

Pour bien comprendre la politique de la Russie, il faut remonter à cette époque de son histoire, où débarrassée à peine du terrible joug des Tartares, elle commençait à se reconnaître, à s'étendre et à compter sur l'avenir. En ce moment déjà son ambition ne connaissait pas de bornes ; elle rêvait la monarchie universelle, et on en trouve un curieux témoignage dans la prière composée sur l'ordre du tsar Boris Godounoff qui régnait de 1578 à 1605 : « Pour le salut du tsar, élu par l'Éternel,
» de l'illustre Souverain de tous les pays du nord
» et de l'Orient pour le bonheur et la tranquillité
» du pays et de l'Église réunis sous le sceptre de
» l'unique monarque chrétien de l'Univers... [1] »
Le moine Griska Otrépieff, qui, sous le nom de Dmitri, se fit proclamer tsar à Moscou, en 1606, disait encore à un ambassadeur polonais : « Je suis non-seulement Kniaz, hospodar et tsar,
» mais grand empereur de mes États incommen-
» surables. Ce titre me vient de Dieu et n'est
» point un vain mot comme celui des autres rois...

---

[1] Karamsine, tome xi, p. 122.

» Les Césars de Rome n'y avaient pas un droit
» plus réel que moi... Je ne vois personne qui puisse
» m'être comparé dans les contrées d'Occident :
» je n'ai au-dessus de moi que Dieu seul [1] ! »

Les princes de l'orgueilleuse maison de Romanoff n'étaient pas hommes à concevoir de plus modestes prétentions que ces deux usurpateurs. La passion des conquêtes, qui est le caractère distinctif de la race tartare sembla s'incarner dans leur personne, et il n'y a pas un souverain de cette maison qui ne lui ait offert de sanglants holocàustes.

Pierre le Grand, ce prince vicieux et beaucoup trop vanté, traça dans la pièce fameuse que l'on a nommé son testament le code conquérant de sa maison. « Je regarde, dit ce Machiavel moscovite,
» je regarde l'invasion future des pays de l'Oc-
» cident et de l'Orient par le nord comme un
» mouvement périodique arrêté dans les des-
» seins de la Providence, qui a ainsi régénéré le
» peuple romain par l'invasion des barbares...
» J'ai trouvé la Russie *rivière*, je la laisse *fleuve :*
» mes successeurs en feront une *grande mer* des-
» tinée à fertiliser l'Europe appauvrie et ses flots
» déborderont malgré toutes les digues que des
» mains affaiblies pourront leur opposer, si mes
» descendants savent en diriger le cours. C'est

---

[1] Karamsine, tome VI, p 356.

» pourquoi je leur laisse les enseignements sui-
» vants que je recommande à leur attention et à
» leur observation constante.

I. « Entretenir la nation russe dans un état de guerre continuelle, pour tenir le soldat aguerri et toujours en haleine ; ne le laisser reposer que pour améliorer les finances de l'État ; refaire les armées ; choisir les moments opportuns pour l'attaque. Faire ainsi servir la paix à la guerre, et la guerre à la paix, dans l'intérêt de l'agrandissement et de la prospérité croissante de la Russie.

II. » Appeler par tous les moyens possibles, de chez les peuples instruits de l'Europe, des capitaines pendant la guerre et des savants pendant la paix, pour faire profiter la nation russe des avantages des autres pays sans lui faire rien perdre des siens propres.

III. » Prendre part, en toute occasion, aux affaires et démêlés quelconques de l'Europe, et surtout à ceux de l'Allemagne, qui, plus rapprochée, intéresse directement.

IV. » Diviser la Pologne en y entretenant le trouble et des jalousies continuelles ; gagner les puissants à prix d'or ; influencer les diètes, les corrompre afin d'avoir action sur les élections des rois ; y faire nommer ses partisans, les protéger ; y faire entrer les troupes moscovites et y séjourner jusqu'à l'occasion d'y demeurer tout-à-fait. Si les puissances voisines opposent des difficultés, les apaiser momentanément en morcelant le pays, jusqu'à ce qu'on puisse reprendre ce qui a été donné.

V. » Prendre le plus qu'on pourra de la Suède, et savoir se faire attaquer par elle pour avoir le prétexte de la subjuguer. Pour cela, l'isoler du Danemark, et le Danemark de la Suède et entretenir avec soin leurs rivalités.

VI. » Prendre toujours les épouses des princes russes parmi les princesses d'Allemagne, pour multiplier les alliances de famille, rapprocher les intérêts et unir d'elle-même l'Allemagne à notre cause, en y multipliant notre influence.

VII. » Rechercher de préférence l'alliance de l'Angleterre pour le commerce, comme étant la puissance qui a le plus besoin de nous pour sa marine, et qui peut être le plus utile au développement de la nôtre. Echanger nos bois et autres productions contre son or, et établir entre ses marchands, ses matelots et les nôtres, des rapports continuels, qui formeront ceux de ce pays-ci à la navigation et au commerce.

VIII. » S'étendre sans relâche vers le nord, le long de la Baltique, ainsi que vers le sud, le long de la mer Noire.

IX. » Approcher le plus possible de Constantinople et des Indes. Celui qui y régnera sera le vrai souverain du monde. En conséquence, susciter des guerres continuelles, tantôt au Turc, tantôt à la Perse ; établir des chantiers sur la mer Noire ; s'emparer peu à peu de cette mer, ainsi que de la Baltique, ce qui est un double point nécessaire à la réussite du projet ; hâter la décadence de la Perse ; pénétrer jusqu'au golfe Persique ; rétablir, si c'est possible, par la Syrie, l'ancien commerce du Levant, et avancer jusqu'aux Indes, qui sont l'entrepôt du monde. Une fois là, on pourra se passer de l'or de l'Angleterre.

X. » Rechercher et entretenir avec soin l'alliance de l'Autriche ; appuyer en apparence ses idées de royauté future sur l'Allemagne, et exciter contre elle, par-dessous main, la jalousie des princes. Tâcher de faire réclamer des secours de la Russie par les uns ou par les autres, et exercer sur le pays une espèce de protection qui prépare la domination future.

XI. » Intéresser la maison d'Autriche à chasser le Turc de l'Europe et neutraliser ses jalousies lors de la conquête de Constantinople, soit en lui suscitant une guerre avec les anciens États de l'Europe, soit en lui donnant une portion de la conquête qu'on lui reprendra plus tard.

XII. » S'attacher à réunir autour de soi tous les Grecs dispersés qui sont répandus soit dans la Hongrie, soit dans la Turquie, soit dans le midi de la Pologne ; se faire leur centre, leur appui, et établir d'avance une prédominance universelle par une sorte d'autocratie ou de suprématie sacerdotale : ce seront autant d'amis qu'on aura chez chacun de ses ennemis.

XIII. » La Suède démembrée, la Perse vaincue, la Pologne subjuguée, la Turquie conquise, nos armées réunies, la mer Noire et la mer Baltique gardées par nos vaisseaux, il faut proposer séparément et très-secrètement, d'abord à la cour de Versailles, puis à celle de Vienne[1], de partager avec elles l'empire de l'univers. Si l'une des deux accepte, ce qui est immanquable, en flattant leur ambition et leur amour-propre, se servir d'elle pour écraser l'autre, puis écraser à son tour celle qui restera, en engageant avec elle une lutte qui ne saurait être douteuse, la Russie possédant déjà en propre tout l'Orient et une grande partie de l'Europe.

XIV. » Si, ce qui n'est pas probable, chacune d'elles refusait l'offre de la Russie, il faudrait savoir leur susciter des querelles et les faire s'épuiser l'une par l'autre. Alors, profitant d'un moment décisif, la Russie ferait fondre ses troupes rassemblées d'avance sur l'Allemagne, en même temps que deux flottes considérables partiraient, l'une de la mer d'Azof et l'autre du port d'Arkhan-

---

[1] Toutes les deux ayant refusé d'être les dociles instruments du Tsar, il s'est tourné vers la cour de Berlin qui n'a pas eu la même délicatesse et le même désintéressement.

gel, chargées de hordes asiatiques, sous le convoi des flottes armées de la mer Noire et de la mer Baltique. S'avançant par la Méditerranée et par l'Océan, elles inonderaient la France d'un côté, l'Allemagne de l'autre, et ces deux contrées vaincues, le reste de l'Europe passerait facilement et sans coup férir sous le joug.

» Ainsi peut et doit être subjuguée l'Europe! »

La Russie, telle que la comprenait Pierre le Grand, devenait ainsi l'empire Pan-Tartare ou Pan-Touranien pour les tribus d'Asie, et l'empire Pan-Gréco-Slave pour l'Europe. C'était un glaive à deux tranchants menaçant à la fois l'Orient et l'Occident. C'était une sorte de monstre enfanté par l'union du génie des conquêtes et du fanatisme religieux. C'était la plus redoutable personnification du despotisme, de la force brutale, de tous les vices et de tous les abus du monde ancien.

Depuis lors, cette politique de la Russie s'est confirmée avec une prodigieuse énergie et d'étonnants succès.

Les personnes qui ne voient dans le testament de Pierre le Grand qu'une curieuse fantaisie de despote, changeront promptement d'opinion, si elles veulent bien réfléchir sur les faits suivants :

Pierre le Grand avait conquis l'Ingrie, la Carélie, la Livonie, de vastes territoires en Sibérie, occupé les bords de la mer Caspienne, colonisé le Kamtschatka, fondé Pétersbourg, doté la Russie d'une marine et jeté son épée au centre de l'Europe, en exerçant une influence prépondérante dans la Pologne.

Catherine Ire (1725-1727) et Pierre II (1727-1730), reculèrent les frontières de l'Empire du côté de l'Asie.

Anna Ivanowna (1730-1740) intervint en Pologne et soumit, en Asie, les Tartares Khirghiz.

Elisabeth Petrowna (1741-1762) soumit une partie de la Finlande, le pays des Turcomans et des Ossètes, et se mêla glorieusement à la guerre de sept ans.

Catherine II (1762-1796), surnommée la Grande, exerça une immence influence sur les affaires de l'Europe, dirigea avec Frédéric de Prusse les infâmes partages de la Pologne en 1772, 1793 et 1795 ; s'empara de la Crimée et de l'Amérique russe.

Paul Ier (1796-1801) de la dynastie de Holstein-Gottorp, s'empara de Corfou, fonda la république des îles Ioniennes et envoya Sowaroff avec une puissante armée contre la République française.

Alexandre Ier (1801-1825) lutta avec le succès que l'on connaît contre Napoléon, fut l'âme de la Sainte-Alliance, commença la conquête du Caucase et de l'Arménie, envahit l'empire ottoman et se fit céder, à la paix de Bukharest, la Bessarabie et une partie de la Moldavie.

Nicolas Ier (1825-1855) vainquit la Perse et lui enleva plusieurs provinces ; il se ligua avec la France et l'Angleterre pour gagner la bataille de Navarin et proclamer l'indépendance de la Grèce; il imposa au sultan le traité d'Andrinople qui lui donnait le protectorat des Principautés danubiennes ; noya dans le sang l'insurrection de la Pologne en 1830 ; aida le sultan Mahmoud II contre la pacha d'Egypte Méhémet-Ali ; obtint, en retour, le traité d'Unkiar-Skelessi (1833) qui donnait à la Russie le titre de protectrice et garante spéciale de la Turquie, et qui interdisait aux flottes de l'Occident le passage des Dardanelles. Habilement secondé par le comte de Nesselrode, ce prince fut encore un des plus ardents promoteurs de la coalition de 1840 contre la France. Il obtint en 1848 un immense ascendant sur les cours souveraines qui le regardaient comme la personnification du principe d'autorité ; exploita habilement les divisions de l'Europe ; s'arrogea le protectorat des Slaves et des Grecs, proposa en 1853 à l'Angleterre le partage de l'Empire ottoman, déclara bientôt après la guerre au sultan, détruisit l'escadre turque à Sinope, lança vers Constantinople les légions du feld-maréchal Lüders, et n'échoua que devant la coalition de la France et de l'Angleterre.

Alexandre II Nicolaïéwitsch (1855), en montant sur le trône, a manifesté solennellement l'intention d'accomplir les désirs et les projets de Pierre le Grand, de Catherine II, d'Alexandre Ier et de Nicolas Ier.

Cela promet !

La prise de Sébastopol, aggravée par les défaites de ses troupes dans la Baltique et sur le Danube l'a obligé à signer le traité de Paris. Il a multiplié depuis lors à la France les protestations d'amitié ; mais en secret il n'a pas perdu de vue un instant l'idée de la vengeance.

D'abord il a travaillé activement à réorganiser la Russie : il a appelé dans ses conseils le comte Orloff, signataire de la paix de Paris, et le prince Gortschakoff, le défenseur de Sébastopol ; il a soumis à une nouvelle discipline les colonies militaires des Cosaques et des Baskirs ; il a inauguré en Finlande le grand canal de Wiborg à Saima ; il a cédé à une compagnie étrangère (1856) quatre grandes lignes ferrées à construire en dix ans ; il a envoyé son frère, le grand-duc Constantin, amiral de la flotte russe, étudier les armements de terre et de mer des Français, et visiter tous leurs arsenaux ; il a réorganisé l'administration de la justice, institué le jury, émancipé les serfs ; il n'a rien oublié enfin pour guérir les plaies de la Russie, et la préparer à de nouveaux combats.

Il est venu à bout de faire prisonnier Schamyl-

Bey, le héros circassien ; de le gagner par des bienfaits et d'asseoir solidement sa puissance dans le Caucase, en transportant un grand nombre de familles russes dans les foyers abandonnés des tribus circassiennes, qui sont allées chercher un asile en Turquie.

. La Pologne, réclamant l'exécution du traité de Vienne, Alexandre II a répondu fièrement : «Point » de rêves ! Ce que mon père a fait est bien fait. » Comme lui, s'il le faut, je saurai punir ! »

A la prodigieuse et pacifique insurrection des Polonais contre l'oppression, le tzar n'a répondu que par des rigueurs. Quand l'appel aux armes a éclaté enfin sur les rives indignées de la Vistule, la Pologne a été livrée à toutes les fureurs des hordes tartares ; et depuis la paix, un infernal système de délation, de spoliation, de déportation en masse, suivi de tous les excès d'un despotisme renouvelé de Néron et de Domitien, tend non-seulement à la destruction de la nationalité polonaise, mais à l'apostasie de tous les catholiques russes, au servilisme de l'Église grecque, à l'oppression des consciences, à la destruction de toute liberté, à l'abrutissant esclavage de 80 millions d'hommes sous la main d'un nouvel Attila.

Les forces de la Russie étant ainsi concentrées d'une manière formidable, le tsar a voulu les augmenter encore par des conquêtes en Asie et par des alliances en Occident. Comme s'il craignait que les Cosaques et les Baskirs n'accomplissent pas assez bien sa vengeance contre l'Europe, il a rappelé à lui les hordes les plus reculées de la Tartarie, et sur leur refus, il les a vaincues, obligées de subir son joug de fer et de se préparer à le suivre dans sa lutte prochaine contre le monde civilisé.

En Occident, il voulait punir les deux grandes puissances qui l'avaient humilié au traité de Paris. La Prusse a été poussée par lui à l'unification de l'Allemagne, pour harceler, fatiguer, abaisser l'empire des Francs. L'Union américaine a été chargée de punir la Grande-Bretagne et d'humilier son pavillon sur toutes les mers.

La grande coalition du Nord, une coalition bien autrement redoutable que la Sainte-Alliance, a donc été formée par le tsar : c'est lui qui a choisi ses complices, acheté leur concours, fixé les conditions et tracé les rôles à remplir. La vaste ambition qui le dévore lui donne de si grandes espérances, qu'il prodigue les offres et les promesses à ses alliés.

Aux États-Unis il a dit : « A vous le Nouveau-
» Monde et toutes les colonies européennes qui s'y
» trouvent ! Comme gage de ma promesse, je
» vous donne l'Amérique russe. Aux Américains,
» l'empire des mers ! Courons sus aux colonies de
» l'Angleterre ! »

Au roi de Prusse il a dit : « Bien-aimé cousin,
» à vous l'Occident ! à moi l'Orient ! Ne parlons
» plus de France, d'Italie, d'Autriche et de tous

» ces États où se cache le dangereux serpent de la
» souveraineté populaire. Ce reptile odieux à la
» majesté des rois doit disparaître de l'ancien
» monde. Réunissez sous le despotisme militaire
» les remuantes tribus germaines, comme j'ai
» réuni les indomptables hordes tartares ; ceignez
» l'épée de Charlemagne et devenez empereur
» d'Occident ! Je consens à me contenter du titre
» d'empereur d'Orient...

» Mais préparez-vous sans cesse à ces grands
» événements. Je serai prêt de mon côté, car j'y
» travaille nuit et jour. Ne vous inquiétez pas des
» flottes de l'Occident. Nous avons pour nous
» l'Union américaine, dont je vous présente les
» ambassadeurs...

» Courage donc, chers alliés ! La lutte sera
» grande, mais la victoire sera colossale, le butin
» immense, le résultat prodigieux. L'univers sera
» réellement à nos pieds.

» Roi de Prusse, ce grand triomphe vous don-
» nera l'Europe occidentale et peut-être le nord
» de l'Afrique ; que sais-je ?...

» Républicains de Washington, vous aurez les
» océans et les îles.

» Le tsar sera le père des Slaves et des Grecs,
» le kakhan des Tartares et le maître vénéré de
» l'Orient.

» Voilà un triumvirat digne des trois plus grands
» États du globe !

» Et maintenant, chers alliés, n'oublions pas
» que le secret, la ruse et la dissimulation nous
» aideront puissamment à parvenir à nos fins.
» Nous sèmerons l'or et la division parmi nos en-
» nemis; nous amuserons les aveugles; nous
» tromperons les clairvoyants; nous glacerons
» d'effroi les faibles; nous écraserons les forts...
» Soyons unis seulement!... La victoire est à
» nous!... »

Voilà le sens, le véritable sens de toutes les démarches du tsar Alexandre depuis la guerre de Crimée. Ses alliés aujourd'hui suivent une marche analogue. Toutes les assurances pacifiques, toutes les protestations d'amitié, toutes les modérations apparentes, tous les airs d'innocence affectée ne sont qu'une comédie destinée à tromper le vulgaire et à masquer les préparatifs de la plus gigantesque tragédie politique qui ait jamais changé la face du monde.

La Russie entière, fascinée par le prestige du tyran de la Pologne et du vainqueur des Tartares, entonne autour de lui le chant d'Attila, l'hymne guerrier des Panslavistes :

« C'en est fait! Votre pensée s'est fait jour! Votre haut génie est compris. Nulle parole ennemie n'ébranlera vos fortes conclusions.

» Il y eut un temps où la Russie vivait de l'esprit étranger ; mais ce temps est loin de nous; la grande rénovation s'est accomplie. Maintenant l'idée russe pleine de vie, dissipant les nuages de l'idée allemande, jaillit comme une source d'eau limpide.

» Il y a longtemps déjà que Dieu a lavé notre gloire des affronts de l'étranger. Les Suédois se souviennent de Pultawa, et nos baïonnettes n'ont pas brillé pour une vaine parade sur les remparts d'Ismaïlof. Les Italiens ont vu dans leurs belles campagnes et sur les cimes altières de leurs monts le héros qui y passa comme un orage. L'Europe connaît la terrible journée de la Bérésina et les trois jours de carnage de Leipzick, et la journée de Paris qui a décidé de son sort. L'avenir s'en souviendra ! L'assaut de Praga était oublié ! Le puissant fils de l'audace, Paskiéwitch, le héros du Nord, en a rafraîchi la mémoire.

» Nous sommes couverts de gloire, mais il nous faut revendiquer aussi la gloire de nos aïeux. *Il faut que nous ressuscitions l'empire d'Attila dans toute sa grandeur.* Oui, c'est avec les fortes mains des Slaves qu'il a soumis l'Orient [1], et c'est à la tête des Slaves que dans le magnifique orgueil de sa puissance il menaça l'Occident de la *nahaïka* (le fouet des Tartares).

. . . .

[1] C'est là un contre-sens historique : mais les Panslavistes russes ont intérêt à persuader au peuple que les slaves s'étendent des rives de la Vistule jusqu'aux monts Altaï. C'est un moyen d'exciter le patriotisme national.

» C'est à Moscou que brille le flambeau de la vérité... Ici les pierres semblent crier : « Le monde
» slave est grand et puissant ! Et c'est à vous que
» ce monde doit de se connaître [1]. »

C'est ainsi que l'empire Pan-slavo-hellénique chante les triomphes qu'il attend [2].

L'Europe occidentale s'éveillera-t-elle enfin ? Attendra-t-elle que la nahaïka siffle sur ses membres meurtris et humiliés ?

Hommes libres de toutes les opinions, ouvrons donc les yeux et bannissons toute illusion. L'esclavage s'approche avec toutes ses horreurs. N'aurons-nous point assez de cœur et de sens politique pour répondre à ses provocations par le cri de la liberté et pour organiser contre les farouches conquérants du Nord la croisade de l'indépendance des peuples libres ?

Pensons-y ? La coalition du Nord est à elle seule un terrible Nœud Gordien !

---

[1] Chant d'Attila, ode publiée à Saint-Pétersbourg en 1845 dans le recueil intitulé : *Travaux historiques contemporains.* » Voir aussi M. Henri Martin : *la Russie et l'Europe*, p. 386.

[2] L'exposition ethnographique organisée en ce moment à Moscou pour attirer dans cette métropole de la *Sainte-Russie* les délégués de tous les peuples Slaves, va ranimer les espérances du panslavisme et lui donner l'unité qui lui faisait défaut jusqu'à ce jour. Mais pour donner le change à l'Europe le Tsar va venir à Paris dans le but d'eblouir les Français, de les tromper, de les endormir.

CHAPITRE III

L'empire ottoman.

L'horizon politique est obscurci par un autre nuage qui n'est pas moins noir : c'est ce que l'on appelle généralement en Europe la *Question d'Orient*.

En considérant la puissance et la gloire des Osmanlis dans les siècles passés ; en les voyant faire trembler l'Europe dès le premier moment de leur apparition, et causer encore un légitime effroi aux plus habiles stratégistes du grand siècle de Louis XIV [1], on est étonné de voir aujourd'hui ce grand peuple se consumer lentement, semblable à un colosse atteint d'une incurable langueur. C'est à bon droit que cet étrange phénomène préoccupe l'Europe occidentale, car si la chute soudaine d'un roi des forêts écrase les arbres qui l'entourent et fait trembler la terre au loin, celle d'un grand Empire suffit pour bouleverser la face du monde.

---

[1] V. Guichardin, hist. liv. XV, p. 266 ; — le feld-marechal Montecuculli, memoires, liv. II ; — Marsigli, stato militare dell'imperio ottomano ; — le baron de Busbeck, exclamatio.

Et voilà pourquoi l'Europe, spectatrice inquiète des convulsions « du grand malade, » assez forte elle-même pour n'avoir plus rien à craindre de lui, voudrait à présent le régénérer, le raviver, l'empêcher d'ouvrir par sa mort un abîme où sombrerait avec la paix européenne l'équilibre de l'univers.

Bien des personnes disent à ce propos : « Mon Dieu ! Tout cela n'a rien d'étonnant. Il en est des peuples comme des individus : ils naissent, grandissent et succombent : c'est le commun destin. Il n'y a donc pas lieu de s'en émouvoir, et c'est une folie que de vouloir l'empêcher. »

Plus d'un grave musulman alourdi par le kef[1] rumine des pensées analogues sur les bords enchantés du détroit de Constantinople, en aspirant, accroupi sur un tapis moelleux, la fumée de son tchibouk : et si vous l'engagez à sortir de son apathie en lui exposant le funeste état de l'Islam et les malheurs qui le menacent, il vous répond : « *Allah il Allah!* Dieu est Dieu ! » Autrefois, le musulman était d'or ; mais tout » finit par dégénérer : les vrais musulmans sont » sous terre. Quand les plantes révélèrent à Lok-

---

[1] *Far niente* oriental bien plus exagéré que le *far niente* italien accompagné de rêveries fantastiques et d'une immobilité complète qu'on prendrait pour la mort, si la fumée du tchibouk n'avertissait que l'on a devant soi un homme vivant.

» man [1] leurs propriétés médicinales, aucune
» ne lui dit : J'ai la vertu de guérir un cadavre.
» Eh bien ! le sultan est un autre Lokman ; mais
» l'empire est un cadavre. » Et fort de l'opinion
des imans, des derwiches et des mollahs, l'insouciant fataliste ne s'inquiète pas davantage et tourne sa pensée ailleurs, en attendant que l'arrêt du destin vienne l'arracher à ses plaisirs.

Mais les Osmanlis plus éclairés qui composent « la jeune Turquie, » encouragés par les sympathies de l'Occident, espèrent une prochaine résurrection et travaillent activement à la réforme de leur patrie.

Réussiront-ils ?

Question capitale pour eux et pour l'Europe libérale. Sondons-la nous-mêmes, pour savoir ce qu'il faut espérer ou craindre de cet Orient qui ne nous a envoyé qu'un Sauveur, mais qui nous a envoyé déjà tant de *Fléaux de Dieu*.

Quand on pénètre dans l'intérieur de la Turquie, l'œil est attristé par le contraste perpétuel de la richesse et du délaissement du sol. Nulle part les dons de Dieu semés avec une égale profusion n'accusent aussi hautement la négligence et l'ingratitude de l'homme.

Comme les moyens de communication pour l'é-

[1] Célèbre médecin, c'est le sage par excellence, le Salomon des arabes.

coulement des denrées manquent à peu près complétement et se réduisent à des routes peu nombreuses et fort négligées ou à des sentiers qui se perdent dans les forêts et à travers champs, le paysan ne demande à la culture que ce dont il a rigoureusement besoin pour sa subsistance et laisse le reste à l'abandon. Les pays qui avoisinent les côtes jusqu'à la distance de quinze à vingt lieues à l'intérieur, sont encore passablement cultivés. Mais au delà, l'on marche souvent pendant plusieurs heures à travers de vastes espaces en friche, remplis de broussailles et de mauvaises herbes, dont la puissante végétation atteste la fécondité du sol. Tel est l'aspect général non-seulement des provinces les moins favorisées de la Turquie, telles que l'Albanie, la Servie, la Bosnie ou les Principautés Danubiennes, mais aussi de la vaste et magnifique contrée désignée sous le nom de Roumélie et qui est considérée comme le grenier de l'Empire. Un tiers du sol y est en friche, et les deux autres ne donnent qu'un produit fort minime, relativement à la prodigieuse fertilité du terrain. Des domaines d'une étendue de deux cents hectares ne rapportent pas 10,000 francs de revenu au propriétaire.

Dans la Turquie d'Asie, à part quelques riches plaines, comme celles de Pergame et de Koniéh, quelques belles vallées, telles que celles du Méandre, de l'Hermuz, du Kizil-Irmak, on voit le désert presque à la porte des villes, et de vastes solitudes où errent des tribus Kurdes et Turcomanes. Cette désolation ne tient pas assurément à la stérilité du sol, car indépendamment des monuments historiques, les débris des ponts et des aqueducs, les ruines des châteaux, des villages et des villes que l'on rencontre çà et là, annoncent que le génie de l'homme donna autrefois à ce pays une grande prospérité. Et certes, on ne pourrait accuser d'infécondité la terre qui nourrit autrefois de si nombreuses populations et porta les villes fameuses de Troie, de Sardes, de Milet, d'Antioche, de Ninive, de Babylone et de Jérusalem. Donc, après avoir laissé une large part de responsabilité soit aux luttes sanglantes que se livrèrent autrefois dans ces lieux les peuples civilisés, soit aux fureurs des hordes tartares qui les ravagèrent, à plusieurs reprises, il faut accuser aussi l'incurie des habitants actuels et l'impéritie de leur gouvernement.

D'ailleurs, d'autres faits sont là pour accuser hautement la Porte Ottomane.

Le peuple turc n'est-il pas dans une grande infériorité intellectuelle vis-à-vis des autres peuples de l'Europe?

Sans doute ses *Mehteb*[1] sont fréquentées par un

---

[1] Ecoles primaires attachées aux mosquées.

grand nombre d'enfants. Mais ses *Médressés*[1] ne sont pas encombrés ; l'enseignement qu'on y donne est bien imparfait et ne mène à rien. L'enseignement spécial est dans l'enfance et se réduit à une école normale et à une école de médecine fondée par Mahmoud. L'enseignement supérieur qui permet seul aux Osmanlis les plus intelligents d'aspirer à tous les grades de l'Uléma dans le culte ou la magistrature, exige quarante années d'études assidues, que les Musulmans appellent avec raison *la patience*.

La société savante de la Turquie n'est donc composée que des divers membres de l'Uléma inférieur ; c'est-à-dire des cheiks, des khatibs, des imans, des muezzins, des cayims ; des membres de l'Uléma moyen, mulazim, cadis et naïbs, et enfin des membres de l'Uléma supérieur, muftis, muderris, mollahs, cazi-asker et scheik-ul-Islam[2].

---

[1] Colléges dont la fondation remonte à Mahomet II, conquérant de Constantinople. — Le khatib est un lecteur delégué par le sultan.

[2] Le scheik est le prédicateur ordinaire de la mosquée. — L'Iman récite la prière publique dans la mosquée. On sait que tout l'extérieur du culte musulman se réduit à cela. Le muezzin appelle du haut des minarets le peuple à la prière. — Le cayim est chargé de veiller a la propreté intérieure de la mosquée. — Le mulazzim est le degré que l'on obtient après le premier examen de droit. — Le cadi est une espèce de juge de paix. — Les muderris sont les professeurs du haut enseignement. — Le mufti remplit le rôle d'avoué et donne des consultations. — Les mollahs sont les docteurs de la loi. — Le cazi-asker

Le reste est plongé dans une profonde ignorance, qui atteint souvent les plus hauts fonctionnaires eux-mêmes.

Or, quelle est la science de ces Ulémas dont l'influence se fait sentir partout et domine le sultan lui-même? Ils connaissent l'arabe, le persan, le Koran, la Sunna[1], le code Multeka[2], le catéchisme de Nesséfy[3], le fatras des commentaires qu'en ont faits depuis le prophète jusqu'à ce jour tous les docteurs de l'islamisme, et ils seront toujours prêts à vous donner une *fetva* sur une affaire quelconque sans s'inquiéter si leur décision est contradictoire ou non, car le Koran dit tout ce qui leur plaît. Mais ne leur parlez point d'histoire, de géographie, de philosophie générale, d'industrie, de mathématiques, de progrès quelconques. Tout cela n'est à leurs yeux qu'impiété, que profanation. Les instruments de physique, les laboratoires de chimie leur apparaissent comme des jeux

---

est un grand juge; il y en a deux principaux, celui de Roumélie et celui d'Anatolie. — Le scheik-ul-islam est le grand juge de Constantinople; il a autorité sur tous les membres de l'Uléma. Le peuple l'appelle souverain-pontife, sage des sages.

[1] La Sunna est le recueil des paroles, actions et omissions de Mahomet.

[2] Le code Multeka ou *confluent des mers* est une vaste compilation d'Ibrahim Haléby renfermant les décisions des docteurs et les décrets des kalifes des premiers siècles de l'Islamisme.

[3] Le cathéchisme de Nesséfy est un abrégé du dogme légal des Musulmans.

d'enfants ; ils préfèrent à la chronologie les contes des Mille et une Nuits ; toutes les inventions des *Giaours* ne sont d'après eux qu'une dangereuse peste, et tout bon Musulman ne doit s'occuper que du Koran, car le Koran suffit à tout, le Koran dit tout, le Koran apprend tout, et tout autre livre est profane et défendu.

Les Ulémas et les Derwiches[1] *tourneurs et hurleurs* sont l'âme du parti de la vieille Turquie, adversaires jurés de toute réforme, de toute amélioration, de tout progrès.

Si de l'instruction publique, nous passons aux finances, nous tombons de Carybde en Scylla.

Le budget de la Turquie se compose comme il suit :

1° La *dîme* perçue en nature sur tous les produits du sol.

2° Le *vergu*, impôt semblable, à l'*income-tax*

---

[1] Les derwiches sont les religieux mendiants de l'Islamisme. Ils se divisent en diverses catégories dont les plus singulières sont les *tourneurs* et les *hurleurs*. Les tourneurs se réunissent en grand nombre pour tourner plusieurs heures sur eux-mêmes avec une rapidité croissante, au son d'une musique douce et grave, les bras étendus en avant, la tête légèrement inclinée sur l'épaule, les yeux à demi-fermés, en criant : Allah ! Allah ! — Les hurleurs se balancent le corps de droite à gauche avec une incroyable vitesse, en faisant mille contorsions et en vociférant avec fureur la même prière, jusqu'à ce qu'ils tombent par terre dans d'effroyables convulsions. Un derwiche est en général un cynique revêtu d'un mysticisme exalté.

des Anglais et des Américains, prélevé sur la fortune présumée mobilière, immobilière ou commerciale des particuliers.

3° Le *haradj* ou capitation, impôt humiliant exigé des vaincus soit chrétiens soit juifs, depuis l'invasion, en échange de la tête que le vainqueur consentait à laisser sur leurs épaules.

4° Le *gumruk* ou la douane, impôt sur l'importation ou l'exportation des marchandises.

5° L'*ihtçâb*, impôt indirect comprenant le timbre, l'octroi, les patentes, les postes, les mines, les droits de passage perçus à l'entrée des ponts, des portes des villes et des défilés.

6° Le *tribut* payé par l'Égypte, la Valachie, la Moldavie, la Servie.

Les *vakoufs* ou biens des mosquées sont sacrés, inviolables, inaliénables, exempts de tout impôt.

Les graves défauts d'un pareil système de finances sautent aux yeux.

Les dîmes et le vergu qui en sont la base frappent le revenu et la propriété, ce qui est une grave anomalie, parce que la même propriété ne doit pas payer deux fois la même contribution.

Le haradj, atteignant les seuls chrétiens d'une façon fort humiliante, aggravés encore d'ordinaire par les violences hautaines des agents du fisc, produit la haine dans les populations vaincues et les empêche d'oublier jamais le souvenir de la conquête.

La plupart de ces impôts étant perçus en nature, il en est résulté un inconvénient plus grave encore que tous les autres : c'est le *négoce de l'impôt*. Mahomet II, suivant en cela les errements de l'Europe occidentale, avait établi l'*iltizam* ou fermage des contributions. La ferme fut d'abord annuelle, puis elle devint viagère sous Mustapha II, le 30 janvier 1695. L'impôt fut, à cet effet, divisé en un grand nombre de lots, dont les plus importants furent achetés par les hauts fonctionnaires et par les ministres eux-mêmes, qui souvent les sous-louaient à des usuriers arméniens. C'était un moyen efficace de rançonner le mieux possible les populations de l'Empire, et de mettre promptement à sec le trésor public. Cela ne manqua point. Dieu seul peut connaître tous les mauvais traitements, toutes les avanies et toutes les bastonnades qui furent depuis lors infligés aux raias pour leur faire suer sang et eau, afin de remplir les coffres que le luxe oriental et la volupté des harems épuisaient sans cesse. Le Padischah menaçait le vizir de faire exposer sa tête sur un plat d'argent à la porte du palais, si le trésor ne se comblait pas vite : le vizir épouvanté faisait tempête dans le divan et les conseils, lesquels ne ménageaient pas davantage les pachas qui gouvernaient les eyalets[1] : puis la pression ainsi trans-

---

[1] La Turquie est divisée en 35 eyalets ou gouvernements généraux, 142 livas ou provinces, et 1320 cazas ou districts.

mise avec une recrudescence croissante de colère et d'avidité aux kaïmacans et aux mudirs, fondait enfin comme un ouragan sur la tête du pauvre peuple. Parfois, les clameurs populaires devenaient si fortes, que le sultan furieux envoyait le lacet à quelque haut fonctionnaire qui avait eu la maladresse de provoquer son courroux, et publiait un firman platonique sur l'observation de la justice. Mais le mal était attaché à l'institution même, et bientôt les extorsions recommençaient de plus belle afin de réparer le temps perdu.

Sauf la modération et la ruse qu'imposent maintenant les regards attentifs de l'Europe chrétienne, et le bon vouloir du Sultan, il en est encore ainsi aujourd'hui, et il en sera toujour de même, tant que le système des finances turques ne sera pas radicalement changé. On aura beau négocier pour la Sublime-Porte des emprunts sur la place de Paris ou de Londres : tous les trésors de l'Occident passeraient en vain

---

L'eyalet est dirigé par un *vali* ou *mutessarif*; le liva par un *kaïmacan* soumis au gouverneur général; chaque cazas est administré par un *mudis* ou sous-préfet Les valis et les kaïmacans sont assistés d'un *medjlis* (conseil provincial); et chaque mudis d'une assemblée de notables (*vudjouhs*). Les communes sont dirigées par un *moukhtar* ou *kodja-bachi* élu par les habitants et faisant fonction de maire. Chaque eyalet a aussi un *defterdar* ou receveur général, et chaque liva un *mal-mudiri* ou receveur particulier, dont les registres sont contrôlés par les valis et les kaïmacans.

3.

dans ce gouffre béant sans le combler jamais. Le gaspillage des pachas et de la cour en aurait bien vite raison, et, quoique certains économistes français aient la sophistique prétention de soutenir que les luxueuses prodigalités sont utiles aux États, l'empire Ottoman est un vivant exemple du contraire, et prouve *ex absurdo,* mais invinciblement que le meilleur talisman de la fortune des peuples comme des individus sera toujours la *sagesse* dirigeant à la fois l'esprit, le corps et les affaires des citoyens, l'administration et le gouvernement des empires.

Enfin, un autre abus qui ruine les finances turques, c'est le privilége des *Vakoufs.*

Les Vakoufs, d'abord modestes patrimoines assignés aux mosquées lors de la conquête, s'étendirent plus tard aux biens des écoles, des bibliothèques et de tous les établissements de l'État, sous le nom de *Vakoufs publics;* puis enfin, aux biens même des particuliers sous le nom de *Vakoufs coutumiers.* Ce dernier usage né de la rapacité des Ulémas et de l'abus des confiscations gouvernementales, consistait avant Mahmoud en ce que tout propriétaire qui voulait échapper à ses créanciers ou aux tracasseries du fisc, cédait son bien à la mosquée à très-bas prix à condition qu'il paierait 12 ou 15 p. 100 pour la somme reçue, qu'il resterait *nazir* ou administrateur de la propriété vendue, et qu'il pourrait transmettre, *sa vie durant*, cette fonction à qui bon lui semblait moyennant un droit de mutation perçu par la mosquée : mais s'il venait à mourir sans enfants, ou bien, après ses enfants (car la subtilité des ulémas excluait les petits-fils) la propriété restait tout entière à la mosquée. On voit que les Ulémas n'entendent pas mal leurs affaires et savent interpréter en leur faveur la loi du Prophète qui prohibe l'usure et même l'intérêt commercial entre musulmans. L'administration des finances faisant rage contre les propriétaires, et les mosquées leur ouvrant un asile inviolable, les trois quarts des terres de la Turquie sont devenues des *Vakoufs* ; et le Gouvernement a été volé.

Le grand réformateur de la Turquie, l'énergique Mahmoud par un hatti-chérif publié en 1826, abolit le bureau des confiscations qui avait tant effrayé les propriétaires, interdit la formation de nouveaux Vakoufs, ordonna que l'État serait dorénavant *nazir* suprême de ceux qui existaient déjà, et organisa l'administration générale des Vakoufs. Mais, soit maladresse, soit tromperie, soit dépréciation des monnaies [1], tout s'arrangea de telle façon que le trésor public au lieu

---

[1] La piastre turque qui valait autrefois 6 fr. ne vaut plus à présent que 15 centimes. Comme les baux des Vakoufs n'ont pas varié, il y a tel fermier qui paie aujourd'hui 80 c. à la mosquée dont il est le tenancier.

de tirer quelques revenus de ces immenses Vakoufs, est obligé depuis lors de verser annuellement 12 millions de piastres dans la caisse des mosquées dont les comptes lui sont toujours présentés en déficit. A cette vue, Mahmoud exaspéré fut tenté de s'emparer de tous les Vakoufs, et de donner un traitement annuel aux Ulémas. Mais il recula devant le danger dont le menaçait leur colère. Les conseillers du Sultan actuel Abdul-Azis ont, croyons-nous, les mêmes tentations que Mahmoud, et il faut avouer que ce serait le moyen le plus juste et le plus naturel d'en finir une bonne fois avec une situation intolérable. Mais au milieu d'une société peu éclairée que les Ulémas dominent par mille moyens propres à frapper les imaginations orientales, dans un empire où la religion est tout, et dont le Padischah lui-même n'est que le premier des *Imans*, le pouvoir civil réussira-t-il à se dégager des terribles étreintes de l'autorité religieuse représentée par les audacieuses roueries des Mollahs et par le fanatisme des derwiches qui font cause commune avec eux? La chose est bien difficile assurément.

Les abus de pouvoir et l'exploitation de la faiblesse étant passés en coutume dans l'empire Ottoman, le ressentiment de la conquête chez les races vaincues est allé s'aigrissant tous les jours. Voilà pourquoi nous voyons aujourd'hui toutes les populations chrétiennes se raidir de plus en plus contre leurs farouches vainqueurs, appeler de tous leurs vœux la protection de l'Europe, et se préparer à un soulèvement général. Chose étonnante et qui prouve bien les fautes de l'administration! Beaucoup de Turcs eux-mêmes partagent aujourd'hui le mécontentement des chrétiens, et conviennent que le pire de tout, c'est le *statu quo*, car c'est la mort lente et à coups d'épingles.

Le gouvernement impérial comprend lui-même cette situation, et le sultan Abdul-Azis, marchant avec une fermeté qui l'honore dans la voie des réformes inaugurées par Mahmoud et Abdul-Medjid, fait de louables efforts pour guérir les plaies invétérées de l'empire. Un groupe de serviteurs intelligents et dévoués, admirateurs sincères de la civilisation occidentale, le secondent activement dans sa lutte contre des abus séculaires.

Mais la société civile avait été tellement aplatie sous le despotisme de fer inauguré, il y a trois siècles par Sélim le Féroce et trop imité par ses successeurs que le peuple Turc dépourvu d'initiative, et livré à une décourageante apathie ne comprend, ni les volontés du souverain qui voudrait le régénérer, ni les sympathies des puissances occidentales qui lui parlent de progrès et de salut.

La pantomime d'un derwiche hurleur a plus de pouvoir sur lui que tous les protocoles ; et les hatti-chérifs demeurent impuissants devant la résistance opiniâtre que leur oppose le fanatisme du peuple dominé par les Ulémas.

La Sublime-Porte menacée à l'extérieur par l'ambition envahissante de la Russie, désorganisée au-dedans par la révolte qui est en permanence dans ses provinces, sapée à Constantinople même et jusque dans le sérail par la haine concentrée du vieux parti Turc, imprudemment conseillée par ses alliés eux-mêmes qui n'apprécient pas le danger avec assez de sagesse, nous paraît exposée à un cataclysme prochain.

Les mesures les plus énergiques seules peuvent la sauver : un grand remède seul peut prévenir une crise mortelle. Ce remède, le voici :

Le sultan doit se mettre résolument à la tête de la *jeune Turquie*, la Turquie de la réforme et de l'avenir, faire tous ses efforts pour attacher à sa personne ses troupes maintenant disciplinées à l'européenne, gagner les plus intelligents parmi les ulémas, s'assurer du dévouement des gouverneurs des eyalets et des livas ; puis, au jour convenu, au moment favorable, proclamer hautement qu'il veut remettre la société musulmane sur sa véritable base qui, d'après le Koran, est la démocratie égalitaire dont le Khalife est le commandeur, le pontife et le gardien ; abolir tous les priviléges; établir une impartiale justice pour tous, l'égalité des droits et des charges pour les musulmans et les chrétiens, et appeler tous ses peuples à l'accomplissement de ce grand dessein, en envoyant auprès de lui, pour éclairer sa marche, pour soutenir ses efforts et défendre leurs intérêts, une assemblée de représentants élus par le suffrage universel.

Voilà le grand moyen, le seul et unique moyen qui sauvera l'Empire ottoman, et le fera remonter du penchant de l'abîme où il glisse à vue d'œil jusque sur les hauteurs de la civilisation moderne.

Plus le remède sera radical, plus il sera efficace, et moins il sera dangereux : les demi-mesures irritent autant, embarrassent davantage, consument le temps et les forces et compromettent tout, en ne donnant point aux institutions de base solide. Les grands moyens fortement conçus, habilement préparés, énergiquement exécutés, étonnent les rivaux, confondent les ennemis, encouragent les serviteurs dévoués, excitent l'admiration et l'enthousiasme des multitudes, dissipent tous les obstacles, causent bien rarement une défaite qui n'est jamais sans gloire, et amènent presque toujours le triomphe promis à ceux qui par l'élévation de leur génie, par la puissance de leur volonté, par la pureté de leurs intentions, se montrent dignes de commander à leurs semblables et de leur donner des lois.

Voilà donc l'opinion que je ferais entendre à l'illustre Padischah qui tient dans ses mains le sceptre de Soliman le Magnifique, si j'avais l'honneur de siéger dans les conseils de Sa Hautesse. Mais, sans doute, cet avis ne lui parviendra point, et aucun pacha n'osera jamais tenir dans le divan le fier langage d'un homme libre.

En effet, le meilleur remède aux abus du despotisme, c'est la cessation du despotisme lui-même, c'est la justice s'asseyant sur le trône au lieu de la force brutale, faisant épanouir les fleurs et mûrir les fruits là où ne croissaient que les ronces et les épines, soulevant de toutes parts un murmure d'approbation et un concert de louanges là où grondaient la vengeance et les malédictions.

Verrons-nous ce consolant phénomène dans la monarchie des Osmanlis? Ou bien l'incendie qui commence et dont les sombres lueurs frappent déjà tous les yeux, annonce-t-il à l'univers un cataclysme imminent, un flux et reflux de peuples furieux, semblables au tumulte de la mer quand les passions humaines grondent en un jour de bataille dans des forteresses de bois et que les boulets font sauter un vaisseau de haut bord?

Dieu seul le sait!

Mais ce grand secret est une terrible maille du Nœud Gordien!

CHÁPITRE IV

L'Angleterre et l'Irlande.

En Angleterre, les masses sont livrées à un mécontentement général, et, comme le dit M. Bright dans le discours qu'il a prononcé, en 1866, à Dublin, « la cause d'un mécontentement général » est toujours un préjudice général et une souf- » france générale. »

En effet, dans ce pays de la légalité, tout le mal vient de la législation qui, en consacrant les priviléges d'un petit nombre de citoyens, a créé par là même une infinité d'abus. Or, l'abus du pouvoir, quelle que soit sa forme, est toujours le ver rongeur qui prépare sa ruine en détruisant peu à peu toutes les forces vives de l'État. Cela est tellement vrai, tellement inévitable, tellement universel, que je m'étonne de l'étonnement de ceux qui sont surpris de l'atonie et de la faiblesse extérieure de l'Angleterre depuis un certain nombre d'années.

Mon Dieu ! L'Angleterre n'agit plus à l'extérieur, parce qu'elle est malade, parce que sa puissance est paralysée, parce que le parti tory est obligé d'employer la plus grande partie de ses forces à maintenir la compression légale à l'intérieur.

Dans un pays où treize mille propriétaires possèdent tout le sol, où un petit nombre de privilégiés ont un droit exclusif à tous les emplois civils et militaires, où le peuple ne possède rien, pas même le droit de suffrage, parce que toute la richesse nationale est concentrée dans quelques mains, les masses populaires ne sauraient éviter d'être souffrantes et misérables. Or, tout peuple qui est dans la misère ne saurait être un grand peuple ! La misère, en effet, tue l'âme à coups d'épingle encore plus que le corps !

On dira : «Mais l'Angleterre a été grande dans le passé !— « Oui : l'Angleterre paraissait grande alors, parce que les peuples voisins étaient petits et opprimés plus qu'elle ! Voilà tout ! Mais aujourd'hui, les temps sont bien changés, et l'on peut prédire avec certitude que l'Angleterre n'est pas loin de sa ruine, si elle ne réforme pas ses lois.

Le peuple anglais souffre donc et beaucoup, paraît-il, puisqu'il s'agite sans cesse. Il y a vingt ans, c'étaient les Chartistes qui troublaient le sommeil des lords : aujourd'hui, les Réformistes les empêchent d'avoir le spleen. La liste des griefs populaires serait longue sans doute : mais le peuple anglais, avec le bon sens pratique qui le distingue, réduit ses demandes à un seul chef : « Plus d'exclusivisme ! » parce qu'il sait bien que c'est la clef qui ferme tous les parchemins des chancelleries anglaises.

Mais l'oligarchie résiste à cette pression démocratique. En présence des pétitionnaires qui demandent une réforme si simple et si rationnelle, les lords prennent toutes les attitudes et passent tour à tour du dédain à la flatterie, du calme apparent à la colère et à la fureur. Auront-ils assez de prudence et de générosité pour éviter une Révolution violente en faisant droit à la légitime demande du peuple? Espérons-le : mais en attendant, il est un fait avéré aux yeux du monde entier, c'est que l'Angleterre est inquiète et paralysée par le mouvement réformiste, parce que le gouvernement du privilége ne peut pas raisonnablement demander à un peuple qu'il répande son sang sur les champs de bataille pour soutenir une législation qui méconnaît ses droits les plus sacrés.

Les mêmes causes accompagnées de circonstances aggravantes ont produit un autre résultat plus imprévu et plus redoutable encore : c'est le Fénianisme.

L'Irlande, si souvent ravagée par les soldats d'Henri VIII, d'Élisabeth, de Cromwell et de Guillaume d'Orange, avait reçu de l'Angleterre les fameuses lois orangistes, que le célèbre Burke lui-même appelait « une machine d'une adresse » et d'un travail achevé, aussi bonne pour l'op- » pression, l'appauvrissement, la dégradation » d'un peuple et l'avilissement en sa personne de » la nature humaine elle-même, que tout ce qui » avait été jusque-là produit par le génie de » l'homme [1]. »

---

[1] Nous croyons utile de mentionner ici quelques-unes des dispositions des lois de Guillaume III contre l'Irlande, pour faire comprendre à nos lecteurs quelles ont été les souffrances de ce malheureux pays sous cette infernale législation.

« Tout catholique est privé du droit de constituer un douaire à sa femme catholique, une dot à ses filles, et de disposer par testament de ses terres.

» Si un catholique acquiert des terres à prix d'argent, tout protestant a le droit de l'en déposséder et d'en jouir sans rembourser un schelling

» Si un catholique obtient des terres par un mariage, donation ou disposition testamentaire d'un ami, parent, tout protestant a le droit de s'en mettre en possession.

» Si un fermier catholique a considérablement amélioré sa ferme, tout protestant a le droit de l'évincer.

» Si un catholique a un cheval qui vaille plus de 5 liv. st., tout protestant a le droit de s'en emparer en donnant les 5 liv., le cheval en valût-il 100. — Le catholique qui a un cheval au-dessus de cette valeur de 5 liv. et qui en fait mystère, est puni de trois mois de prison et d'une amende triple de la valeur du cheval.

» Le catholique qui enseigne à une personne catholique ou protestante quelques éléments, soit des sciences, soit de littérature, sera puni de la potence ou au moins du bannissement.

» Tout catholique est incapable d'aucun grade dans l'armée

Évidemment l'Irlande ne pouvait pas aimer l'Angleterre : aussi fut-elle toujours frémissante sous le joug.

Malgré ses efforts incessants, les lois orangistes décrétées, en 1690, furent maintenues jusqu'en 1778, et en 1782 seulement, l'Irlande obtint un parlement indépendant du parlement anglais. Mais, en 1800, l'édit d'Union supprima le parlement d'Irlande, et tout en proclamant que ce pays jouirait des mêmes droits civils et politiques que l'Angleterre, il maintient toutes les interdictions de l'Orangisme contre les catholiques... Heureusement, Dieu donna O'Connell à l'Irlande : et ce grand orateur vint à bout d'obtenir de 1828 jusqu'en 1847, d'importantes concessions pour sa patrie.

Toutefois, l'orangisme a maintenu quelques lois assez tyranniques pour exciter ce peuple à la révolte, et les libéraux français qui blâment son

---

soit de terre, soit de mer, même d'être soldat s'il n'abjure. — Il est pareillement incapable d'aucune charge civile, soit honorifique, soit salariée, sans exception.

» La loi n'accorde au catholique aucune protection pour sa vie ou pour sa liberté !

» Déportation contre celui qui enseigne la religion catholique. — Convertir un protestant, crime de haute trahison. — Bannissement perpétuel contre les évêques, prêtres, moines, et, s'ils violent leur ban, ils seront pendus à demi, éventrés vivants et écartelés comme traîtres. (O'Connell, Mémoire, p. 12; et suiv.)

agitation permanente ne pourraient supporter un seul jour une pareille législation.

1º En Irlande, les catholiques qui forment les neuf dixièmes de la population sont obligés de payer la dîme à l'église anglicane, et de nourrir en outre le clergé catholique qui n'est pas rétribué par l'État.

2º Le commerce des manufactures est sévèrement interdit à l'Irlandais, qui doit ainsi verser chaque année dans les coffres de l'Angleterre une grande partie de ses revenus.

3º L'Irlandais obligé par là même de se faire cultivateur, ne peut jamais être que fermier à l'année, et sans aucun bail, ce qui le met à la merci des land-lords qui possèdent le sol.

4º Presque tous les propriétaires, au lieu de vivre de leurs rentes en Irlande, demeurent sur le sol de l'Angleterre, qui profite ainsi seule de leur consommation.

5º Les 105 députés envoyés par l'Irlande à Londres sont, pour ainsi dire, noyés dans un parlement hostile qui compte 658 membres, et sont impuissants pour améliorer le sort de leur pays.

6º Du reste, toutes les élections se faisant au scrutin public, il est aisé aux grands propriétaires de diriger les votes de leurs tenanciers : et c'est ce qui a lieu ordinairement.

La saignée formidable que l'Angleterre fait chaque année au numéraire de l'Irlande maintient ce pays dans une si grande pauvreté, que la misère et la faim y sont comme en permanence. La maladie des pommes de terre a servi de prétexte aux land-lords pour adopter une mesure odieuse que la famine qui désolait l'Irlande en ce moment-là rendait barbare et indigne d'un peuple civilisé. Une grande partie des terres arables de l'Irlande ont été rapidement changées en prairies, et deux millions de cultivateurs ont été congédiés par leurs maîtres sans aucun moyen d'existence. Le désespoir, la faim, et l'effrayante mortalité qui ont suivi cette mesure ont poussé des légions d'émigrants vers les savanes hospitalières de l'Amérique. Les lords s'applaudissaient de l'efficacité de leur remède contre le paupérisme. Mais ils seront punis par où ils ont péché.

Ces Irlandais fugitifs échappés à la famine, à l'oppression et à la mort, ont juré de se venger.

Les enfants de l'Irlande, devenus libres et heureux, demandent la liberté de leur patrie les armes à la main, et leur association dépassant le but comme tous les mouvements populaires, ne veut plus seulement une Irlande libre dans le sens de la monarchique Angleterre, mais une Irlande socialiste et républicaine.

Le Fénianisme, né dans les larmes et la douleur, a une nature vivace, et si j'en juge par sa physionomie, cet assaillant deviendra redoutable un jour. Du reste, comme entre affligés la sympathie est facile, les Féniansont tendu la main aux Réformistes d'Angleterre. Si tous ces prolétaires cimentent leur union, ils ont vaincu, et toute la puissance des lords ne sauvera pas leurs priviléges.

Cette agitation populaire est actuellement un bon remède contre le spleen de leurs Seigneuries : mais ce remède pourrait bien tuer l'oligarchie anglaise.

La situation de l'Angleterre est donc aussi une maille du Nœud Gordien.

CHAPITRE V

L'Autriche.

L'antique monarchie de Habsbourg constitue aujourd'hui l'une des plus obscures énigmes de l'Europe moderne, et sa situation offre plus d'une analogie avec celle de la France avant 1789. — Oblitération du sens moral ; aveugle obstination des classes nobiliaires ; mécontentement général des diverses parties de la monarchie ; énorme déficit dans les finances ; sourds murmures et tiraillements incessants. Encore fallait-il ajouter, il y a quelques mois à peine, l'aveuglement du pouvoir. Mais l'arrivée de M. de Beust aux affaires a produit sur ce point une amélioration considérable.

Aucun homme d'État n'est en ce moment plus digne que M. de Beust des sympathies du monde civilisé, soit à cause de ses généreux efforts pour sauver un grand empire, soit parce qu'il est aux yeux de tout politique clairvoyant la sentinelle avancée de l'Europe libérale contre l'envahissante barbarie des Moscovites.

L'œuvre que l'habile ministre a entreprise est

difficile à coup sûr. De nombreuses fautes politiques, suivies de grands malheurs ayant fait perdre à la famille des Habsbourg une notable partie de son prestige, les peuples qu'elle tient réunis sous son sceptre s'élèvent de toutes parts contre elle ; et, au lieu de prendre pour objectif l'intérêt général de l'Europe, chacun d'eux ne consulte que ses goûts et ses intérêts particuliers. Cette politique séparative des Tchèques, des Allemands, des Croates, des Ruthènes et des Hongrois, en même temps qu'elle constitue le grand péril de la monarchie autrichienne, est une curieuse anomalie dans l'époque présente, où un grand courant providentiel pousse presque tous les peuples du monde à former de vastes agglomérations nationales. Chacun des États autrichiens serait fort aise d'avoir sa vie, ses priviléges, ses institutions et même son indépendance à part, sans réfléchir que si jamais ces prétentions-là étaient satisfaites, et si l'antique empire d'Autriche éclatait tout à coup comme un météore incandescent et usé, chacun de ses débris serait, en vertu des lois inéluctables de l'attraction morale, qui est plus puissante encore que l'attraction physique, immédiatement entraîné dans l'orbite des grandes nationalités voisines. La Bohême et les États de l'Autriche proprement dite iraient à la Prusse; les États de l'Adriatique iraient à l'Italie ; la Gallicie, la Hongrie et les États slaves tomberaient sous les griffes du czar, qui, en obtenant ainsi la part du lion, aurait fait un pas immense vers la conquête de l'Europe, et l'oppression générale de l'ancien continent.

Eh bien ! ces peuples-là ne paraissent pas comprendre le danger qui les menace. Chacun d'eux persiste dans ses rancunes, ses vues étroites, ses préjugés, ses erreurs : chacun murmure, s'agite, tire de son côté; si bien qu'on ne peut se dissimuler que malgré les nobles efforts de l'empereur François-Joseph et du grand ministre qu'il honore de sa confiance, la monarchie autrichienne, semblable à un vieux char disjoint, chancelle et crie de toutes parts.

L'Autriche devant être l'avant-garde de la grande confédération de l'Europe chrétienne et libérale, qui est la base essentielle de mon plan de *civilisation universelle*, je me suis demandé bien des fois quelle était la cause de son mal, et quels en seraient les remèdes.

La cause m'a paru résider surtout dans les hautes classes des peuples autrichiens, qui ont gardé une bonne partie des priviléges, des sentiments et des habitudes du moyen âge. Les nobles tchèques, allemands et hongrois, seraient bien aise de redevenir des Ottocars au petit pied, sans comprendre que cela n'est plus possible aujourd'hui, et que le monde a marché depuis mille ans. En faisant pièce à l'Empereur, chacun d'eux cherche donc à grandir sa personne, son influence, son pouvoir personnel. Le magnat se trouve bien petit à Vienne, mais il se trouve grand dans son pays natal. Voilà pourquoi il ne veut pas obéir à l'empereur d'Autriche, mais au roi de Hongrie seulement. Tous les chefs séparatistes n'ont pas d'autre mobile secret. Et comme ils dominent leurs compatriotes par leur position sociale et par leurs lumières, le peuple qui les entoure vocifère comme eux sans trop savoir ce qu'il demande et sans comprendre le véritable sens de ses menaces : « Périsse l'Empire, s'il le faut ! mais soyons Alle- » mands, Bohémiens, Tchèques, Slavons, Croates » et Hongrois ! »

Voilà, si je ne me trompe, le fond réel de la question autrichienne. Et la maison de Habsbourg ne réussira jamais à recoudre les pans déchirés de son manteau impérial, tant qu'elle chargera de ce travail les hommes précisément qui ont un intérêt personnel à ce qu'il s'en aille en lambeaux.

Au lieu de s'adresser aux aristocraties qui feront souvent la sourde oreille, et qui, dans tous les cas, vendront leur concours à haut prix, au lieu d'attaquer ses adversaires par la tête qui est opiniâtre et par le buste qui est armé et cuirassé, que l'empereur François-Joseph les attaque par les pieds. Qu'il s'adresse directement au petit peuple qui n'a aucun intérêt à changer de maître,

et qu'il lui dise : « Vos chefs veulent tous com-
» mander! Eh bien, c'est vous, mon peuple, qui
» referez la monarchie autrichienne! J'ai con-
» fiance en vous; venez à moi, et qu'il n'y ait
» plus entre nous d'intermédiaires, autant inté-
» ressés à l'abaissement du pouvoir central qu'à
» la misère des classes populaires.

» L'Empereur compte sur vous et vous donne
» la liberté avec le suffrage universel. Mais soyez
» dévoués à l'Empereur! »

Cette simple patente de liberté populaire chan-
gerait bien vite la situation. Le peuple se dirait
que l'essentiel, après tout, est qu'il soit libre et
heureux, et qu'il n'a que faire de tous ces boyards
et de ces magnats fort capables de le vendre
moyennant finances, décorations et dignités au
despotique roi de Prusse, ou au tsar patelin de
Saint-Pétersbourg, qui dévoreraient leur liberté
à bouche que veux-tu. Oui, les hommes du peuple
se diraient avec leur bon sens pratique : « Nous
» voulions être Allemands, Tchèques, Croates,
» Slaves et Hongrois, seulement pour être libres.
» Mais puisque nous voyons qu'en nous séparant
» nous deviendrons esclaves des empereurs voi-
» sins, et que nous sommes libres en Autriche,
» restons unis et soyons Autrichiens. Vivat pour
» l'Empire! vivat pour l'Empereur d'Autriche!
» Si les magnats ne sont pas contents, qu'ils s'en
» aillent où ils voudront!... »

4.

Voilà ce que dirait le peuple, et les magnats, réduits à l'isolement, comprendraient aussitôt qu'ils ont intérêt à se rallier à la dynastie, afin que cette pacifique révolution ne se fasse pas trop radicalement contre eux. L'Empereur, devenu aussitôt l'arbitre de la situation, les obligerait à s'entendre avec les représentants des intérêts populaires et à cimenter solidement en un seul tout pour le bien général toutes les parties de l'Empire. Il n'y a pas plus de disparate entre les peuples autrichiens qu'il n'y en avait autrefois entre les provinces de la monarchie française, et cependant l'unité de la France a été fondée et personne n'en est fâché aujourd'hui.

Je ne vois donc pas d'autre salut pour l'Autriche qu'une des deux combinaisons suivantes : ou une fédération dirigée par l'Empereur et par une assemblée nationale qui règlerait les intérêts généraux, en laissant aux diètes provinciales le soin de régler les intérêts particuliers de chaque État ; ou l'unité monarchique et libérale, représentée par l'Empereur et par une assemblée centrale élue par le suffrage universel et chargée de régler uniformément toutes les affaires de l'Empire.

Le dualisme, essayé aujourd'hui par M. de Beust, ne me paraît bon que si l'Empereur ne pouvant pas compter sur la fidélité des Allemands et des Slaves, est obligé de faire pivoter son Empire sur la Hongrie. Mais alors il devrait aller plus loin et travailler à rallier autour de son trône les débris de la nationalité polonaise, pour contenir ceux de ses sujets qui sont Prussiens et Russes en secret, ou pour échanger au besoin une partie de ses possessions actuelles contre le titre de roi de Pologne et de Hongrie.

Quoiqu'il en soit, cette difficile situation étant donnée, l'Empire d'Autriche, serré comme dans un étau par la Prusse et la Russie, ne saurait vivre de longs jours, à moins que la confédération de l'Europe libérale organisée par la France, ne brise l'envahissante coalition des États conquérants pour faire régner enfin dans le monde la justice et le droit.

En attendant, la question autrichienne est le véritable nœud qui unit la question allemande à la question d'Orient. L'avenir de l'Europe dépend des événements qui se déroulent sur les rives du Danube. Si l'Autriche devient la solide avant-garde de l'indépendance des peuples, la Prusse sera contenue et la Russie rejetée dans ses steppes. Mais si, au contraire, l'Autriche s'efface et disparaît, l'Europe deviendra la proie des conquérants du Nord.

Voilà pourquoi la question autrichienne est l'une des mailles les plus importantes du Nœud Gordien.

CHAPITRE VI.

La péninsule Ibérique.

Je ne puis passer en revue le monde civilisé sans donner quelques paroles de sympathie à la terre classique de l'héroïsme chevaleresque.

Après avoir joué au XVI° siècle un rôle prépondérant en Europe, et donné un nouveau monde à la civilisation chrétienne, l'Espagne a décliné si rapidement, qu'elle n'est plus même comptée aujourd'hui parmi les grandes puissances européennes. Cette nation possède encore assez de force pour ne point mourir, et l'on sait l'héroïque résistance qu'elle opposa au commencement de ce siècle au conquérant qui commit la faute de la croire agonisante. Mais si elle ne peut pas s'éteindre, elle ne jouit pas non plus de la prospérité, de la vigueur, de la stabilité, du progrès qui caractérisent la virile santé des peuples puissants.

Cet étrange phénomène d'anémie ethnique a depuis longtemps attiré mon attention, et après mûr examen, j'ai cru devoir attribuer l'impuissance actuelle de l'Espagne aux causes suivantes :

1° La partie la plus énergique, la mieux constituée, la plus virile du peuple espagnol s'est élancée pendant des siècles vers les colonies d'Amérique ou sur les champs de bataille de l'Europe. Tout ce qu'il y avait en Espagne d'hommes aventureux, disposés aux entreprises hardies et à l'activité commerciale partait pour le Nouveau-Monde; tout ce qu'il y avait de véritablement héroïque et chevaleresque soutenait la croisade religieuse contre les ennemis de la Foi et la guerre nationale contre tous les peuples rivaux. C'était un double courant dans lequel l'Espagne s'élançait avec cette ardeur, cette générosité, cette passion bouillante qui caractérisent les peuples chevaleresques. Pendant quelque temps les fantastiques succès qu'elle obtenait en Amérique et les triomphes militaires qui suivaient ses armes en Europe semblèrent la galvaniser et lui promettre un avenir de gloire et de bonheur sans précédents dans l'histoire des siècles passés. Mais l'effort constant qu'elle devait faire pour soutenir sa grande situation dans le monde l'épuisait lentement, et un observateur habile aurait pu annoncer au temps des splendeurs de Charles-Quint et de Philippe II la décadence qui étonne le monde aujourd'hui.

Le peuple espagnol s'était prodigué sans mesure; il avait lutté de l'Orient à l'Occident et du Nord au Midi sans compter les ennemis a vaincre, ni les obstacles à surmonter. L'épuisement arriva d'autant plus rapide et plus profond que la prodigalité des forces avait été plus prodigieuse. L'atonie devait suivre naturellement une agitation galvanique. A ce point de vue, c'est un bonheur pour l'Espagne qu'elle ait perdu ces vastes colonies qui épuisaient leur métropole.

2° La seconde cause de l'abaissement de l'Espagne a été le despotisme. Ce noble pays a eu le malheur de démontrer lui aussi une vérité que l'histoire de tous les grands peuples a changée en axiome pour ceux qui savent la comprendre. Quand un despote vient à bout de confisquer les libertés d'un peuple et de concentrer vigoureusement dans sa main toutes ses ressources vitales, la résultante des forces individuelles ainsi réunies en faisceau produit une courte période, signalée ordinairement par des exploits militaires et de grands travaux publics, souvent même par l'éclat des lettres et des arts. Mais dès que les générations que la liberté avait formées s'éteignent et cèdent la place à celles que le despotisme seul a tenues, dès le berceau, courbées sous son sceptre impitoyable et dégradant, cet État, naguère si florissant et si redouté, semble paralysé tout à coup : le faîte de sa gloire se déprime à vue d'œil, sa grandeur s'affaisse, son éclat s'éteint, les revers le frappent, les douleurs intérieures le travaillent, et il apparaît bientôt comme un de ces grands arbres noircis dont la cime s'élance encore dans les nues, et dont les branches couvrent la terre au loin, mais dont les rameaux dépouillés, les feuilles rares et jaunies attristent le regard du voyageur et annoncent au bûcheron que la vie abandonne ce grand corps, et qu'il n'a plus qu'à saisir sa cognée pour en disperser les débris.

Les Assyriens, les Chinois, les Indiens et les Romains ont obéi à cette loi politique. L'Espagne ne pouvait pas y échapper. Ferdinand le Catholique, Charles-Quint, Philippe II et leurs successeurs n'avaient pas compris qu'un souverain n'est que le peuple couronné ; que plus la colonne populaire se rapetisse, plus s'abaisse par là même la royauté qui la surmonte; et que plus s'affaiblissent les forces individuelles des citoyens, plus s'énerve le pouvoir du monarque qui en est le faisceau.

Avant 1789, quand toute l'Europe était nivelée sous le despotisme, l'Espagne, malgré l'incapacité de ses princes, tenait encore un rang considérable au milieu de cet abaissement général. Mais le redressement de la nation française sous l'impulsion de la liberté lui ayant fait dominer aussitôt l'Europe d'une grande hauteur, l'Espagne devint le jouet de Napoléon et de Pitt, qui dirigeaient les peuples les plus libres de cette époque de transition.

Ce noble et malheureux pays ne s'est pas encore relevé aujourd'hui, parce que la liberté, — j'entends cette liberté bien ordonnée qui n'est que l'épanouissement de la justice et la sage harmonie des droits de tous,—n'a pas encore pu s'y asseoir solidement. Et cela me mène à parler de la troisième cause de sa décadence.

3° En voyant grandir prodigieusement sous l'influence d'une constitution libérale la France et l'Angleterre, qu'elle éclipsait autrefois, l'Espagne s'est dit : « J'aurai ma Constitution ! » Elle a donc fait des *Pronunciamientos;* elle a constitué des *Juntes;* elle s'est donné des *Cortès* et enfin une *Constitution.* Mais le peuple espagnol ayant perdu son ancienne confiance dans la monarchie, à cause de la faiblesse d'une longue suite de rois fainéants, tout le monde a voulu commander. Alors se sont formés divers camps rivaux, dont chacun a pris pour devise : « Je gouvernerai ! »

Au milieu de la confusion anarchique de la Péninsule espagnole, on peut discerner dans son sein trois courants principaux : 1° le courant aristocratique et conservateur, fidèle aux traditions du passé ; 2° le courant constitutionnel et bourgeois, empreint du libéralisme et de l'indifférence religieuse propagés en Espagne par le gouvernement du roi Joseph Napoléon ; 3° le courant populaire et progressiste, né du mélange des idées protestantes semées par l'armée anglaise, avec les idées révolutionnaires et athées semées par les soldats de la France, et propagées ensuite par les sociétés secrètes.

Les forces de ces trois grands partis étant à peu près égales, la lutte qu'ils se livrent n'a pas de fin, et c'est ce qui explique les pronunciamientos sans nombre, les guerres civiles toujours renaissantes, les perpétuels changements de ministère, et même les menaces contre la royauté, dont le bruit franchissant les Pyrénées vient frapper si fréquemment l'Europe étonnée. Ces fluctuations incessantes nous ont montré les constitutionnels de 1812, un instant maîtres de l'Espagne et de la personne de Ferdinand VII; puis la réaction royaliste, soutenue par l'armée du duc d'Angoulême; les insurrections catalanes des Apostoliques et des Carlistes au nom du pouvoir absolu; la guerre dynastique de don Carlos ou Charles V, soutenu par les Carlistes contre Isabelle II, soutenue par les libéraux ou Christinos; la division du parti constitutionnel en progressistes et en Christinos purs; la lutte personnelle de Narvaez et d'Espartero; l'influence prédominante de ce dernier, qui réussit à ruiner le parti carliste en séduisant Marotto, général de don Carlos, et en forçant les généraux Cabrera et Balmareda à passer en France; la chute des puros et l'abdication de la régente Marie-Christine; le nouvel effort de Cabrera et des Carlistes pour donner le trône au comte de Montémolin, fils de don Carlos; la lutte d'influence, plus personnelle que jamais entre les progressistes, dirigés par le duc de la Victoire, les puros, dirigés par Narvaez, et bientôt une nouvelle coterie, appelée « l'Union libérale, » dirigée par O'Donnell. Depuis peu une autre faction a levé son drapeau : c'est le parti républicain dirigé par le comte de Reuss. Autour de ces quatre noms, Prim, Narvaez, O'Donnell, Espartero, s'agite aujourd'hui toute la nation espagnole, et, chose singulière! l'armée, qui est ailleurs la plus puissante digue contre les révolutions, en est en Espagne la cause la plus fréquente.

L'état de choses actuel et toute l'histoire d'Espagne, depuis cinquante ans, prouvent que la grande plaie de ce pays est le *personnalisme*. On n'aime plus la patrie; on ne cherche plus le bien de l'Etat; on ne rêve plus la gloire des Espagnes; on cherche, on désire, on poursuit la victoire, non plus pour la grande patrie du Cid ou de Jayme le Conquérant, mais seulement pour une misérable coterie personnifiée dans tel ou tel général, dont le panache sert de ralliement à une armée d'intrigants et d'affamés qui, le jour de leur triomphe, regardent l'Espagne comme une mine à exploitation et la traitent en pays conquis, avec d'autant plus de rigueur qu'ils sentent bien qu'ils ne sont que des oiseaux de passage, et que les ministères, les capitaineries, les intendances et les *audiencias* ne sont pour eux que des hôtelleries.

Il n'y a qu'un remède à cet état de choses, et, pour l'appliquer, un seul homme ne suffirait pas, quel que fût d'ailleurs son génie. La nation entière est la cause du mal. Elle seule peut le guérir, en se détachant du *personalisme* qui lui a causé tant de maux, en brûlant généreusement les oriflammes de toutes les coteries, et en élevant bien haut le drapeau national qui doit rallier autour de lui tout ce que l'Espagne compte encore de vrais patriotes, de cœurs généreux et d'esprits élevés. Assurément toutes les querelles des Carlistes, des Christinos et des chefs constitutionnels ou progressistes importent fort peu à la nation. Ce qu'il lui faut, c'est un gouvernement qui lui donne de sages institutions, une habile politique, de bonnes finances, et qui sache réunir en un faisceau toutes les forces vives de la monarchie espagnole pour la conduire d'un pas ferme dans la voie du progrès.

La nation espagnole n'est pas morte, ni près de mourir. Sa noble fierté, son énergie, son courage chevaleresque, son attachement à la religion de ses pères, et même les longues agitations intérieures qui la travaillent depuis si longtemps, montrent la vigueur de son tempérament. Si elle sait se rattacher au grand patriotisme dont je viens de parler, et fonder un gouvernement national qui appelle à lui toutes les forces de la nation, tous les hommes de mérite, tous les grands citoyens sans distinction de partis, la puissance de l'Espagne ne tardera pas à prendre un rapide essor; son activité, aujourd'hui consumée dans de mesquines intrigues et des luttes stériles, prendra un plus noble objectif; la paix fera pénétrer dans son sein tous les bienfaits de la civilisation : Dieu lui-même, le puissant Dieu de la paix qu'adore sa foi antique, lui enverra sans doute alors le grand homme d'État, le sage législateur qu'appellent depuis si longtemps ses vœux empressés, et dont le génie la fera dignement asseoir au banquet fraternel des peuples civilisés, que l'observateur attentif peut voir se dégager déjà des limbes d'un avenir peu éloigné de nous.

Espérons que ces événements ne tarderont pas d'arriver.

Mais, en attendant, la division est grande dans la Péninsule; l'insurrection gronde secrètement dans les palais des grandesses comme dans les plus humbles chaumières de la Catalogne et de l'Andalousie; la guerre civile rampe derrière chaque buisson poudreux, derrière chaque pan de vieux mur, dans les gorges de chaque sierra désolée, au fond de chaque défilé tortueux; la révolution subversive et athée fait siffler ses serpents aussi bien en Espagne qu'en Italie et ailleurs; le pouvoir est obligé de gouverner le sabre à la main, l'œil au guet, l'oreille au vent; et une anarchie aussi fatale à l'Espagne que nuisible aux intérêts du monde civilisé peut éclater à chaque instant dans la péninsule Ibérique...

Voilà pourquoi je suis obligé de la compter parmi les mailles enchevêtrées du Nœud Gordien.

CHAPITRE VII

L'Amerique.

Aux pays du couchant s'agite la question américaine, vive et brûlante comme le soleil des tropiques, sauvage comme une bête fauve, immense comme les savanes du Nouveau-Monde.

Peuplée par les colonies de cent peuples divers, l'Amérique, devenue le marché du monde ancien, tendait à une prospérité inouïe dans les fastes des nations, quand les éléments hétérogènes qui fermentaient dans son sein sont entrés en ébullition.

Pourquoi faut-il, hélas! que la guerre soit en permanence dans les régions les plus riches de l'univers? Les hommes deviendraient-ils plus mauvais à mesure qu'ils reçoivent plus abondamment les bienfaits du Créateur? ou la raison perdrait-elle ses droits au milieu de la prospérité matérielle?

Quoi qu'il en soit, la question américaine est grave et complexe.

Troubles sans fin dans l'Amérique du sud;

Guerre permanente au Mexique;

Discorde complète aux États-Unis ; menaces de la guerre civile ; menaces du fénianisme contre le Canada ; menaces de la doctrine Monroë contre les colonies européennes ; menaces sans nombre et maux sans fin.

Voilà le passé, le présent, l'avenir du continent américain depuis son émancipation.

Cette effervescence sans bornes, cette humeur querelleuse et brutale des peuples de l'Amérique sont souverainement nuisibles, non-seulement au bonheur et au progrès de cette immense contrée, mais à l'harmonie générale de l'univers. Au milieu des fluctuations incessantes et de la sanglante agitation, que d'ambitieuses individualités causent dans ce continent, comment les institutions peuvent-elles s'affermir, la société s'améliorer, les mœurs s'adoucir, la religion et les lois produire leurs salutaires effets? Comment ceux qui trempent à chaque instant leurs mains dans le sang de leurs frères, seront-ils bons et hospitaliers envers les étrangers, et pratiqueront-ils envers les peuples lointains la fraternelle solidarité qui doit lier entre elles toutes les parties du monde?

Évidemment, cela n'est pas possible. Et voilà pourquoi dans cette Amérique si bien douée, comblée presque sans mesure des faveurs d'une nature prodigue, tout est bâti sur le sable, tout est mouvant, tout chancelle, tout est sans cesse remis en question : les gouvernements, les traités, les principes et la civilisation même.

Ce peuple, frappé de vertige, que son humeur atrabilaire porte à déchirer continuellement ses entrailles, ne constitue-t-il pas un danger sérieux pour le monde civilisé? A un moment donné, sa fureur ne le portera-t-elle pas à se ruer comme une bête fauve sur les nations étrangères pour en faire le jouet de ses caprices ou de sa cupidité?

En vérité, le sort que les radicaux de Washington réservent aux États de l'ancienne confédération du Sud est de mauvais augure pour l'avenir de l'Amérique.

En voyant ces farouches républicains oublier leurs principes jusqu'à vouloir donner au monde le spectacle d'une nouvelle Pologne opprimée, et transformer leurs frères blancs en ilotes privés de tous les droits de l'homme, nous croyons peu à leur amour pour les nègres et nous sommes forcés de prévoir le jour où, sous quelque prétexte spécieux, ces fils ingrats de la liberté s'efforceront de subjuguer et de terroriser l'univers pour en faire une copie de la *république-modèle*. Nous sommes forcés de les regarder comme des ennemis du progrès.

Nous sommes forcés de nous souvenir qu'au-dessus de la doctrine Monroë, règnent la justice, le droit et la solidarité des peuples libres!

Nous le disons à regret; mais l'Amérique colonisée, enrichie, civilisée par l'Europe occidentale, lui cause en ce moment de légitimes inquiétudes. Cette terre de liberté menace d'être bientôt un foyer d'oppression, un repaire de pirates, une pépinière de conquérants. Des indices graves montrent à l'œil attentif de l'observateur l'existence d'une alliance intime et monstrueuse des Américains avec la Prusse et la Russie. Malgré toutes les apparences trompeuses, destinées à mieux voiler leurs démarches, les trois États conquérants se donnent la main pour atteindre plus sûrement le but de leur secrète ambition, et depuis le grand golfe d'Amérique jusqu'à la Baltique et au Rhin, le Nord est en conspiration permanente contre le Midi.

Pendant que le roi de Prusse absorbera l'Allemagne et que le tsar saisira Constantinople, les républicains de Washington appliqueront dans tout le Nouveau-Monde la doctrine Monroë, en proclamant l'émancipation des colonies européennes et en réorganisant à leur gré le continent américain. Le fénianisme n'est qu'un épisode de cette vaste entreprise; tous les moyens seront employés pour semer la division dans l'Europe occidentale et la livrer à ses ennemis.

L'aigreur du dernier message du président Johnson vis-à-vis de la France et de l'Angleterre, et la cession de l'Amérique russe, en disent

5.

assez pour quiconque n'est ni aveugle ni sourd.

Il importe donc à notre honneur autant qu'à notre sécurité de ne point baisser les yeux devant la morgue des Américains, de faire comprendre à ce peuple, par notre sévère attitude, que l'Europe qui l'a élevé peut au besoin le châtier, que tout conquérant est ennemi du progrès, et que tout allié du tsar est félon à la liberté !

Cela est juste, cela est nécessaire !

Mais, en attendant, l'Amérique est une redoutable maille du Nœud Gordien.

CHAPITRE VIII

L'Afrique.

Que dirai-je donc de l'Afrique ?

Cette vieille terre de Chus, dont la gloire jeta autrefois un si grand éclat, est depuis longtemps la terre classique de l'ignorance, de la sauvagerie, du despotisme sans frein, et son génie semble s'être stéréotypé dans ces immobiles et froides momies qu'on nous rapporte çà et là des sépulcres de la Thébaïde.

Si l'on excepte les différents points du littoral où campe sous les armes la civilisation européenne, on ne voit que le désordre et le chaos dans les vastes flancs de la péninsule africaine.

Aussi la désolation semble-t-elle y avoir établi sa demeure permanente, car on la trouve partout, depuis le désert de Sahara jusqu'au cap de Bonne-Espérance, et des États du roi de Dahomey jusqu'à ceux de Théodoros, le terrible Négus d'Abyssinie.

C'est surtout à la terre de Chus que l'on peut appliquer cette parole d'un écrivain antique :

« Desolatione desolata est terra!... »

Désolation dans le sol, qui est ravagé par le simoun, par les sauterelles, par les bêtes fauves, et se change en un désert aride dès que l'homme cesse de l'arroser de ses sueurs.

Désolation dans l'atmosphère, embrasée par les feux d'un soleil dévorant.

Désolation parmi les hommes, livrés aux plus farouches instincts de la nature corrompue, abrutis par la superstition, l'ignorance, le sensualisme et la cruauté.

Aussi bien, les Africains ne semblent avoir conservé de toutes les anciennes traditions du genre humain que le souvenir de Babel, la tour de confusion.

Quelle confusion dans les langues!

Quelle confusion dans les religions!

Quelle confusion dans les lois et les mœurs!

Quelle confusion et quel renversement dans les premiers principes du droit des gens et de l'ordre social!

En voulez-vous des preuves?

Voyez les tribus nomades du Sahara, toujours féroces, toujours indomptées, toujours errantes, toujours fugitives, comme si la malédiction de Dieu les poursuivait partout; sans autre loi que le sabre, sans autre morale que l'intérêt, sans autre civilisation que le meurtre et le pillage!

Voyez les peuples du Congo, hébétés par l'ignorance, la superstition, l'esclavage et toutes les hontes de la nature humaine ; se croyant une marchandise formée par les Génies pour le plaisir des prêtres et des grands ; un vil bétail à l'engrais pour être tondu, vendu, immolé, mangé même selon le caprice des rois !

Voyez les Hottentots, les Bojesmans, les Saabs, mangeurs de larves et de poux, n'ayant pour tout vêtement qu'une épaisse couche de crasse, de poussière et de suif, et conservant à peine dans leur abrutissement inouï quelques traces effacées de l'intelligence de l'homme et de sa filiation divine !

Ne sont-ce pas là les vrais enfants de la confusion, les descendants de Cham le Maudit ?

Mais pourquoi donc en est-il ainsi ?

Pourquoi l'Afrique est-elle toujours inhospitalière ?

Pourquoi la civilisation, qui, semblable à une mère bienfaisante, a tant de fois enlacé dans ses bras la terre d'Afrique, a-t-elle toujours été repoussée par l'âpre naturel de cette fille de malédiction ?

Pourquoi s'est-elle vue tant de fois méprisée, outragée, mutilée par elle, et a-t-elle finalement été forcée de rester humblement à sa porte ?

Pourquoi les nations européennes sont-elles, aujourd'hui encore, obligées de prodiguer leurs trésors et de verser le plus pur de leur sang, afin de pouvoir camper sur ces plages inhospitalières ?

Pourquoi?

Ah! c'est que la barbarie est comme une lèpre qui s'élargit sans cesse et tend à tout voiler de sa laideur, si elle n'est pas radicalement détruite.

Aussi longtemps que le chaos régnera dans l'intérieur de la Libye, les colonies européennes seront perpétuellement menacées, au Maroc et à Tunis comme en Egypte, en Algérie comme au Sénégal, au Zanguebar comme au cap de Bonne-Espérance.

On aura beau envoyer des légions contre l'Afrique et la foudroyer par la mitraille.

Cette contrée a vu la gloire des soldats d'Alexandre, de Rome, de Napoléon et de la jeune France. Elle a tremblé... Elle s'est inclinée... elle s'est abaissée... elle a adoré même!...

Mais elle est restée sauvage!

Pourquoi cela?

Parce que les mauvais naturels, qui rampent si humblement devant les héros entourés de tout le prestige de la force et de la gloire, ne sont corrigés et guéris que par des principes salutaires.

L'Afrique ne sera régénérée que par une religion pure et sublime!

Alors seulement elle deviendra une oasis d'où s'échapperont des fleuves d'eau vive qui feront fuir le désert et la barbarie au loin.

« Nous avons fait notre œuvre, disait l'illustre maréchal Bugeaud après la bataille d'Isly; mais la religion doit faire la sienne : elle seule peut civiliser l'Afrique ! »

Le maréchal avait raison. Mais comment s'y prendre pour résoudre la difficulté ?

Nouvelle maille du Nœud Gordien !

CHAPITRE IX

L'Asie.

Affligé de tant de maux, je me tourne vers l'Orient.

Peut-être dans le doux pays de l'aurore, riant berceau du genre humain, mes yeux se reposeront sur quelque douce vision, mon esprit s'illuminera, mon cœur sera consolé, et j'annoncerai plein de joie qu'aujourd'hui comme aux anciens jours, la Mère des Nations va régénérer l'Univers.

. . . .

Hélas! quelle est mon erreur!

La terre de Sem, autrefois si féconde en merveilles, semble aujourd'hui frappée d'impuissance et d'immobilité.

Là où brillèrent jadis les cités reines de Ninive, de Babylone, de Palmyre, d'Antioche, de Tyr et de Jérusalem, on ne voit que des ruines désolées, des contrées dépeuplées, appauvries et presque stérilisées. Le superbe génie de l'Asie ancienne semble dormir d'un éternel sommeil sous les ruines gigantesques qui ont autrefois enseveli ses enfants.

Qu'est devenue la splendeur des conquérants assyriens et des rois persans? Qu'est devenue la puissance de Saladin, de Timour-Lenk et de Djenghiz-Khan? Qu'est devenu le faste des empereurs mongols? Où sont les législateurs qui dans les âges reculés civilisèrent les Chinois et les Indiens?

Ces hommes célèbres et cette grandeur ne sont plus.

Le temps a tout emporté sur son aile rapide. La sève féconde qui produisit les héros et les sages semble s'être tarie, atteinte par un souffle de mort, et les pâles ombres de Nabuchodonosor le Grand, de Cyrus, de Mahomet, de Confucius, de Laò-Tseu et de Bouddha appellent en vain du fond de leurs tombeaux poudreux des successeurs dignes d'elles.

La foudre céleste a passé par là, et la grande Asie a été condamnée à de longs abaissements et à un outrageant esclavage pour ses crimes, ses voluptés et son orgueil. Du faîte resplendissant de sa gloire, elle est tombée dans des abîmes ténébreux où elle perd son avenir en souillant sa beauté.

Aujourd'hui dans les régions dépeuplées de l'Asie occidentale et dans les steppes sauvages de la Tartarie mongole, aussi bien que dans les plaines fécondes de l'Inde et de la Chine où s'agitent d'immenses multitudes humaines, on ne trouve point d'intelligences d'élite, point de ces grands cœurs qui embrassent le monde dans leurs pulsations, point de ces caractères magnanimes que l'on est heureux de contempler, d'applaudir et d'aimer partout où l'on a la bonne fortune de les rencontrer sur ses pas.

Énervé par des religions sensuelles, abruti par un despotisme absurde, l'Asiatique insouciant, paresseux et rêveur, ne vit plus que par les sens, et ne retrouve quelque énergie que pour gagner de l'or et satisfaire ses vices. Hors de là, ne lui demandez rien, car tout effort généreux paraît impossible à son âme alourdie.

L'Asie n'est plus l'heureux Éden, fortuné séjour de l'innocence et de la vie. Ce n'est même plus ce foyer ardent d'où s'élancèrent, comme d'une ruche féconde, tant de peuples puissants qui allèrent coloniser ou ravager l'univers.

C'est tantôt un désert où de sauvages tribus promènent leur misère, et tantôt un parc où s'engraissent des peuples esclaves.

En résumé :

Terre infortunée où l'individu se traîne, où la famille végète, où les empires agonisent ;

Terre d'erreur qui attend la vérité ;

Terre d'esclaves qui attend ses maîtres ;

Terre de mort qui attend la vie ;

Terre d'oppression qui attend le progrès et la liberté !

Comment l'Europe peut-elle voir avec indifférence le sort de cette mère du genre humain?

N'a-t-elle pas les plus graves intérêts à défendre en Asie?

Intérêts en Turquie et en Perse?

Intérêts en Arabie?

Intérêts dans les Indes?

Intérêts dans la Chine et le Japon?

Intérêts dans la Judée, berceau du christianisme?

Intérêts jusque dans la sauvage patrie des enfants d'Attila?

Or, le mahométisme, le bouddhisme, le brahminisme, les religions de Confucius et de Sinto, tombées en décrépitude, ne peuvent plus régénérer ces contrées.

La société politique s'y décompose; les nations s'étiolent et s'affaissent; la vieille Asie se meurt...

Qui va recueillir son riche héritage?

Question capitale d'où dépend l'avenir du monde civilisé!

En effet, si l'Asie s'ouvre à la civilisation européenne, au christianisme, à la liberté, au progrès, le monde est sauvé, la société régénérée, la paix assurée pour longtemps.

Mais si l'Asie tombe entre des mains barbares, conquérantes, pseudo-chrétiennes, antilibérales, antiprogressistes, anticivilisées, malheur à l'Europe occidentale! malheur au genre humain! malheur à la France en particulier!

C'est là une question de vie ou de mort, une question-mère d'où dépendent les destinées de la civilisation moderne.

Or, quand je vois le colosse russe descendre des régions polaires, en invoquant le Tsar-Christ, presser l'Asie dans ses bras nerveux, franchir le Caucase dompté, fouler aux pieds la Tartarie vaincue, soumettre en courant ces mêmes lieux où Cyrus et Alexandre le Grand arrêtèrent l'élan de leurs invincibles soldats, et darder vers la Perse, vers l'Inde et vers la Chine ce brûlant regard qui fait pâlir d'effroi le padischah de Stamboul, je me dis :

Si ce conquérant triomphe;

Si les bourreaux de la Pologne soumettent l'Asie à la plèthe et au knout;

Si le pseudo-christianisme, dont le pape est à Saint-Pétersbourg, règne dans les vieilles métropoles de la Turquie, de l'Inde, de la Chine et du Thibet;

Si le tsar devient le pontife et l'autocrate des plus nombreuses nations du globe;

S'il dispose à son gré de leur commerce, de leurs trésors, de leurs immenses ressources;

S'il commande à l'humeur aventureuse des Tartares, à l'ignorant fatalisme des Musulmans, aux violentes rancunes des Indiens, à la vieille civilisation des Chinois et au servilisme de tout l'Orient,

C'en est fait de la liberté du monde !

J'entends des politiques myopes s'écrier : « Mais cela n'arrivera jamais! L'armée anglaise est dans l'Inde! La France est en Cochinchine! L'Asie n'est point morte encore!... En voilà plus qu'il n'en faut pour arrêter la Russie! Le tsar Alexandre n'est point le croquemitaine dont vous parlez, et, loin de jouer le rôle de conquérant, il sera fort heureux de maintenir la cohésion entre toutes les parties de ses vastes États. »

Eh bien! je regrette de le dire; mais je dois la vérité à mon pays : Ceux qui parlent ainsi se trompent ou veulent tromper. En tout cas, ce n'est pas aimer son pays d'un amour éclairé que de lui exagérer sa force et de lui cacher celle des peuples rivaux ; car une telle politique amène toujours les plus funestes conséquences. La puissance de l'Occident me rassure peu, parce qu'elle est divisée!...

La Russie, au contraire, est une et forte, plus forte que jamais; le pouvoir énergique et habile qui la dirige marche à grands pas vers la réalisation du testament de Pierre le Grand. Les faits parlent ici plus haut que les paroles.

Voyez le chemin que cette puissance a fait en dix ans!

En 1856, quand le traité de Paris termina la

guerre de Crimée, en posant à l'ambition du tsar les bornes factices qu'il a si bien su tourner, bien des gens crurent qu'il ne se relèverait pas de longtemps.

En ce moment, la Pologne était frémissante; les Circassiens insoumis défendaient fièrement leurs foyers; le conquérant moscovite était humilié, son armée affaiblie, sa flotte à moitié détruite, et on lui défendait d'attaquer la Turquie, objet de ses plus ardents désirs.

Les optimistes de l'Europe occidentale se frottaient les mains avec ivresse, en disant : « La paix est faite! »

« En voilà pour longtemps! »

Mais ceux qui voyaient mieux le fond des choses, ceux qui connaissaient mieux le génie tenace et la mâle énergie du peuple russe, hochaient la tête en disant : « On a blessé le tigre sans l'abat-
» tre; il trouvera bien moyen de faire payer cher
» son humiliation d'un jour, et de franchir toutes
» les barrières qu'on oppose à sa fureur! »

En effet, le tsar Alexandre ne s'est pas détourné un seul instant de l'idée de la vengeance. D'abord, il a gagné l'affection de son peuple par des réformes intérieures et surtout par l'affranchissement des serfs. Puis, le cœur de la sainte Russie une fois réconforté, rajeuni, ranimé, il s'est appliqué à relier solidement à ce point central les parties les plus éloignées de son empire, au moyen des lignes télégraphiques, des chemins de fer et d'un habile système de *russification*.

Tout murmure a été étouffé, toute résistance brisée, tout obstacle tourné ou vaincu, toute insurrection noyée dans le sang. Les héros de la Pologne et·de la Circassie sont tombés en foule sur les champs de bataille, sur les échafauds, dans des prisons infectes et dans les steppes glacées de la Sibérie. Ceux qui restent sont en ce moment pressurés par une main de fer, jusqu'à ce qu'ils aient perdu leurs croyances, leur langage, leurs coutumes, leurs propriétés, et que leurs âmes patriotiques et libres soient remplacées par les âmes esclaves et avilies des tchinownicks.

Les Tartares eux-mêmes n'ont pas été sauvés par la profondeur de leurs déserts. Leur fière résistance aux prétentions du tsar n'a fait qu'attirer sur leurs steppes l'invasion moscovite, et, à l'heure qu'il est, les aigles russes planent d'un vol hardi et triomphant sur les pénates d'Attila, de Gengiskhan et de Tamerlan.

D'après les nouvelles les plus récentes, les Russes marchent à grandes journées sur Samarkand, la vieille capitale des conquérants mongols.

Voilà ce que les Russes ont fait depuis dix ans !

Le tsar, qui se fait du Panslavisme une arme si terrible contre l'Europe, emploie avec non moins de succès le *Pan-tartarisme* contre l'Asie. Il se présente aux Orientaux comme le grand khan des Tartares. C'est à ce titre qu'il impose son joug aux belliqueuses tribus de l'Asie centrale; qu'il exerce à la cour de Pékin une influence à peine balancée par les victoires de la France et de l'Angleterre; qu'il a obtenu la cession des rives du fleuve Amour, la liberté du culte grec et la première ambassade européenne reconnue par le Céleste-Empire.

C'est après avoir ainsi aguerri son peuple que le tsar Alexandre se présente en vainqueur aux avant-postes de l'Europe civilisée, pour agiter la question d'Orient. C'est escorté par la puissance militaire de la Prusse conquérante et par le prestige de la jeune Amérique, que le César de ce nouveau Triumvirat vient à Paris tromper la vigilance de l'Occident et préparer avec plus d'habileté que jamais ses conquêtes futures.

Or, à cette occasion, je me rappelle malgré moi.

Que c'est de la terre d'Asie que sont parties dans les siècles passés les hordes dévastatrices qui ont couvert l'Europe de ruines et de sang;

Que la vaillante Grèce ne se crut en sûreté que lorsque les phalanges d'Alexandre eurent étonné par leurs exploits les plaines d'Arbelles et les rives de l'Indus;

Que Rome n'obtint l'empire du monde que lorsque ses légions triomphantes eurent planté leurs aigles sur le Liban, le Taurus et l'Euphrate vaincus ;

Que l'Angleterre n'est devenue la reine des mers qu'après avoir conquis son empire de l'Inde ;

Que Napoléon Ier lui-même rêvait, comme César, la conquête de l'Asie ;

Qu'en Égypte, à Saint-Jean-d'Acre et à Moscou même, il dardait sur cette contrée ce brûlant regard du génie dont Dieu seul put déjouer les puissantes combinaisons ;

Qu'enfin, de l'aveu de tous les conquérants, le *sceptre du monde est en Asie !*

Et en voyant les conquérants russes maîtres du Caucase et des plateaux de l'Altaï, saisir à la fois les clefs de la Chine, de la Perse, de l'Inde et de l'empire ottoman, je tremble pour l'Europe occidentale et je m'écrie :

« Unissez-vous, hommes libres !

» Terminez à tout prix vos discordes sans fin !

» Veillez à ce que l'Asie, incapable aujourd'hui » de vous envoyer un civilisateur, ne vous envoie » point un fléau de Dieu ! »

. . . .

Oui ! veillons et unissons-nous...

L'Asie est une maille redoutable du Nœud Gordien !

CHAPITRE X

La question religieuse et sociale.

Cependant, quelque formidable que soit cette perspective, là n'est point encore le plus grand danger de ce temps-ci. Le point culminant de la difficulté, autour de laquelle s'épuisent en vains efforts tous les diplomates de notre époque, c'est la question religieuse et sociale.

Les graves périls dont nous avons parlé ci-dessus sont purement extérieurs. Mais celui-ci atteint la société européenne dans ce qu'elle a de plus intime. Si nous venons à bout de le détourner, il sera facile d'éloigner les autres ; mais si celui-là vient à nous envahir, l'Europe occidentale sera frappée au cœur, et deviendra le jouet de ses ennemis.

Ce volcan souterrain, qui menace de tout bouleverser, a deux foyers principaux : l'Italie et la France.

§ I.

Depuis bien des siècles déjà, l'Italie, fière d'avoir tenu autrefois le sceptre politique du monde, semblait se contenter du sceptre des beaux-arts :

et les Italiens de la Renaissance applaudissaient aux merveilles de Raphaël et de Michel-Ange avec autant d'enthousiasme que les vieux Romains aux triomphes des Scipions et des Césars.

Toutefois l'idéal ne peut suffire longtemps à un peuple, et quand les soldats de Bonaparte descendirent dans la vallée du Pô, en semant les principes de la démocratie française, une commotion électrique agita la Péninsule.

L'antique patrie de Cincinnatus s'éveillait, et, répondant à l'appel de la jeune France, elle se levait pour prendre son rang parmi les nations.

La gloire et la liberté lui étaient apparues! Ce souvenir fut ineffaçable.

« *L'Italia libera!* »

Tel fut désormais le rêve enchanteur, le Beau idéal de ce peuple passionné. Il se donna corps et âme au héros qui l'avait délivré, et les plus braves de ses enfants le suivirent dans ses lointaines expéditions.

Puis, quand arrivèrent les mauvais jours, quand le soleil de la France impériale pâlit et se coucha dans l'immensité de l'Océan, la jeune Italie, morne et consternée, les yeux tournés sur Vienne, attendit silencieusement son destin.

L'aréopage des rois fut sévère et son oracle foudroyant.

« L'Italie n'est qu'une expression géographique, » dit M. de Metternich : et cette parole hautaine fit fortune dans les salons de l'Europe coalisée.

L'Italie mutilée dut céder à la force et se courber sous le joug qui revenait plus humiliant et plus dur. Mais ses enfants ne cessèrent de répéter tout bas sur les crêtes escarpées des Alpes et des Apennins, comme dans la vallée du Pô, dans les gondoles vénitiennes et au milieu des régiments autrichiens, sous la coupole de Saint-Pierre et dans les sombres cachots du Spielberg :

« *L'Italia libera!* »

Ce fut le cri de ralliement des Italiens d'élite, et la papauté elle-même s'en fit solennellemen l'écho.

Mais l'épreuve fut longue... Le pied des Allemands était lourd. Plus d'une fois même les chaînes se resserrèrent, et l'Italie vit défiler avec terreur les longs convois de ses enfants partant pour l'exil ou pour les prisons d'État. La noble esclave frémissait, pleurait, trépignait... Elle demandait un libérateur au ciel et à la terre... Mais le ciel était sourd et la terre insensible.

Pie IX parut enfin et arbora courageusement au Capitole le drapeau des libertés constitutionnelles. L'Italie tomba à ses pieds, l'encensa, le baisa, le couvrit d'applaudissements et de fleurs... Elle l'acclamait comme un nouveau Messie ; et l'âge d'or semblait poindre à l'horizon...

Mais cela était trop beau pour durer longtemps. Des hommes ambitieux et rusés furent jaloux de cette gloire du Pontife et s'appliquèrent à ruiner sa popularité. Le peuple se mutina.. La Papauté devint méfiante et craintive. L'épée de la France dut la protéger contre des haines injustes et d'insolentes ambitions.

. . . .

Alors commença le rôle de M. de Cavour.

Cet homme d'État, qui ne manquait ni d'ambition, ni de génie, tâta le pouls a l'Italie... Il sentit sous son doigt scrutateur plusieurs princes faibles ou impopulaires ; l'Autriche triomphante, le Piémont humilié, l'Italie malheureuse.

A peine le canon de Magenta et de Solférino eut-il délivré la Lombardie, que M. de Cavour, dévoilant ses projets, s'écria :

« *L'Italia una! E l'Italia sara!* »

Bientôt commença la spoliation des princes vaincus, et Victor-Emmanuel fut salué roi d'Italie.

Mais, par malheur, la maison de Savoie, pour obtenir ces rapides triomphes, avait tendu la main aux enthousiastes sectaires dont Mazzini est le grand maître, et Garibaldi, le héros *sans cervelle*..

L'ex-triumvir ne rêvait que Rome, théâtre de ses premiers triomphes : non plus toutefois cette

6.

Rome pontificale et paisible, patrie des lettres et des beaux-arts, mère vénérable de la catholicité ; mais une Rome républicaine, une Rome idéale et militaire, capable de renouveler les anciens exploits des Romains, de recommencer la conquête du monde, et d'être un jour le centre de l'univers républicain.

« *Rome ou la mort !* » s'écriaient Mazzini et Ga-« ribaldi : nous n'avons rien fait, tant que le dra-« peau italien ne flottera pas sur le Capitole ! » Et, d'un bout à l'autre de la Péninsule, le parti d'action répétait avec enthousiasme :

« *Rome ou la mort... ! Roma o morte !* ! »

En vain les balles d'Aspromonte arrêtèrent l'élan de Garibaldi, les amis de Mazzini manœuvrèrent si bien, que l'Empereur des Français finit par signer la Convention de septembre.

Et aujourd'hui, après que l'empereur d'Autriche a fait noblement à la paix de l'Europe l'hommage de la Vénétie ; après que l'armée française a quitté Rome et que, selon la parole de l'Empereur Napoléon, l'Italie est libre des Alpes à l'Adriatique, et du golfe de Gênes à la mer Ionienne, le parti d'action, alléché par l'espoir d'un prochain triomphe, crie plus fort que jamais :

« *Roma o morte !* »

Mais là est le nœud de la difficulté. Là est le cœur de cette question religieuse et sociale qui, depuis la Révolution française, s'impose à tous les penseurs, à tous les hommes d'État, à tous les gouvernements de l'Europe.

Rome n'est pas une ville comme une autre. Faible et désarmée en apparence, elle n'en est pas moins l'âme et la tête du monde chrétien, et c'est de là que partent les rayons vivifiants et lumineux qui dirigent trois cents millions d'hommes civilisés. Elle est donc la mère, ou, si l'on veut, la citadelle de la civilisation chrétienne, et Napoléon Ier disait avec raison : « Il faut toujours » compter avec le Pape comme s'il avait deux » cent mille soldats! »

Or, le mauvais génie qui pousse le parti libéral en Europe à suivre une politique autrichienne, et à voir dans l'Église catholique sa principale ennemie, lui a précisément signalé Rome comme le point culminant à l'assaut duquel doivent converger tous ses efforts.

Mais Rome conquise, le Pape ne sera plus libre dans l'exercice de son pouvoir spirituel : il ne pourra publier ni encyclique, ni bulle, que si le roi d'Italie le veut bien. Dès lors, on pourra lui imposer telle décision que l'on voudra, ou même envelopper de silence cette grande voix du Pontife qui retentit jusqu'aux extrémités de l'univers.

L'oracle du Vatican une fois éteint, Mazzini, qui compte obtenir bientôt la dictature en Italie, proclamera du haut du Capitole les décrets qui, selon lui, doivent régénérer la société européenne et révolutionner le monde entier, en établissant partout la dictature républicaine et le culte de l'Idéal.

Voilà ce qui explique l'acharnement obstiné du parti d'action dans la question romaine. Voilà le véritable mobile de ces cris : « Rome ou la mort! »

Et, pour avoir Rome, ces exaltés s'exposent à tuer leur patrie !

Nous concevons bien que Rome soit la capitale naturelle de l'Italie, parce que seule, par sa position et son immense prestige, elle peut faire cesser toutes les jalousies qui s'élèvent au sein des autres capitales italiennes.

Mais si l'Italie a des droits, le catholicisme a aussi les siens.

La catholicité considère Rome comme sa capitale. Elle se demande où ira son Pontife suprême, s'il est obligé de s'en éloigner. Elle se demande d'où partiront ses oracles qui doivent être libres pour être obéis et respectés. Elle se demande où se tiendront ces grandes Assises épiscopales où doivent siéger les pontifes du monde entier, pour régler les grandes affaires du christianisme et lui préparer un meilleur avenir.

C'est donc là une question fort grave, et je dirai même insoluble, si on suit les traditions de la politique du passé.

Enlever Rome à l'Italie, c'est rendre cette dernière impuissante peut-être.

Mais enlever Rome à l'Eglise, c'est l'asservir,

l'enchaîner, la faire dépérir lentement ; c'est ruiner aussi la civilisation chrétienne.

Or, si la vie, l'indépendance et l'honneur de l'Italie importent aux Italiens, la vie, l'indépendance, l'honneur de l'Eglise et l'avenir de la civilisation importent au monde entier.

Comment donc concilier ces besoins divergents, ces intérêts opposés, ces prétentions rivales et ennemies?

C'est l'énigme du sphinx, et jusqu'ici les têtes les plus habiles de l'Italie se sont évertuées inutilement pour la résoudre.

En vain le roi d'Italie prend sa voix la plus doucereuse pour dire au Pape : « Saint-Père, » bénissez notre politique, car nous sommes vos » enfants; laissez-nous donc la terre, et conser- » vez les cieux. »

Le cardinal Antonelli répond invariablement : *Non possumus!*

En vain les Mazziniens brandissent leurs poignards et vocifèrent : « Rome ou la mort! »

Le Pape répond : « Anathème aux spolia- » teurs ! »

Comment tout cela finira-t-il ?

Quelques-uns disent par une réconciliation. Les fils se jetteront dans les bras de leur père, et le Père pardonnera. Ah! sans doute, la réconciliation du présent avec le passé, de la démocratie et de l'autorité, de la science et de la foi, de la religion et de la liberté, du droit divin et du droit humain, est nécessaire au monde, car la civilisation moderne n'obtiendra ses plus beaux triomphes qu'en tombant aux pieds d'Adonaï!

Oui, la réconciliation est nécessaire! Le jour qui la verra s'accomplir sera le plus grand et le plus fécond de l'histoire moderne. Il sera fêté magnifiquement dans les siècles à venir.

Mais à l'heure qu'il est, ce problème social est bien obscur encore. Ce n'est pas la maille la moins embrouillée du Nœud Gordien!

§ II.

Toutefois ce n'est encore là que le côté le plus bénin de la question religieuse et sociale, car elle est posée en France et en Belgique d'une manière bien autrement redoutable.

Le parti progressiste et libéral subit en ce moment une influence pernicieuse, capable de compromettre gravement l'avenir de la liberté en la mêlant à la cause perdue de l'athéisme.

Une école qui date d'hier, mais à laquelle le renom et la position sociale de ses chefs donnent une force croissante, s'efforce de diriger à son profit le grand mouvement progressiste qui caractérise l'Europe moderne. Par la voix de ses orateurs et la plume de ses écrivains, elle se pose fièrement comme la protectrice du peuple, et rien ne lui coûte pour capter la confiance des masses populaires. En flattant dans ce but les plus mauvaises passions, elle va jusqu'à jeter la pierre aux chefs de la révolution de 1789, qu'elle accuse de n'avoir fait que commencer le déblaiement du terrain et de n'avoir point fondé la révolution parce qu'ils ne l'ont point faite assez radicale.

Voltaire, Rousseau, Robespierre et leurs amis croyaient en Dieu, en dépit de tout. On leur en fait un crime aujourd'hui.

Voltaire écrivait : « Philosophez tant que vous
» voudrez entre vous ; mais si vous avez une
» bourgade à gouverner, il faut qu'elle ait une
» religion. Je ne voudrais pas avoir affaire à un
» prince athée, qui trouverait son intérêt à me
» faire piler dans un mortier : je suis bien sûr
» que je serais pilé. Je ne voudrais pas, si j'étais
» souverain, avoir affaire à des courtisans athées
» dont l'intérêt serait de m'empoisonner : il fau-
» drait prendre au hasard du contre-poison tous
» les jours. Il est donc absolument nécessaire,
» pour les princes et pour les peuples, que l'idée
» d'un Etre suprême, créateur, gouverneur, ré-
» munérateur et vengeur, soit profondément
» gravée dans les esprits (1) ! »

Il ajoutait : « L'athée fourbe, ingrat, calomnia-
» teur, brigand, sanguinaire, raisonne et agit

---

[1] *Dict. philosophique.* Article Athéisme

» conséquemment, s'il est sûr de l'impunité de la
» part des hommes; car, sans la croyance en Dieu,
» ce monstre est son Dieu à lui-même : il s'im-
» mole tout ce qui lui fait obstacle (1). »

Rousseau disait aussi : « Sortez de l'idée de
» Dieu, je ne vois plus qu'injustice, hypocrisie et
» mensonge parmi les hommes. L'intérêt parti-
» culier, qui dans la concurrence l'emporte néces-
» sairement sur toutes choses, apprend à chacun
» d'eux à parer le vice du masque de la vertu.
» Que tous les hommes fassent mon bonheur aux
» dépens du leur, que tout se rapporte à moi
» seul. Que le genre humain meure, s'il le faut,
» dans la peine et la misère, pour m'épargner un
» moment de douleur ou de faim! Tel est le lan-
» gage intérieur de tout incrédule qui raisonne.
» Oui, je le soutiendrai toute ma vie : quiconque
» a dit dans son cœur : « Il n'y a point de Dieu, »
» et parle autrement, n'est qu'un menteur et un
» insensé ! »

Montesquieu ajoutait : «Bayle a prétendu prou-
» ver qu'il valait mieux être athée qu'idolâtre;
» c'est-à-dire, en d'autres termes, qu'il valait
» mieux n'avoir point du tout de religion que
» d'en avoir une mauvaise. Ce n'est qu'un so-
» phisme; car il est très-utile que l'on croie que
» Dieu est. C'est mal raisonner contre la religion

¹ *Homélie sur l'athéisme.*

» que de rassembler dans un grand ouvrage une
» longue énumération des maux qu'elle a pro-
» duits, si l'on ne fait de même celle des biens
» qu'elle a faits. Un prince qui aime la religion
» et qui la craint est un lion qui cède à la main
» qui le flatte ou à la voix qui l'apaise. Celui qui
» craint la religion et qui la hait est comme les
» bêtes sauvages qui mordent la chaîne qui les
» empêche de se jeter sur ceux qui passent;
» celui qui n'a point du tout de religion est cet
» animal terrible qui ne sent sa liberté que lors-
» qu'il déchire et qu'il dévore [1]. »

Robespierre, Couthon et Saint-Just, les triumvirs de la Terreur, soutenaient, au milieu de leurs plus grands excès, la doctrine théiste et l'immortalité de l'âme.

Indignés de ce qu'à l'instigation d'Hébert, d'Anacharsis Clootz, de Chaumette et de Ronsin, les athées avaient fermé tous les temples qui se trouvaient en France, pour établir le culte de la déesse Raison, ils ne purent s'empêcher d'être saisis d'horreur et d'engager contre l'athéisme la lutte politico-religieuse qui conduisit ses principaux fauteurs à l'échafaud.

Maximilien Robespierre disait à cette occasion, à la tribune de la Convention nationale, ces paroles que l'on a eu le tort grave de regarder

[1] *Esp. des Lois.* Liv. XXIV, chap. II.

comme une impie dérision, car la calomnie est toujours indigne de l'histoire, et le tribun en cette occasion défendait, au péril de sa vie, la croyance en Dieu, cette idée mère du monde, qu'aucun homme d'Etat, digne de ce nom, n'a jamais rejetée : »

« L'Idée de l'Être suprême et de l'immorta-
» lité de l'âme est un rappel continuel à la jus-
» tice. Qui donc t'a donné la mission d'annoncer
» au peuple que la divinité n'existe pas, ô toi
» qui te passionnes pour cette aride doctrine,
» et qui ne te passionnas jamais pour la patrie ?
» Quel avantage trouves-tu à persuader à
» l'homme, qu'une force aveugle préside à ses
» destinées, et frappe au hasard le crime et la
» vertu ? Que son âme n'est qu'un souffle léger
» qui s'éteint aux portes du tombeau ? L'idée de
» son néant lui inspirera-t-elle plus de respect
» pour lui-même et pour ses semblables, plus de
» dévouement pour la patrie, plus d'audace à bra-
» ver la tyrannie, plus de mépris pour la mort
» ou la volupté ? Vous qui regrettez un ami ver-
» tueux, vous aimez à penser que la plus belle
» partie de lui-même a échappé au trépas ! Vous
» qui pleurez sur le cercueil d'un fils ou d'une
» épouse, êtes-vous consolé par celui qui vous
» dit qu'il ne reste plus d'eux qu'une vile pous-
» sière ? Malheureux qui expirez sous les coups
» d'un assassin, votre dernier soupir est un ap-

» pel à la justice éternelle ! L'innocence sur l'é-
» chafaud fait pâlir le tyran dans son triomphe !
» Aurait-elle cet ascendant si le tombeau égalait
» l'oppresseur et l'opprimé ?...

» La secte des athées, disait encore l'austère
» montagnard, resta toujours au-dessous des
» droits du peuple ; en matière de morale elle
» alla beaucoup au-delà de la destruction des
» préjugés religieux. Cette secte propagea avec
» beaucoup de zèle l'opinion du matérialisme,
» qui prévalut parmi les grands et parmi les
» beaux esprits. On lui doit en particulier cette
» espèce de philosophie pratique qui, érigeant
» l'égoïsme en système, regarde la société hu-
» maine comme une guerre de ruse, le succès
» comme la règle du juste et de l'injuste, la pro-
» bité comme une affaire de goût et de bien-
» séance, le monde comme le patrimoine des fri-
» pons adroits... »

Le couperet de Samson sanctionnait l'éloquence du tribun ; la France entière applaudit
à ses paroles dans ce terrible moment où il
fallut défendre la cause du Maître du monde
contre les fureurs *ultrà-révolutionnaires* des
amis de cet Hébert et de ce Clootz que les
Positivistes s'efforcent de réhabiliter aujour-
d'hui.

Là-dessus l'athéisme épouvanté rentra dans la
poussière et s'enveloppa de ténèbres comme un

démon hideux. Les sombres cabinets de la Faculté de médecine de Paris lui donnèrent asile ; mais, bien qu'il signalât de temps en temps sa présence dans la question religieuse, il n'osait plus se mêler aux questions politiques.

Or, voilà qu'après soixante ans de machinations préparées dans l'ombre, il s'est cru assez fort pour essayer une retentissante apparition et pour enlever d'assaut la direction de la démocratie.

Le mouvement, parti de Paris, s'est rapidement étendu au loin, et, comme une marée montante, commence à battre toutes choses de ses ondes furieuses.

En 1851 eut lieu au Palais-Royal une grande réunion d'hommes qui voulaient organiser ce qu'ils appelaient « la religion positive. » Auguste Comte, élu pontife par eux, exposa dans une longue amplification de cinq heures les singuliers dogmes de ce prétendu culte, et crut sanctionner son nouveau pouvoir en lançant un orgueilleux anathème, une excommunication en règle contre tous ceux qui refuseraient de se soumettre à sa houlette de *libre-penseur*.

« Au nom du passé et de l'avenir, dit-il, les
» serviteurs théoriques et les serviteurs pratiques
» de l'humanité *viennent prendre dignement la*
» *direction générale des affaires terrestres,* en ex-
» cluant irrévocablement de la suprématie politi-

» que tous les divers esclaves de Dieu, catholi-
» ques, protestants ou déistes, comme *arriérés et*
» *perturbateurs*[1]. »

Il appelait cela de l'*altruisme,* ce qui valait mieux, selon lui, que la charité fraternelle !

Puis il proclama carrément l'anthropolâtrie en ces termes :

« L'humanité peut seule réparer l'impuissance
» de Dieu. En conséquence, l'humanité se substi-
» tue à Dieu. »

Depuis lors ses ambitieux disciples, aspirant tous au rôle de « fétiches, » ont ajouté :

« A la place du culte de Dieu, il y aura le culte
» individuel de l'humanité, d'après l'intime *ado-*
» *ration de ses meilleurs représentants*[2] ; et le
» culte public de l'humanité exigeant pour son
» développement des temples[3]. »

Si on laisse faire ces savants orgueilleux et hallucinés, qui désignent leurs adversaires du nom dédaigneux de « vil reste, » ils s'imposeront bientôt comme autant de Bouddhas vivants à l'adoration des sots.

Du reste, ils ne sont pas isolés, et les matérialistes, les panthéistes, les polissons, les voleurs, les coupe-jarrets, tous ceux, en un mot, que gêne l'idée d'un Dieu unique et personnel, juge incor-

[1] *Catéchisme positiviste.*
[2] *Appel aux conservateurs*, p. 41.
[3] *Ibid.* p. 118.

ruptible du bien et du mal, accourent à la rescousse. Tous ensemble s'épuisent en efforts incessants pour multiplier leur propagande destructive. La France, la Belgique, l'Allemagne, l'Angleterre, l'Amérique même sont vigoureusement travaillées par des journaux, des revues, des écrits de toute espèce, et plus encore par d'actives associations.

La *Revue du Progrès* s'écrie fièrement : « Dans
» l'éternelle immensité de la nature il n'y a pas un
» seul atome qui soit vide de matière... La ma-
» tière remplit l'infini. Dans cette plénitude, où
» y aurait-il place pour l'immatérialité des âmes?..
» Il y a plus de soixante ans qu'il ne devrait plus
» être question de toutes ces *entités de raison* qui
» constituent la philosophie scolastique, et de tous
» ces mythes sacrés qui peuplent les cerveaux de
» nos femmes et de nos enfants [1]... L'âme est une
» chimère et son immortalité un non-sens [2]. »

[1] *Revue du Progrès*, juin 1863, p. 296 ; déc. 1863, p. 231.
[2] *Ibid.* Janv. 1864, p 412. Les beaux philosophes de la *Revue* oublient que les âmes étant immatérielles n'occupent aucun espace appréciable. Ceci peut se comprendre par la comparaison suivante : les liquides pénètrent le sucre sans le dilater ; les gaz étant plus subtils font la même chose à plus forte raison ; les âmes étant bien plus subtiles que les gaz peuvent donc facilement trouver leur place dans la matière. C'est ainsi que le monde des esprits remplit le monde des corps, et que Dieu, le plus subtil et le plus parfait des esprits, remplit l'univers de sa présence.

La *Revue du Progrès* fera bien d'aller à l'école.

M. Naquet, professeur à la Faculté de médecine de Paris, dit à son tour d'un ton d'oracle : « Dieu,
» banni du domaine de la science, s'est réfugié
» dans la métaphysique. Des hommes *qui se di-*
» *sent philosophes* out conservé cette hypothèse. »
Il indique des moyens de la détruire ; puis il continue ainsi : « L'idée de Dieu sera déjà bien ébran-
» lée !... Il faut encore lui porter les derniers
» coups en montrant combien peu *cette vieille hy-*
» *pothèse* est en harmonie avec la science mo-
» derne [1].

M. Taine s'est oublié jusqu'à écrire les sottises suivantes : « Le vice et la vertu sont des produits
» comme le sucre et le vitriol...[2]. L'homme est
» un produit comme toute chose, et, à ce titre, il
» a raison d'être comme il est. Son imperfection
» innée est dans l'ordre, comme l'avortement
» constant d'une étamine dans une plante... Le
» vice aussi est un produit. Et ce qui nous sem-
» blait le renversement d'une loi est l'accomplis-
» sement d'une loi. La raison et la vertu humaine
» ont pour matériaux les instincts et les images

[1] Naquet, *de la Méthode*, p. 52. Toutes les fois que j'entends un médecin parler philosophie j'ai envie de lui dire : « Allez à vos moutons! »

On peut être habile médecin et fort mauvais philosophe. C'est une chose commune aujourd'hui. Mais les médecins ont la lubie de se croire docteurs *de omni re scibili*. Pauvres empiriques !

[2] Taine, *Hist. de la litte angl. introd.*, p. 15.

» animales... comme les matières organiques ont
» pour éléments les substances minérales. Quoi
» d'étonnant si la vertu ou la raison humaine,
» comme la matière organique, parfois défaille ou
» se décompose?... Qui est-ce qui s'indignera
» contre la géométrie, surtout contre une géo-
» métrie vivante[1]?...»

M. Renan ne s'écarte guère de ces idées-là, quand il dit : « La matière est une condition né-
» cessaire de la pensée[2]. »

M. Moleschott, professeur à l'Université de Turin, ajoute de son côté : « Il n'y a pas de volonté
» libre. Les bonnes actions et les crimes sont des
» conséquences nécessaires, en proportion directe
» avec des causes inéluctables, tout comme la ré-
» volution du globe. La conscience est une pro-
» priété de la matière[3]. »

La Revue médicale dit pareillement : « Une
» idée est le produit d'une combinaison analogue
» à celle de l'acide formique; la pensée dépend
» du phosphore contenu dans la substance céré-
» brale : la vertu, le dévouement, le courage sont
» des courants d'électricité organique[4]. »

L'Avenir national, qui se croit encore chrétien, disait le 4 novembre 1866 : « L'âme s'en

---

[1] Taine, *Revue des Deux-Mondes*, 15 octobre 1862.
[2] *Revue des Deux-Mondes*, t. XXIV.
[3] *La circulation de la vie*, t. II.
[4] 15 février 1866.

» est allée au garde-meuble des *vieilles idées*, et
» le méritait bien [1]. »

Il y a loin de ces observations de l'impiété de notre époque à la doctrine des chefs de l'école libérale du xviiiᵉ siècle :

« Si Dieu n'existait pas, il faudrait l'inventer, »

disaient-ils.

Puis, raillant finement les hommes inconséquents qui de tout temps se sont élevés contre la liberté humaine, Voltaire ajoutait :

Vois de la Liberté cet ennemi mutin,
Aveugle partisan d'un aveugle destin :
Entends comme il consulte, approuve et délibère,
Entends de quel reproche il couvre un adversaire !
Vois comme d'un rival il cherche à se venger,
Comme il punit son fils et le veut corriger !
Il le croyait donc libre ? — Oui, sans doute, et lui-même
Dément à chaque pas son funeste système.
Il mentait à son cœur, en voulant expliquer
Ce dogme absurde à croire, absurde à pratiquer.
Il reconnaît en lui le sentiment qu'il brave.
Il agit comme libre et parle comme esclave [2].

D'Alembert disait de son côté : « Des êtres
» véritablement libres n'auraient pas un sentiment
» plus vif de leur liberté que celui que nous avons
» de la nôtre : nous devons donc croire que nous
» sommes libres. »

[1] O *Avenir !* votre raison alors est aussi au garde-meuble !
[2] *Discours sur la liberté.* Voilà qui n'est pas mal ! Qu'en pense M. Taine ?

Et cependant la doctrine de ces philosophes prépara non pas la révolution de 1789, comme on l'a trop répété, mais bien celle de 1793.

En 1789, en effet, on opéra seulement le redressement des abus politiques dont le peuple se plaignait depuis Étienne Marcel et la guerre de Cent-Ans. Mais le catholicisme resta debout. En 1793 seulement on vit l'application des théories religieuses de Voltaire, mêlées à celles de Rousseau, d'Helvétius, du baron d'Holbach, etc. Encore avons-nous vu que Robespierre mit bon ordre à l'athéisme des disciples d'Helvétius en les envoyant à l'échafaud. Eh bien! malgré cela, les passions de la multitude une fois soulevées rentrèrent avec beaucoup de peine dans leur état normal, et la France se ressent encore aujourd'hui de cette formidable secousse.

Que verrons-nous donc prochainement si l'athéisme et le matérialisme continuent leur dangereuse propagande, et ajoutent à tous les ferments anciens des erreurs aussi capitales que la négation du bien et du mal, de Dieu et de l'âme, de la liberté et de la responsabilité humaine? — La réponse est claire.

Bornons-nous à constater que toujours le désordre dans les doctrines philosophiques est promptement suivi de l'anarchie dans l'ordre social.

Dans les conjonctures actuelles, nous voyons déjà ce funeste résultat poindre à l'horizon et s'approcher à chaque instant comme un nuage gros de tempêtes.

En effet, le positivisme s'efforce d'enrôler sous son drapeau les masses populaires, en leur promettant faussement un pouvoir que les chefs de l'anthropolâtrie auraient bien soin de garder pour eux-mêmes.

A mesure que l'extension des divers éléments positivistes, panthéistes, matérialistes et athées est allée en grandissant, une fusion s'est rapidement opérée entre eux, et leur force expansive, décuplée par ce fait même, a éprouvé le besoin de ne plus se renfermer dans des livres ou des journaux, mais de passer de l'ordre des théories dans l'ordre des faits.

Les ennemis de l'ordre social, après avoir opéré en tirailleurs, ont voulu se concentrer, faire le dénombrement de leurs forces et former une véritable armée de démolisseurs chargée d'appliquer pratiquement leurs imprudentes théories au gouvernement des États. C'est là une réminiscence du passé qui n'a pas été assez remarquée.

Vers la fin du XVIII° siècle, en 1787, les chefs de l'illuminisme allemand et des sociétés secrètes de la France tinrent à Paris une sorte de congrès pour décider à quel pays du monde ils appliqueraient d'abord leur *idéalisme social*. Après un examen approfondi, leur funeste

prédilection se déclara pour la France, « parce
» que, dirent-ils, les Français étant plus natu-
» rellement disposés à l'action que tout autre
» peuple, sont aussi par là même plus capa-
» bles de répandre dans le monde entier nos
» théories politiques. »

Le résultat du congrès fut la Révolution française!...

De nos jours quelque chose d'analogue s'est passé, non pas, croyons-nous, au Grand-Orient de France, mais dans certaines réunions qui échappent à son autorité et se révoltent même contre elle.

Paris a été de nouveau désigné comme le quartier-général de la révolution que l'on prépare dans l'ombre, et qui, dans l'esprit de ses chefs, doit être beaucoup plus radicale et plus complète que toutes celles qui l'ont précédée, puisqu'elle doit ruiner du premier coup toutes les religions et toutes les institutions sociales, qui prêchent des dogmes gênants que l'on veut effacer, des respects que l'on veut dédaigner, des devoirs que l'on veut fouler aux pieds, et qui ont empêché jusqu'à ce jour la partie la plus criminelle de la société de prendre en main la direction générale des affaires.

Le terrain ayant été soigneusement déblayé, l'ordre social sourdement miné, l'opinion publique habilement préparée par les écrivains de l'athéisme, du positivisme, du matérialisme, de la libre pensée et de la morale indépendante;

Le vulgaire commençant à ne plus rien comprendre au vice et à la vertu, au bien et au mal, à mépriser Dieu, à détester l'autorité, et à ne songer plus qu'à jouir et qu'à gagner de l'or;

Le moment était venu où les hommes d'action devaient entrer en lice.

Alors se sont formées les sociétés des *Affranchis*, des *Solidaires*, des *Christ-Moque*, des *Libres-Penseurs*, etc., dont le but est d'enrôler, d'enrégimenter et de discipliner les athées pris partout, soit parmi la jeunesse de nos écoles, soit parmi les insouciants qui n'ont rien appris, soit parmi les aveugles qui n'ont rien vu et rien retenu, soit enfin parmi ces nombreuses multitudes qui travaillent, qui souffrent, et qui, en perdant leurs croyances, ont perdu aussi leur unique consolation et leur dernier espoir.

Dans une société corrompue par les passions ou flagellée par la misère, tous ceux qui proposent aux riches d'insulter Dieu, et aux pauvres de renverser les institutions du moment, sont assurés d'être les bien-venus; car le riche, trop souvent possesseur d'une puissance injuste, a intérêt à blasphémer le ciel qui le condamne, et le pauvre se trouve dans la situation d'un supplicié qui, fatigué d'être torturé d'un côté, trouve presque doux qu'on le tourmente un peu de l'autre, et ne rêve que changements, parce qu'il espère toujours une amélioration dans sa destinée.

Donc l'athéisme socialiste enrôle chaque jour de nombreuses recrues qui se rangent sous son drapeau pour des motifs et des intérêts divers. Nous croyons qu'il n'a pas travaillé en vain à rallier autour de lui un certain nombre de francs-maçons et les débris épars des anciennes sociétés des *Vampires*, des *Vautours*, de la *Marianne*, et autres emportées par le roulis des révolutions.

La concentration une fois faite, les chefs de l'athéisme, voulant stimuler par des succès le bon vouloir de leurs adeptes, ont délibéré sur le plan de campagne le plus propre à faire tomber la direction de la société entre leurs mains.

Ici deux grands obstacles se levaient devant eux.

I. — Le premier, le moins puissant en apparence, mais le plus redoutable en réalité, c'était le pouvoir religieux, non pas seulement celui du vénérable chef du catholicisme, mais celui des consistoires protestants, des rabbins juifs, des mollahs mahométans, et de tous les autres ministres des cultes établis. C'était une masse compacte d'hommes plus ou moins instruits et respectés, dont il fallait ruiner l'influence et renverser l'autorité. La chose était déjà bien avancée, il est vrai, par la propagation seule de l'athéisme ; mais il fallait encore détruire leur position matérielle, et, dans ce but, les circonvenir, provoquer les défections, séduire les moins dignes et déclarer aux plus fidèles une guerre sans trêve et sans merci.

A cet effet, deux attaques ont été dirigées contre eux et se poursuivent activement sous nos yeux avec toute l'astuce, l'habileté, la violence habituelles aux démolisseurs.

La première a pour but d'enlever à *toutes les religions* et à *tous les clergés* l'éducation de la jeunesse. On a organisé, en Belgique et en France, la *Ligue de l'enseignement*, beaucoup moins pour propager l'instruction primaire que pour enlever l'éducation à l'élément appelé dédaigneusement *clérical*, et pour le confier soit à l'État déclaré athée, soit à des laïques choisis avec soin parmi les athées, et dont la science n'aurait d'autre thermomètre que la libre pensée, le matérialisme et la morale indépendante.

Les plus sophistiques arguments ne sont pas ménagés pour atteindre ce résultat.

On affecte d'abord de s'attendrir et de s'apitoyer sur « la douloureuse position de l'enfance
» obligée, dit-on, d'écouter des doctrines aux-
» quelles elle ne comprend rien et dont elle ne
» pourra que bien difficilement se débarrasser un
» jour. »

On voit là « une injustice, une barbarie, un
» non-sens, un abus exorbitant de la prépondé-

» rance de l'âge mûr sur un âge encore faible,
» ignorant et inexpérimenté.

» Il serait bien plus raisonnable, assurément,
» que l'enfant ne prononçât jamais sur les genoux
» de sa mère le nom d'un Dieu qu'il blasphémera
» peut-être un jour, et qu'il n'apprît point à l'é-
» cole un catéchisme que quelques années plus
» tard les passions, les lectures et la réflexion lui
» feront sans doute fouler aux pieds. Mais à vingt
» ans, quand l'adolescent deviendra un homme
» et prendra place parmi les citoyens, il fera lui-
» même son choix entre tous les cultes qui exis-
» tent sur la terre, et se fera initier aux croyances
» qui lui sembleront mériter sa prédilection. »

Le journal *l'Indépendance Belge* s'est spécialement chargé d'amplifier ce thème absurde, dont l'application amènerait dans un avenir peu éloigné le triomphe complet de l'athéisme social.

En effet, maintenant que l'homme suce, avec le lait de sa mère, les premiers principes religieux et sociaux, il est cependant trop faible bien souvent pour se maîtriser à l'âge des passions, et il s'élève de la corruption de son cœur des nuages qui voilent la lucidité de son esprit. Or, comment deviendrait-il meilleur s'il avait été habitué dès l'enfance à vivre sans croyances, sans principes et sans autre règle que les caresses de sa mère, le fouet de son père ou la férule de son précepteur? Comment surtout pourrait-il prendre la résolution d'étudier une religion quelconque, lorsqu'autour de lui tout conspirerait pour l'en détourner?

Évidemment l'incrédulité de l'enfance produirait la corruption de l'adolescence, la scélératesse de l'âge mûr et le désespoir d'une vieillesse honteuse d'elle-même, aussi dépourvue de consolation que d'avenir.

Il est donc évident que cette tentative, faite pour éloigner de l'enfance la douce et bienfaisante main de la religion, constitue l'un des plus imminents dangers qui puissent menacer la société moderne, et que son triomphe amènerait dans un avenir peu éloigné un cynisme, une corruption, une décomposition sociale dont on n'a jamais eu d'exemple dans l'histoire.

Mais une autre attaque est encore dirigée contre les religions.

On dit : « La loi est athée; donc les ministres
» de tous les cultes sont hors la loi; ces gens-là
» sont pour le moins inutiles au bien public;
» l'État ne doit pas leur donner de traitements,
» et, s'il vient à s'occuper d'eux, ce ne doit être
» que pour saper leur influence, et pour empê-
» cher qu'en face du pouvoir qui gouverne les
» corps et les biens, un autre pouvoir s'élève
» pour gouverner les âmes. Du reste, les âmes
» n'existant pas, puisque tout est matière, ce
» pouvoir spirituel n'est qu'un non-sens, et un
» non-sens ne doit pas s'imposer aux finances de

» l'État. Par conséquent, la maxime favorite de
» l'avenir doit être : Vive l'État sans Église ! »

Voilà ce que disent les athées conséquents, et voilà le but qu'ils poursuivent avec une inflexible obstination.

Mais, comme ce beau principe, ce rayon de lumière est encore trop éclatant, selon eux, pour la faiblesse du vulgaire, ils le font passer au travers d'un prisme qui en varie et adoucit les teintes selon l'occasion.

Il devient alors l'émancipation de l'État, la dignité de l'Église, l'Église libre dans l'État libre, le renouvellement de la pauvreté apostolique ou l'âge d'or des catacombes, etc.

Ainsi en attendant de proscrire tous les cultes, les athées mitigés s'efforcent de les rendre impuissants en les privant de toute ressource matérielle. « Pas de biens de main-morte, s'écrient-ils ! La vie doit circuler partout dans l'État..... »

— Soit ! Car ils vont sans doute donner une indemnité en échange, comme un État honnête le fait toujours quand il prend les biens des particuliers.

— Point du tout ! Les demi-athées le voudraient peut-être. Mais ici interviennent les Puritains avec leur logique farouche.

« Pas d'indemnité ! vocifèrent-ils. Aucun culte
» n'étant reconnu par la loi, les ministres d'au-
» cun culte ne sauraient avoir des droits, et celui

» de propriété beaucoup moins que les autres.
» L'État qui confisque leurs biens ne fait que re-
» prendre ce qu'ils ont trop longtemps usurpé :
» donc il ne leur doit rien. Et les détenteurs des
» biens susdits doivent s'estimer fort heureux
» qu'on ne leur fasse pas rembourser les revenus
» qu'ils en ont retirés dans le passé. L'État est
» indulgent assurément en leur permettant de
» gagner le large avec une besace sur le dos,
» tandis qu'il aurait pu les livrer au supplice. »

Là-dessus quelques meneurs ajoutent :
« Oh! cela viendra bien! Nous étoufferons cette
» vermine dans le sang et la boue : le boyau du
» dernier prêtre servira pour étrangler le dernier
» roi... Il est vrai que le dernier tyran ne sera pas
» étranglé pour cela ; mais du moins ce tyran-là
» sera des nôtres... »

D'autres enfin donnent le mot d'ordre suivant qu'on dirait écrit par Satan lui-même :
« Le catholicisme n'a pas plus peur d'un sty-
» let bien acéré que les monarchies ; mais ces
» deux bases de l'ordre social peuvent crouler sous
» la *corruption. Ne nous lassons donc jamais de*
» *corrompre.* Tertullien disait avec raison, que le
» sang des martyrs faisait des chrétiens. *Il est*
» *décidé dans nos conseils que nous ne voulons*
» *plus de chrétiens:* Ne faisons donc pas de mar-
» tyrs. *Mais popularisons le vice dans les multi-*
» *tudes.* Qu'elles le respirent *par les cinq sens;*

» qu'elles le boivent; qu'elles s'en saturent. Fai-
» tes des cœurs vicieux, et vous n'aurez plus de
» catholiques. C'est la corruption en grand que
» nous avons entreprise... corruption qui doit
» nous conduire un jour à mettre l'Église au tom-
» beau. Le but est assez beau pour tenter des hom-
» mes tels que nous. Le meilleur poignard pour
» frapper l'Église au cœur, c'est la corruption. A
» l'œuvre donc jusqu'à la fin[1]!... »

En même temps que l'athéisme proclame ces audacieuses doctrines dans une partie de la presse belge, française et italienne, il pousse en avant les hommes d'action, et on peut dire que dans toute l'Europe occidentale existe un vaste complot pour détruire la puissance de toutes les religions. Le pouvoir temporel du Pape est le point culminant que l'on veut enlever, à cette heure, parce qu'il est le centre de la puissance matérielle du catholicisme, la plus imposante religion des siècles passés. Mais ce n'est là qu'un épisode de la lutte, et malgré certains déguisements, les paroles comme les actes des chefs de l'athéisme prouvent l'existence d'un plan qu'on peut résumer ainsi:

« Après la chute du pouvoir temporel du Pon-

---

[1] Paroles du chef maçonnique Vindice. (Voir l'*Église romaine en face de la Révolution*, par Cretineau-Joly, 3ᵉ edit. tom. 2, page 147. O peuples infortunés, que deviendrez-vous si vous avez un jour de tels guides?

» tife Romain, on restreindra, puis on anéantira
» le pouvoir matériel non-seulement de tous les
» prêtres catholiques, mais des pasteurs des
» églises réformées, des prélats anglicans, des
» rabbins israélites, des marabouts mahométans,
» des bonzes de la Chine, des lamas du Thibet,
» des Brahmines de l'Inde, etc. Seulement,
» comme l'homme est « *un animal adorateur,* »
» on le fera prosterner devant les chefs victorieux
» de la Révolution athée : les héros ou les *héroïnes*
» du positivisme, du matérialisme, du sensualis-
» me, de l'égoïsme, du cynisme, deviendront des
» manitous, idoles charnelles d'un nouveau culte
» humanitaire, dont les palais seront les temples,
» les Rois d'aujourd'hui les bedeaux, les poten-
» tats les enfants de chœur, les Crésus la troupe
» mendiante et ruinée, les peuples les adorateurs,
» matière sempiternelle d'exploitation, d'escla-
» vage et de mystification. »

II. — Le second obstacle que rencontrent les milices de l'athéisme, c'est le pouvoir civil.

Celui-ci a pour se défendre d'immenses ressources matérielles, des armées, des flottes, des trésors, et tout l'appareil de la puissance humaine.

Comment faire pour le renverser?

Il n'y a qu'un moyen : c'est de s'adresser à ces masses populaires que leur ignorance, leur crédulité, leurs douleurs disposent toujours à écouter favorablement ceux qui les flattent, et qui, par leur nombre, peuvent donner aux plus extravagantes doctrines un redoutable point d'appui.

Les athées l'ont compris; et depuis plusieurs années déjà ils emploient toute leur habileté pour persuader au peuple qu'ils sont les vrais défenseurs de ses intérêts, les seuls guides qui peuvent le conduire dans la Terre-Promise de l'avenir.

Nous croyons opportun de nous étendre ici sur la doctrine de celui d'entre eux auquel sa science, sa position et son âge avancé donnent le plus d'autorité.

M. Littré, le Pontife actuel de l'École matérialiste, a publié sous le titre de « *Conservation, Révolution, Positivisme,* » un ouvrage que l'on peut appeler le Manuel de l'Antithéologie, le Code de la Religion positive.

Nous en extrayons les passages suivants probablement fort peu connus de nos lecteurs.

« L'avénement du socialisme au sein des mas-
» ses populaires est le fait le plus décisif et en
» même temps le plus salutaire qui, depuis 1789,
» soit arrivé dans l'Occident... En lui et par lui
» les masses populaires sentent que la Révolu-
» tion n'est ni un jeu de la force et du hasard,
» ni une pure et simple insurrection de l'esprit
» contre les incompatibilités théologiques, *mais
» qu'elle a pour aboutissant nécessaire une régé-*

» *nération radicale*, qui, changeant toutes les
» conditions mentales, changera parallèlement
» toutes les conditions matérielles [1]. »

« Le socialisme se répand sur tout l'Occident.
» Je ne rappellerai pas les prosélytes qu'il a con-
» quis en Allemagne et en Autriche : cela est au
» su et vu de tout le monde. Ce qui est frappant,
» c'est son extension en Italie, qui lui était restée
» longtemps fermée. Mais, la lutte impuissante
» de ce noble pays pour son indépendance, l'op-
» pression étrangère et la tyrannie cléricale ont
» ouvert au socialisme les esprits et les cœurs.
» C'est l'Espagne et l'Angleterre où il est le
» moins développé. Toutefois, le socialisme y a
» ses représentants chez les progressistes et les
» chartistes [2]. »

« La révolution est mentale, spirituelle dans
» sa source : et les mutations matérielles
» ne sont que des conséquences et des effets.
» Elle tient le plateau d'une balance, dont l'un
» est occupé par les croyances théologiques :
» quand le sien s'élève, l'autre s'abaisse [3]. »

Ailleurs il s'écrie : « On veut conserver, mais
» avec quoi ? Les croyances sont le ciment des
» sociétés : quand elles sont ébranlées, arra-
» chées, émiettées, on essaie alors inutilement de

[1] *Conservation, Révolution, Positivisme,* p. 167
[2] Ibid 170. On peut y ajouter les Réformistes de 1867.
[3] Ibid. 176.

» faire tenir debout ce qui naguère se soutenait
» par sa propre consistance. Vainement on se ré-
» crie : vainement on fait voir comment hier tout
» cela était solide. — Oui, hier! Mais aujour-
» d'hui le ciment et la chaux ont disparu, et le
» moindre choc disperse les fragiles construc-
» tions. Les réactionnaires n'ayant rien fait pour
» *leurs* croyances, et n'ayant rien gagné contre
» *nos* croyances, leur impuissance est complète.
» Les mesures purement politiques sont impuis-
» santes pour l'ordre et le progrès. Les seules
» mesures qui soient efficaces pour l'un comme
» pour l'autre sont celles qui modifient le régime
» intellectuel et moral [1]. »

Et l'auteur se réjouit de voir les croyances disparaître, parce que cela prépare la révolution.

Puis il ajoute : « Il n'y a d'idée neuve et effi-
» cace que celle qui prétend remplacer la vieille
» doctrine théologique, aujourd'hui en pleine
» décadence, par une doctrine sociale capable
» de diriger et de réprimer la presse comme le
» reste [2].

» Mais qui maintenant promet une doctrine,
» sinon le socialisme? Et qui en a réellement
» une, sinon la philosophie positive, forme dé-
» terminée du socialisme [3]? »

---

[1] *Cons. Révol. posit.* p. 244, 245. Oh! que cela est vrai!
[2] Avis aux partisans de la liberté de la presse.
[3] *Conserv. Révol. posit.* p. 198.

« Pour gouverner, aucun apprentissage n'est
» requis : et quelques-uns de ces prolétaires qui
» gèrent avec tant de capacité les associations
» ouvrières, fourniraient dès à présent des instru-
» ments bien autrement sûrs que tous ceux qu'à
» notre dam nous prenons dans les hautes clas-
» ses [1]. »

Après avoir flatté le prolétariat, le pontife du positivisme fait spécialement sa cour au peuple de Paris : « Pour que les prolétaires mettent di-
» rectement la main sur le gouvernement, *le suf-*
» *frage universel doit être écarté.* Il est en effet
» contraire à l'histoire, c'est-à-dire à la condition
» réelle des choses, et défavorable au mouvement
» rénovateur : contraire à l'histoire, car il ôte à
» Paris la prépondérance que cette grande cité
» a eue sur la transmission du pouvoir : défavo-
» rable au mouvement rénovateur, car il en con-
» fie la direction à ceux qui, placés aux extrémi-
» tés, en sentent moins l'énergique impulsion.
» Aussi le positivisme n'a pas hésité à blâmer ce
» mode, en remettant à Paris, dans notre tran-
» sition révolutionnaire, la fonction de choisir
» les gouverneurs qui auront entre les mains le
» pouvoir exécutif. Le suffrage universel est un
» élément purement révolutionnaire, dont il faut
» restreindre l'action... Le positivisme recherche

[1] *Cons. Révol. Posit.*, préf. p. 20 et 21.

» où est la véritable action électorale dans nos
» grandes péripéties, et la trouve dans Paris, qu'il
» propose d'investir de la fonction d'élire pour
» toute la France le pouvoir exécutif [1]. »

« Pour quiconque a saisi la cause des ébranle-
» ments révolutionnaires qui viennent fréquem-
» ment déranger un ordre si visiblement précaire,
» il est clair qu'ils sont provoqués par les tendan-
» ces rétrogrades des gouvernements. C'est donc
» contre ces tendances qu'il faut se mettre en
» garde. Or, on n'y parviendra qu'en chargeant
» de la nomination du pouvoir central le corps
» électoral le plus ouvert à l'esprit progressif.
» Par cette condition essentielle, une telle nomi-
» nation revient au peuple de Paris... Paris doit
» nommer sciemment nos chefs, au lieu de prê-
» ter insciemment sa force à ceux que le hasard
» lui offre. Pour mettre toutes les fausses préten-
» tions à néant, remarquez *que l'électorat est*
» *une fonction (non un droit)*[2], et que toute fonc-
» tion doit être confiée à celui qui est capable de
» la mieux remplir. Or, il est incontestable que
» Paris est le plus apte à nommer le pouvoir
» central, comme il est incontestable que les dé-

---

[1]. *Cons. Révol. Posit.* préf. p. 18 et 19. La véritable raison de tout ce baragouin est que les positivistes sont très-influents à Paris et impuissants dans le reste de la France. Voilà le bout de l'oreille dévoilé !

[2] Ah ! par exemple !

» partements doivent avoir la haute main sur le
» budget.....

» Le pouvoir central, continuellement rééli-
» gible en tout ou en partie, sera composé de trois
» hommes. Cela est indiqué par une division na-
» turelle des affaires : l'extérieur avec l'armée et
» la marine ; l'intérieur, et enfin les finances.
» Trois grandes fonctions ; trois fonctionnaires [1].

» M. Comte nomme pouvoir central celui qui est
» chargé non-seulement comme l'ancien pouvoir
» exécutif, de diriger les affaires générales du
» pays, mais encore de faire les lois [2].

» La chambre des députés doit être considéra-
» blement réduite en nombre et avoir pour unique
» attribution le contrôle et le vote des recettes et
» des dépenses. Nommée au suffrage universel,
» ses fonctions seront gratuites, afin qu'elles ar-
» rivent surtout aux mains d'hommes riches ; cette
» classe d'hommes étant particulièrement apte à
» régler, de la manière la plus exacte et la plus
» utile, les matières financières [3]. »

---

[1] *Cons. Révol. Posit.*, p. 155. C'est le triumvirat ultrà-ré-volutionnaire rêvé par Vincent, Pache et Ronsin en 1794. Les brouillons aiment beaucoup les triumvirats. Il en sort toujours quelque César de haut ou de bas étage.

[2] Ibid. p. 155, 156.

[3] Ibid., p. 154. Mais si Paris seul nomme le triumvirat, si les riches seuls peuvent être députés au parlement, qui représentera donc le peuple de France? N'est-il pas vrai de dire que les positivistes ne veulent le pouvoir que pour eux-mêmes et font litière des droits et des vrais intérêts du peuple?

Puis le docteur positiviste ajoute : « Il faut or-
» ganiser une puissante opinion publique. Pour y
» atteindre, la première condition est l'entière
» liberté des clubs. La seconde est la complète
» liberté de la presse. La troisième est la pleine
» liberté de l'éducation. »

Et il conclut en disant : « La conséquence à peu
» près inévitable du système ici proposé est de
» faire arriver le pouvoir central aux mains des
» prolétaires. Chaque classe, dans le monde mo-
» derne, a été révolutionnaire à son tour. Les
» rois ont été longtemps les agents de ce mouve-
» ment. Puis est venu le tour des bourgeois qui se
» firent les exécuteurs des restes de la féodalité
» et sapèrent les bases de la royauté. Suffisants à
» mener à bien cette partie négative de notre ré-
» gime transitoire, ils ne le sont pas pour la partie
» positive. Celle-ci échoit aux prolétaires. Les
» *prolétaires montent comme un flot grossissant.*
» *Les autres classes n'ont plus que des peurs et*
» *des regrets :* eux seuls ont des aspirations et la
» fermeté du cœur. Les choses, en changeant,
» changent d'organes. Ceux qui ont entamé la
» révolution ne peuvent la finir. Cette tâche est
» dévolue aux prolétaires [1]. »

---

[1] *Cons. Révol. Posit.* p 157. La belle tâche que de donner le pouvoir à des triumvirs positivistes qui ne se gêneraient nullement pour opprimer leur pays!

Telle est la profession de foi que l'école positiviste a faite par la bouche de son oracle le plus respecté.

Il est donc hors de doute que le positivisme s'efforce depuis plusieurs années de s'emparer de la direction du mouvement révolutionnaire, et l'on peut dire que depuis le premier moment de sa formation il n'a pas eu d'autre mobile, car M. Comte ne faisait que proclamer bruyamment une idée longtemps élaborée parmi ses disciples, quand il disait en 1856, dans la réunion positiviste du Palais-Royal :

« Au nom du passé et de l'avenir, les serviteurs
» théoriques et les serviteurs pratiques de l'hu-
» manité viennent prendre dignement la direction
» générale des affaires terrestres, en excluant ir-
» révocablement de la suprématie politique tous
» les divers esclaves de Dieu, catholiques, protes-
» tants ou déistes, comme arriérés et perturba-
» teurs [1]. »

Or, cette prépondérance que prennent les idées positives, matérialistes, athées dans le mouvement révolutionnaire, est le plus grand danger qui puisse menacer en France l'ordre social, le progrès et la véritable liberté.

En effet, 1° qu'est-ce que l'ordre social ?

---

[1] *Catéch. positiviste.* Etude de philosophie positive, et système de politique positive.

C'est une douce harmonie, un parfait équilibre de toutes les forces vives d'un État.

L'homme que les anciens philosophes de l'Orient appelaient le *microcosme* ou le petit monde, doit servir de type à la société humaine. Eh bien! la beauté, la vigueur, la santé, le bonheur de l'homme dépendent de l'harmonie de ses membres, de la convenable distribution de ses esprits vitaux, du juste équilibre de ses forces, du sage emploi de ses organes et de ses facultés.

Ainsi en est-il de la société civile. La gloire, la puissance, la prospérité de l'Etat dépendent essentiellement de l'harmonie entre les citoyens, de la coopération de tous au bien général, de la participation de chaque citoyen aux emplois publics conformément à ses talents et à son mérite, de la répartition des sacrifices exigés par l'Etat d'une manière proportionnelle aux faveurs qu'il accorde; enfin de cette sage distribution de l'économie politique par laquelle chaque classe de la société obtient une portion convenable d'aisance, de prospérité, de bien-être, sans dépouiller les autres de leurs droits légitimes.

Or, cette sage pondération de tous les pouvoirs et de tous les droits pourrait-elle exister dans une société qui ne croirait ni à Dieu ni au diable, ni au bien ni au mal, et qui regarderait les hommes comme de simples animaux de la famille des bimanes et des *chimpanzés?*

Toutes les idées nobles dont se compose le patriotisme ne s'évanouiraient-elles pas rapidement?

Les hommes seraient-ils encore sociables et ne ressembleraient-ils point aux bêtes fauves qui peuplent les forêts ?

L'athéisme, le matérialisme et le posivitisme doivent donc être mis au ban de l'ordre social,

2° Qu'est-ce que le progrès ?

N'est-ce pas une brillante synthèse de tous les vrais principes religieux, philosophiques, moraux, scientifiques, littéraires ? N'est-ce pas une magnifique expression des forces de la nature fécondée par le génie de l'homme sur la grande voie de la perfection et du bonheur ?

Or, qui osera dire que la perfection consiste à ne plus croire à rien ? à n'avoir d'autres lois que son bon plaisir ? d'autre devoir que son intérêt ? à ne penser qu'à soi ? à n'aimer que soi ? à n'adorer que soi ? et à dédaigner le monde entier comme un reste impur et vil ?

C'est pourtant là ce que font nécessairement tous les fauteurs conséquents des doctrines que l'on s'efforce de mettre à la mode aujourd'hui.

Si je suis un animal irresponsable, je veux jouir, jouir encore, jouir toujours. Voilà mon but, mon objectif unique et sacré. Arrière le devoir ! Arrière le sacrifice ! Arrière le dévouement ! Arrière aussi tous ceux qui prétendraient gêner mon caprice et me dicter des lois !

Mais chacun en dira autant de son côté. Et je voudrais bien savoir si la civilisation et le progrès subsisteront encore au milieu de cette explosion de toutes les passions déchaînées ; si les grands peuples ne disparaîtront pas promptement dans des luttes fratricides ; et si les plus opulentes cités ne rentreront pas immédiatement dans la poussière.

Partisans insensés de l'athéisme, du positivisme, de la matière et de la corruption, croyez-moi, vous vous mettez au ban du progrès !

3° Qu'est-ce que la liberté ?

N'est-ce pas cette faculté à la fois glorieuse et funeste qui produit dans l'homme la vertu ou le vice, le mérite ou la scélératesse, la grandeur ou l'abaissement, la gloire ou la dégradation ?

Usez bien de votre liberté, vous devenez semblables à Dieu !

Employez-la criminellement, vous pouvez devenir des monstres !

Détruisez la liberté, et, si ce blasphème est possible, persuadez-vous que vous êtes des machines vivantes, sans responsabilité, sans avenir, sans immortalité ; ne serez-vous pas des bêtes, des animaux impurs ?

Eh ! que pourra-t-on faire de vous ? Ne faudra-t-il pas vous imposer le joug, et vous conduire à coups de fouets ?

Pourquoi pas ?

Vous dites que l'homme est un gorille !

Mais alors tout homme qui voudra être votre tyran, aura le droit d'ajouter : « L'homme gorille
» est naturellement frugivore, quadrumane et tout
» nu ; cet animal a usurpé une foule de privi-
» léges auxquels il n'avait aucun droit : il doit
» donc en être dépouillé complétement, s'incli-
» ner et marcher sur ses quatre pattes au lieu de
» se dresser orgueilleusement comme il fait.
» Ceux-là seuls auxquels il me plaira de le per-
» mettre auront le privilége de marcher debout,
» se vêtir, de boire du bon vin, de manger des
» mets succulents et de jouir enfin des priviléges
» des hommes civilisés. Je le veux ainsi parce
» que je suis le plus fort et que cela me plaît !

» D'ailleurs le peuple gorille a besoin d'être
» mené durement pour expier le crime qu'il
» a commis en opprimant les autres bêtes. Le
» bœuf sera mis en liberté, et le gorille portera
» le joug ; l'âne sera émancipé et le gorille por-
» tera son bât ; on enverra le cheval dans les
» champs et le gorille hippophage traînera les
» chariots et sera mangé à son tour. En atten-
» dant qu'il nous plaise de l'immoler et de sa-
» voir le goût de sa chair, il ira brouter avec les
» autres animaux ; on lui mettra une sonnette au
» cou comme au guide du bétail ; on l'engrais-
» sera et on lui fera manger du foin. Puis les
» gorilles les plus beaux seront écorchés et rôtis

» vifs, comme ils plumaient et faisaient cuire tout
» vivants les coqs qu'ils servaient aux malades...,
» car le plus grand honneur qui puisse leur
» arriver, c'est d'être servi à la table du roi!...
» Que chacun respecte ceci! Tel est notre bon
» plaisir!... »

Qui empêchera un tyran d'agir de la sorte, s'il est le plus fort et s'il ne croit à rien ?

N'y a-t-il pas des peuplades en Océanie, où l'on mange les prisonniers de guerre, les vieillards, les jolies femmes et les plus charmants enfants ?

N'y a-t-il pas tel farouche roitelet de la Calédonie ou de la Nouvelle-Guinée, dont le sceptre est un casse-tête et dont la royale demeure renferme certains lieux réservés où les plus beaux jeunes gens sont engraissés avec soin, comme les poulets dans une cage, pour être un jour rôtis et servis dans un festin royal ?

Qu'est-ce qui distingue les hommes civilisés de ces hommes abrutis?

Ce sont les principes spiritualistes développés dans toute la suite des âges.

Détruisez-les, effacez-les, extirpez-les entièrement; qu'il n'y ait plus que matière, que plaisirs, que force aveugle et brutale, vous serez bientôt des Calédoniens et des Papous; les citoyens de la Hottentotie et du Monomotapa vous considéreront du haut de leur grandeur, et viendront au milieu de vous pour prêcher la liberté que vous aurez méconnue, pour inaugurer le progrès que vous aurez enfoui, pour raviver la civilisation que vous aurez éteinte !

Ce que je vous dis là vous semble une drôlerie !...

Eh bien ! soyez assurés, Messieurs, que si vous soumettiez vos maximes au suffrage du genre humain, votre athéisme serait rejeté comme impie et funeste par les Cafres, les Samoïèdes et les Kalmouks ; votre matérialisme obtiendrait à peine les votes des anthropophages des îles Vanikoro, et votre positivisme, qui propose d'adorer l'humanité, ne serait acclamé que par les plus affreux tyrans de la Mongolie, de la Corée, du Tonquin et de l'île Bornéo, qui ne manqueraient pas de se croire les plus nobles et les meilleurs représentants de l'espèce humaine, les fétiches que vous voulez faire adorer.

Comment voulez-vous, Messieurs, que l'Europe libérale ne vous mette pas au ban de la civilisation comme rebelles à l'ordre social, ennemis du progrès, infidèles à la liberté, traîtres à la patrie, félons au bon sens et à l'honneur, coupables au premier chef de lèse-majesté envers Dieu et de haine contre l'humanité ?

Oui, la corruption par l'athéisme, par le matérialisme, par le positivisme et le sensualisme voilà le plus grand danger qui ait jamais menacé le monde! Voilà l'ennemi acharné contre lequel toute plume honnête doit écrire, toute voix éloquente s'élever, toute âme noble protester, toute intelligence travailler, et au besoin toute main généreuse s'armer pour sauver à la fois la famille, la patrie et la société!

Mais il ne suffit pas de signaler à l'Europe les maux qui la menacent, il faut surtout lui en indiquer les remèdes, et lui exposer les moyens de briser le réseau formidable qui l'enlace de toutes parts.

DEUXIÈME PARTIE.

LES SOLUTIONS

POLITIQUE NOUVELLE PROPOSÉE AU GOUVERNEMENT FRANÇAIS.

Paris, le 6 juillet 1866.

A' SA MAJESTÉ L'EMPEREUR [1].

Nécessité de la paix. Confédération européenne. La Pologne. La Civilisation universelle.

Dans la solennelle circonstance où se trouve l'Europe [2], le soussigné, heureux du magnifique hommage que vient de recevoir le Gouvernement français, veut remplir un devoir patriotique, en sollicitant la haute bienveillance de Votre Majesté en faveur de ses projets pour *la pacification du monde et la civilisation universelle*, fruits de vingt ans de méditations et de travaux assidus.

§ I.

D'abord, nous savons ce que nous voulons. Nous voulons faire de la France la Reine des na-

---

[1] L'auteur a cru qu'il était opportun de supprimer les épîtres dédicatoires comme peu intéressantes pour le lecteur, et de ne donner que la partie politique de son travail.

[2] Après la bataille de Sadowa et la cession de la Vénétie à la France par l'Autriche.

tions, en confédérant autour d'elle l'Europe chrétienne et libérale. Son Souverain sera ainsi l'arbitre de toutes ces questions d'Italie, de Rome, de Pologne, d'Allemagne, d'Amérique et d'Orient, toujours menaçantes comme d'orageuses nuées. Il résoudra tout cela par son ascendant moral, et, en pacifiant ainsi les peuples sans les avilir, il recevra de la reconnaissance de ses voisins les frontières que la nature destine à son empire, et de la nation française le surnom de Grand, qu'il sera heureux de ne devoir qu'à son amour.

Mais que faut-il faire pour cela? Raisonnons peu et bien, puisque le temps presse.

§ II

1° La fortune ou plutôt le ciel offre à la France, par la cession de la Vénétie, une merveilleuse occasion de confédérer autour d'elle l'Autriche, l'Italie, l'Espagne et la Papauté, en réglant aussitôt les questions allemande et italienne.

2° Pour cela, il faut à tout prix empêcher la Prusse de reconstituer à son profit l'ancien empire germanique, qui deviendrait entre les mains de l'ambitieuse dynastie des Hohenzollern une perpétuelle menace pour la France.

L'Empereur arrêtera l'élan du roi de Prusse sur Vienne, en envoyant sur-le-champ sa flotte et ses soldats occuper la Vénétie, afin que l'armée autrichienne du sud aille défendre ses foyers.

Si cela ne suffit pas, il menacera le roi de Prusse de la guerre.

3° En même temps, il forcera la main, s'il en est besoin, au roi d'Italie, et aussitôt après, les négociations s'ouvriront pour régler définitivement la question italienne et reconstituer l'Allemagne.

4 Le roi Victor-Emmanuel n'aura la Vénétie qu'à condition de s'engager pour toujours à laisser le Pape paisible possesseur du petit domaine pontifical nécessaire à son indépendance et à sa dignité. Ce domaine sera aussitôt neutralisé sous la sauvegarde de l'Europe chrétienne.

5° Le roi de Prusse a renversé les petits trônes allemands. Il n'est pas à propos de les relever, car tous ces petits princes ne font que gêner la formation de la Fédération européenne. Nous pouvons donc laisser la Prusse s'agrandir, en agglomérant autour d'elle l'Allemagne du nord. Mais il est à propos de lui donner pour contre-poids l'Autriche qui doit rester puissante, et un troisième État allemand, qui sera formé au sud du Mein.

6° Le roi de Prusse et le roi d'Italie s'engageront à donner aux familles des princes déchus une indemnité pécuniaire convenable, en échange d'une cession écrite de leurs droits. Ceux qui refuseront cette cession n'auront pas d'indemnité.

En échange de l'appui moral de la France, l'Autriche, la Prusse et l'Italie formeront avec elle le noyau de la Confédération.

7° Les autres États de l'Europe seront invités ensuite à entrer dans la Confédération. Les petits États accepteront aussitôt de bon cœur. Si les grands États se fâchent, nous rirons de leur courroux, car ils n'oseront pas affronter les forces de la Confédération, ou, s'ils ont cette audace, ils seront brisés comme du verre par les mesures les plus énergiques.

8° Nous serons aussitôt à même de régler la question d'Orient. La Confédération obligera l'empire turc à se régénérer et à émanciper les populations chrétiennes. Si la chose n'est pas possible, cet empire sera renversé, et un État grec établi sur ses ruines, à condition qu'il entrera aussitôt dans la Confédération.

Après ce grand bienfait, les Grecs seront nos alliés naturels.

9° Alors se lèvera enfin le grand jour de la Pologne!!!

La Confédération jettera le gant à la Russie conquérante au nom du principe des nationalités. Il y aura là une lutte gigantesque, mais, Dieu aidant, la Russie sera écrasée par les légions confédérées. La Pologne sera relevée puissamment pour la tenir sous le frein, si elle ne veut pas entendre raison.

10° L'Angleterre sera traitée amicalement, mais à condition qu'elle réparera ses torts envers les Irlandais.

11° La Confédération, basée sur le christianisme et sur la démocratie couronnée, deviendra l'arbitre du monde. Ses délégués se réuniront à des époques déterminées dans la capitale de la Confédération, pour trancher pacifiquement tous les différends qui pourraient s'élever parmi eux, et faire respecter partout le droit nouveau des peuples civilisés.

12° Si les Américains, au nom du prétendu dogme Monroë, violent insolemment le droit des gens, ils seront durement châtiés. S'ils suivent une politique conforme à la raison, on les admettra dans la Confédération.

13° L'Afrique sera fouillée dans tous les sens, domptée, colonisée, civilisée.

14° L'Asie sera forcée d'ouvrir son vaste sein aux Européens et de fraterniser avec eux.

15° L'Océanie deviendra le pénitentiaire de l'Europe et sera ainsi colonisée à son tour.

16° La liberté de conscience, une sage liberté politique, la fraternité des peuples, le respect des premiers principes religieux et sociaux seront proclamés et imposés partout.

La guerre de conquête deviendra ainsi impossible.

La révolution athée sera réduite à néant, car

elle n'aura plus de prétexte ni de raison d'être.

Toutes les nations entreront peu à peu dans la confédération de la paix; et si la présidence en est déférée alors au vénérable chef du christianisme, on verra se vérifier cette belle prophétie du Sauveur du monde :

« Il n'y aura plus qu'un bercail et un pasteur. »

Paris, le 4 août 1866.

A SA MAJESTE L'EMPEREUR.

Suite du même sujet.

Nous venons, grâce au ciel, d'obtenir un succès glorieux pour la France et utile au monde civilisé[1]. Ce triomphe moral vaut mieux que dix victoires et nous en promet d'autres pour l'avenir...

Nous ne sommes qu'au début de notre grande OEuvre, et en consolidant la Confédération européenne, nous devons continuer avec une vigilante activité notre attaque habile et vigoureuse contre les ennemis qu'il s'agit d'abattre, savoir la Russie conquérante et la Révolution athée, ces outres gonflées de tempêtes.

Raisonnons peu et bien, en Spartiates chrétiens et en philanthropes civilisateurs.

1° Pour affermir ce que nous avons fondé, et afin que ce que la France a fait ne tourne pas à son détriment, il faut travailler résolument, dès aujourd'hui, à faire confédérer avec elle les États

---

[1] La paix de Nikolsburg venait d'être signée entre la Prusse et l'Autriche grâce à la médiation pressante de la France.

qu'elle a pacifiés, en leur faisant adopter pour base politique le suffrage universel et une sage liberté. Elle arrivera à ce but par la persuasion et au besoin en forçant un peu la main à ses alliés. Il faut absolument cimenter le plus tôt possible l'union de ce noyau de la fédération européenne, pour ne pas donner aux obstacles le temps de se former, et à l'ennemi l'occasion de se reconnaître et de se rallier.

A cet effet, il faut préserver la Prusse de l'enivrement de la victoire, en lui faisant entendre le langage de la raison ;

Il faut affermir l'Italie en calmant son effervescence par des paroles de sagesse, et au besoin par la sévère fermeté de notre attitu.

Cela suffira certainement de ce côté-là.

Mais il importe surtout de raffermir l'Autriche, menacée à la fois à l'intérieur et à l'extérieur. L'Autriche ayant perdu tout avenir en Allemagne par la bataille de Sadowa, étoufferait en ce concentrant sur elle-même, ou deviendrait un danger pour ses voisins, si on ne donnait pour issue à l'énergie de ses peuples une grande entreprise en Orient. Il faut donc qu'elle rétorque le *Panslavisme* contre le Tsar. Le salut de la monarchie autrichienne est là ! Si le chef actuel de la maison de Habsbourg sait manier habilement le principe des nationalités, son appel à l'indépendance slave, propagé par une fine diplomatie, soutenu par une grande puissance militaire et par les sympathies secrètes ou avouées de l'Europe occidentale, sera entendu de tous les Slaves.

Dans ces conditions-là le succès est certain !

Le cabinet de Vienne doit donc mettre immédiatement en campagne d'habiles émissaires pour travailler les Slaves. La diplomatie française doit les seconder secrètement.

Les peuples slaves étant fort nombreux et disséminés sur un immense territoire devront former deux empires ou deux confédérations : l'une au nord sous le drapeau de la Pologne; l'autre au sud, sous le drapeau de l'Autriche.

Celle-ci, dans ce cas, renoncerait au besoin à ses provinces allemandes, qui entreraient dans la Confédération de l'Allemagne du sud.

Ainsi du même coup, l'organisation de la nationalité allemande serait terminée et la nationalité slave solidement fondée.

La Prusse n'y mettra pas obstacle, parce que l'Allemagne du nord lui a été cédée à cette condition.

L'Italie, amie des Slaves opprimés, se réconciliera ce jour-là avec l'Autriche, son adversaire séculaire.

L'Angleterre ne dira rien, car il ne sera pas difficile de lui prouver qu'on travaille pour elle.

On promettra la Finlande à la Scandinavie.

Mais la Russie!!! Elle veille activement et ne se laissera pas impunément dépouiller!.....

La Russie! On l'endormira tant qu'on pourra ; et quand elle se fâchera tout de bon, on lui proposera de tourner son activité vers l'Orient et le Nord, et d'organiser la nationalité tartare.

Cependant, il n'est pas probable que le tsarisme conquérant renonce sans lutte à cette Europe, objet de ses longues convoitises.

La confédération européenne et la France surtout doivent donc se préparer dès aujourd'hui contre cette puissance à une lutte suprême, qui ne saurait tarder longtemps et qui décidera des destinées du monde.

La Russie, poursuivant sa politique d'envahissement, est déjà prête au combat!

Il importe que la France soit prête aussi, et bientôt! Les plus énergiques moyens doivent être employés dans ce but, car ce sera là le grand et inévitable duel, prévu par le génie de l'empereur Napoléon I.

Ce grand homme succomba en 1812, pour avoir essayé de lutter seul contre la Russie, qui avait alors les sympathies secrètes ou avouées de l'Europe entière.....

Napoléon III, au contraire, marchera au combat précédé des avant-gardes dévouées de toute l'Europe libérale.

En effet le premier résultat de la Fédération

européenne aura été un coup de foudre pour la Russie en l'isolant du continent!

Dans cette situation, la Russie sera écrasée infailliblement : et sa déclaration de guerre sera l'arrêt de son châtiment.

Cette guerre, soigneusement préparée d'avance et conduite vivement, délivrera enfin l'Europe de cette envahissante politique moscovite, qui depuis plusieurs siècles pèse sur elle comme un éternel cauchemar.

La Confédération européenne victorieuse se constituera définitivement alors de la manière suivante :

France ; Italie ; Prusse ou Allemagne du nord; Allemagne du sud; Confédération Autrichienne, ou Slavonie méridionale ; Confédération Polonaise, ou Slavonie du septentrion ; Scandinavie ; Angleterre ; Ibérie ; Turquie (?) ; Grèce ou Hellade ; petits États échappés à la tempête.

Le Souverain Pontife Romain, quelle que soit sa résidence souveraine et indépendante, sera le Président perpétuel de la confédération et le Médiateur de paix entre tous les peuples civilisés.

Mais la Révolution !

La Révolution honnête, ou plutôt le Progrès, aura triomphé et ce sera un bien.

La Révolution subversive et athée, n'ayant plus de prétexte pour soulever les peuples, et se trouvant domptée par une sévère discipline, sera réduite à néant.

Les conquérants moscovites seront refoulés dans leurs steppes.

La question Européenne sera terminée.

La question Asiatique s'ouvrira aussitôt.

Mais la tâche sera plus facile. Le génie de l'Europe chrétienne triomphera en courant dans cette partie du monde, au nom du principe des nationalités.

En effet, il y a en Asie une grande Pologne vaincue ; c'est la nation chinoise, opprimée par les Tartares Mandchoux.

Il y a aussi une immense nation d'Ilotes : ce sont les Parias de l'Inde.

Nous aurons donc des intelligences dans la place : et en appelant les peuples opprimés à l'indépendance, l'Asie sera régénérée rapidement.

Je terminerai par une pensée de l'empereur Napoléon Ier : « Le prince qui se posera en libéra-
» teur des peuples opprimés, fera en Europe tout
» ce qu'il voudra, et sera le maître du monde ! »

Paris, le 29 septembre 1866.

A SA MAJESTE L'EMPEREUR.

L'alliance Russo-Américaine. Moyens de lui résister. Double jeu de la Prusse.

Parmi les questions diverses qui agitent le monde contemporain et préparent sa prochaine transformation, il est une affaire qui menace de donner à l'antagonisme des peuples des proportions gigantesques, en prenant pour théâtre l'univers.

C'est l'alliance intime de la Russie avec l'Union Américaine, pour l'exécution en commun du testament de Pierre le Grand et de la doctrine Monroë.

Les radicaux d'Amérique tendent la main aux hordes tartares pour dépouiller l'Europe.

Pendant que, dans le Nouveau-Monde, les colonies européennes seront rapidement assaillies et enlevées, le tsar lancera sur le monde ancien ses nombreuses légions, protégées cette fois par les flottes américaines.

Cette alliance, chef-d'œuvre de la politique des tsars, constitue le plus grand danger du moment, et il importe essentiellement d'y pourvoir. Il faut promener sur l'horizon un regard scrutateur, laisser de côté la politique timide des atermoiements et adopter sans hésiter une marche rapide, décisive, énergique, qui puisse prévenir ou dissiper l'orage.

Mais que faut-il faire pour atteindre ce but?

La question est grave, et il me semble qu'on peut y répondre comme il suit :

1° Avant d'opposer légions à légions, escadres à escadres, peuples à peuples, opposons principes à principes. Les tsars s'écrient : « Divisons l'Europe, et l'Europe sera vaincue! »

Répondons-leur : « Unissons l'Europe, et ses
» ennemis seront brisés! »

En effet, l'union de l'Europe ou la Fédération européenne, voilà, comme je l'ai dit précédemment, le grand, l'unique, le suprême remède à tous les dangers de la situation. L'Europe, affaiblie et paralysée par ses divisions, est sur le point d'être aplatie comme les molécules du fer entre le marteau et l'enclume.

Mais l'Europe, unie et solidement confédérée sur les bases inébranlables du christianisme, de la solidarité fraternelle des peuples, et de la démocratie couronnée, deviendra une formidable massue qui écrasera ses ennemis.

Pendant que ses légions refouleront au loin l'invasion tartare, ses flottes iront rappeler à l'ordre et au bon sens l'outrecuidance américaine.

D'après toutes les prévisions de la prudence, la victoire ne saurait balancer. Dans de telles conditions, elle se déclarera certainement pour l'ordre, la justice et le droit.

2° Mais il n'y a pas de temps à perdre, car l'orage se forme rapidement en Orient et en Occident, et je ne sais même si on aura le temps de s'y préparer. Aux proportions que prend la lutte diplomatique, il est facile de voir que c'est là une question de ruine ou de salut, de vie ou de mort, un désastre sans remède ou un triomphe décisif. Il importe donc d'être prêts au combat! Toutes les ressources de l'Europe ne seront pas de trop, si elle veut échapper au grand péril qui la menace et fonder sur des bases durables l'ordre social renouvelé.

3° Mais comment confédérer l'Europe, cette Europe querelleuse, égoïste et jalouse à l'excès?

Ah! c'est ici que la diplomatie française doit avoir de merveilleux secrets et se souvenir de cette parole d'un grand prince de l'antiquité : « Là où la peau du lion ne sert de rien, il faut « coudre la peau du renard. »

Eh bien! voici, ce me semble, comment je ferais, si j'avais l'honneur d'être le ministre des affaires étrangères de France.

D'abord, j'arborerais fièrement le drapeau de la croisade de l'indépendance des peuples; puis je saisirais le gouvernail, avec la décision d'un

homme qui se dit : « Il faut vaincre ou mourir !
« Mais, nous vaincrons ! »

L'ascendant moral d'une puissante volonté, voilà déjà un talisman qui a une merveilleuse vertu pour attirer à soi les mortels.

Aussitôt j'allécherais les chefs des peuples en les prenant chacun par son côté faible, tout en surveillant les traîtres.

« Vous, Prusse, vous avez de grandes ambitions. Eh bien ! je vous laisserai faire l'unité allemande, *moyennant certaines conditions non verbales, mais écrites, et surtout le futur rétablissement de la Pologne.*

» Vous, Autriche, vous avez beaucoup souffert et vous avez de légitimes tendances vers l'Orient. Eh bien ! appelez à vous les Slaves ; je vous aiderai *moyennant certaines conditions écrites, et surtout le rétablissement de la Pologne.*

» Vous, Italie, vous réclamez toujours ; après la Vénétie, vous voulez le Trentin et l'Istrie. Eh bien ! soyez sage et prudente ; il y aura moyen de vous donner tout cela, à condition que vous aiderez *au rétablissement de la Pologne;* et si vous n'avez pas Rome pour capitale, c'est que Rome sera la capitale de la grande confédération chrétienne, ce qui vaudra cent fois mieux pour vous.

» Ibérie, vous êtes chevaleresque ; mais ne tournez pas votre fureur contre vous-même ; faites-en un plus noble emploi ; sauvez vos colonies, votre indépendance, votre honneur menacés. Ralliez-vous à nous : sauvons la civilisation, le pape et la catholicité, mais qu'entre nous ce soit à la vie, à la mort! Votre dévouement portera de bons fruits. Vous serez une grande puissance européenne.

» Vous, Angleterre, vous aimez le commerce et vous avez raison. Mais que ferez-vous sans vos colonies d'Amérique? Que ferez-vous sans l'Irlande et les Indes? Que ferez-vous sans l'empire des mers? La question est grave et pressante, pensez-y; le danger vous menace de l'Orient à l'Occident, encore plus que la France. Allons, donnez-moi la main! sauvons nos comptoirs, notre industrie, nos progrès! Il faut vaincre à tout prix! Ce sera déjà beaucoup de ne pas mourir, mais la victoire nous donnera bien quelque chose de plus! Nous aurons le libre-échange dans le monde entier!

» Vous Pologne et Scandinavie, c'est l'heure de la vengeance! Attention!

» Quant à vous, petits États, mes amis, on ne vous veut pas de mal, mais la tempête va être si forte qu'il vaut bien mieux pour vous d'entrer dans le ventre de la baleine, que d'être brisés contre les récifs. Entrez dans la Confédération libérale.

> Petit poisson deviendra grand
> Pour pouvoir mieux sauver sa vie.

» Vous autres, Osmanlis, voilà trop longtemps que vous nous pesez et que vous proclamez la *guerre sainte* contre les Giaours. Il vous faut quitter l'Europe ou fraterniser avec les populations chrétiennes émancipées; il n'y a pas de milieu : il faut en prendre sagement votre parti ; car « c'est écrit! » La colère n'y ferait rien ; mieux vaut donc la résignation ou plutôt une généreuse philanthropie.

» Quant à vous maintenant, Moscovites conquérants, vous allez rendre gorge, restituer le bien volé et vous civiliser tant soit peu.

» Et vous, fiers Yankees, vous serez satisfaits des bons arguments de nos escadres. »

Voilà ce que je dirais et ce que je ferais, si j'étais ministre de France.

Mais rien de tout cela n'est possible sans la Fédération européenne. Elle seule permettra de dominer pleinement la situation. Il faut donc promptement confédérer l'Europe par les moyens indiqués. Chacun des États désignés a tout à gagner en entrant dans l'union : aucun ne doit donc refuser, si l'on s'y prend comme il faut.

Si, par une déplorable erreur, la Prusse joue un double jeu ; si, en profitant avec soin de notre générosité, elle se constitue, en secret, l'avantgarde de la Russie contre l'Occident et donne les mains à la redoutable alliance Russo-Américaine, elle doit disparaître du rang des nations en punition de sa trop longue félonie, pour faire place à la nationalité germanique qui sera une puissance plus vraie, plus loyale et plus chevaleresque. Ce grand résultat sera promptement obtenu en prenant pour base de l'Empire allemand le principe fédératif centralisé autour d'un empereur choisi à vie dans la famille de Saxe, de Hanovre ou de Wurtemberg (la Bavière, hum!...), mais qui, dans tous les cas, devra être librement élu par le suffrage universel. Le nouvel Empire allemand ne sera pas dangereux pour la France, dès qu'il entrera dans la Confédération européenne.

Le succès ne sera pas douteux si la France, s'appuyant sur l'Autriche, exploite habilement les justes griefs de vengeance que la conduite arbitraire et violente de la Prusse a déposés dans le cœur des patriotes allemands.

Si une grande guerre devenait nécessaire pour châtier la Prusse, il ne faudrait pas hésiter à la faire, car il vaut mieux combiner et préparer d'avance une attaque à outrance où tous les avantages sont pour l'assaillant, que d'être surpris à la première occasion par un ennemi audacieux et déloyal, et de voir, peut-être dans un avenir prochain, la France trop confiante donner au monde le triste spectacle de l'Autriche à **Sadowa.**

Tous ces événements ne sont pas éloignés; c'est pourquoi il est d'une extrême importance que la France s'y prépare sans bruit par les plus formidables moyens.

Je crois, je le répète, qu'une lutte à outrance est peu éloignée. Si nous n'attaquons pas, nous serons attaqués immanquablement, à moins que le Gouvernement ne se retire des affaires d'Orient, des affaires d'Occident, de partout enfin, et ne signe une abdication complète, ce que le patriotisme des Napoléons et de la France ne souffrira jamais !

Quelles que puissent être les douleurs actuelles de la France et les sacrifices qu'elle devra s'imposer, la nation se serrera autour de son Gouvernement, s'il suit cette politique vraiment nationale.

Pour résumer toute la pensée de ce mémoire en quelques mots, je dirai qu'une paix fausse et bâtarde pourra se maintenir en louvoyant quelques mois et peut-être quelques années ; mais qu'une paix solide et féconde en grands résultats, ne pourra s'obtenir sans une lutte plus ou moins prochaine et sans merci contre la coalition Russo-Américaine.

La France doit donc ceindre ses reins pour le combat, tout en se préparant à l'Exposition universelle. Du reste la politique du ministre des affaires étrangères sera plus puissante encore que tous les bataillons, en formant la Fédération européenne, et en organisant la croisade de *l'Indépendance des peuples* contre la Russie.

Si Votre Majesté entre dans cette voie, avec sa grande expérience et sa supériorité de vues, la victoire sera rapide. Bientôt la France relevée, l'Europe régénérée, le monde pacifié comprendront enfin que Votre Majesté a dit avec raison : « L'Empire, c'est la Paix! »

Sire, Dieu le fasse! L'avenir est entre vos mains, si vous le voulez!

LETTRE A SA MAJESTE L'EMPEREUR.

Paris, 22 octobre 1866.

Sire,

Fidèle à la devise des chevaliers d'autrefois : «*Fais ce que dois : advienne que pourra!*» le Civilisateur vient encore importuner Votre Majesté. Certes, il est bien loin de vouloir se poser en oracle ! Mais il voit venir un flot de conquérants à l'extérieur, et, à l'intérieur, il voit l'athéisme révolutionnaire poursuivant activement l'œuvre du termite et préparant la ruine prochaine de l'ordre social. Or, cet homme qui se dévoue depuis près de vingt ans à l'œuvre du *Triomphe de la civilisation chrétienne*, et qui a fait sur les cendres vénérées de son père le serment de la défendre jusqu'à la mort, peut-il demeurer les bras croisés en face de ce péril suprême?

Sire, Vous êtes aussi croyant et patriote, et l'ambition des conquérants étrangers soulève Votre indignation, car elle est une menace ! Vous ne voulez pas non plus le triomphe des athées, car sur leur drapeau est écrit : « Révolte ! » Votre Majesté ne s'offensera donc pas de ce qu'un enfant du peuple compte assez sur la magnanimité de son Empereur, pour lui dire tout ce qu'il pense.

Le soussigné, pénétré de la grandeur du péril qui menace l'Empire, vient proposer aujourd'hui à Votre Majesté la réorganisation des forces militaires de la France, de manière à vaincre tous à la fois nos redoutables ennemis.

Daigne Votre Majesté voir dans ce mémoire une nouvelle preuve de l'inaltérable dévouement qui fait croire au soussigné que la meilleure manière de se montrer, patriote en ce temps de danger, est d'être,

Sire,

De Votre Majesté Impériale

Le très-obéissant et loyal serviteur.

22 octobre 1866.

A L'EMPEREUR.

La réorganisation de l'armée française.

§ I.

Le service militaire est à la fois le droit et le devoir des peuples libres, car tout membre de la cité doit en être le soutien. Donc tout citoyen est soldat.

D'après ce principe incontestable, on ne doit dispenser du service que les impotents, à cause de leur infirmité naturelle, et les gens sans aveu à cause de leur infamie.

Cette base étant posée nous mène à d'importantes conséquences.

1. Abolition de la conscription, cet impôt du sang, si injuste, si impopulaire, si mal organisé, si fâcheux parce qu'il ne pèse que sur un certain nombre de citoyens. Le service étant partagé par tous offrira plus d'avantages que de désagréments. Les exercices militaires et gymnastiques seront le complément de l'éducation des adolescents, et en les accoutumant à une sévère discipline, ils les aideront puissamment à deve-

nir des hommes. Aujourd'hui que les fils de famille finissent leurs classes de bonne heure, on ne sait qu'en faire pendant plusieurs années. Alors, ils vont, sous prétexte d'études fort négligées, apprendre dans les grandes villes tous les vices des mauvais citoyens. Ils seront occupés très-utilement dans l'armée.

— Mais les vocations! les carrières! Tout est compromis! — Pas du tout! Au contraire, tout est assuré, car il est bien facile de classer les jeunes gens de telle façon qu'ils soient en garnison dans des villes où ils puissent fréquenter soit les écoles, soit les facultés dont ils veulent suivre les cours. Leurs études vaudront bien mieux qu'aujourd'hui, où elles se font en général d'une manière pitoyable entre une femme, une chope et une table de jeu.

II. Le service actif pourra être réduit à cinq ans, après lesquels le jeune soldat entrera dans l'armée de réserve ou garde mobile. Les fils de famille pourront obtenir cette faveur au bout de trois ans, moyennant une contribution, versée à l'État. On pourrait même, toujours pour favoriser les vocations, les autoriser à s'enrôler à dix-huit ans, ce qui les rendrait libres à vingt-et-un ans.

D'ailleurs, tous les soldats, dont la présence ne sera pas utile sous les drapeaux, seront envoyés en congé au bout de quatre mois de service, indispensables pour apprendre les manœuvres militaires. On pourrait dans ce but faire faire le service par les différents corps d'armée à tour de rôle, pendant que les autres seraient dans leurs foyers.

III. Tout citoyen valide et honorable, sortant de l'armée active, fait partie de la garde mobile jusqu'à 30 ans. Le service n'empêche pas le mariage ; mais le mariage n'empêche pas le service. Les dames françaises s'habitueront à cette idée : ne valent-elles pas les héroïnes de la Grèce et les matrones romaines ?

En temps ordinaire, le garde mobile est dans ses foyers. Seulement à certaines époques de l'année, *choisies dans la saison la moins laborieuse pour chaque classe de la société*, il se rend au champ de Mars [1], pour prendre part aux manœuvres militaires. Comme la morte-saison n'est pas la même pour les agriculteurs que pour certaines catégories d'ouvriers ou d'artisans, il faudrait classer ensemble les hommes d'une même profession.

Le politique verrait là plus d'un avantage sé-

---

[1] Il y aurait un champ de Mars dans chaque chef-lieu de département ou d'arrondissement ; et une place d'armes dans chaque canton et commune.

rieux pour l'ordre social. Cela pourrait amener, entre autres bonnes choses, la classification professionnelle de la société, si nécessaire pour éviter le tohu-bohu et l'anarchie où nous marchons à grands pas. Quand je dis classification, Dieu me garde de parler des castes héréditaires et de leurs abus. Seulement, les citoyens de telle profession auraient tel rang dans la société, aussi longtemps qu'ils garderaient leur profession. Mais chaque profession serait accessible à tous également.

Le garde mobile rentrerait dans le service actif dans les dangers extraordinaires.

IV. Parallèlement à la garde mobile seraient formées des légions de vétérans, composées de soldats qui, ayant déjà fait cinq ans de service actif, voudraient rester sous les drapeaux. Les vétérans auraient des priviléges honorifiques et pécuniaires considérables, entre autres une petite pension de retraite, toujours proportionnée à leurs services. Ces légions de vétérans seraient le nerf de l'armée française. Le Gouvernement devrait apporter le plus grand soin à leur formation. Leur service finirait à trente-cinq ans ou à quarante ans au plus, afin qu'ils pussent encore se créer une position dans le monde et devenir de bons pères de famille. Ce serait autant d'amis dévoués que le pouvoir aurait dans les rangs du peuple.

La garde impériale serait choisie dans leurs rangs, sans préjudice cependant des faveurs accordées à des individualités brillantes des autres corps.

Les vétérans avec la garde impériale devraient former un effectif de deux cent mille hommes.

V. Dans toute guerre qui mettrait sérieusement la patrie en danger, les citoyens valides et honorables âgés de trente à cinquante ans, feraient partie de la garde nationale, destinée à ne jamais franchir la frontière. Ils seraient classés de la même façon que la garde mobile. Mais les exercices, au lieu de se faire aux chefs-lieux de département et d'arrondissement, se feraient ordinairement sur la place d'armes de la commune. Les chefs de corps pourraient même accorder de fréquentes dispenses, en échange d'une indemnité versée dans la caisse de l'armée.

VI. Tous les grades élevés dans les trois grands corps de l'armée française seraient donnés par l'Empereur.

Tous les frais de service seraient supportés par l'État.

Mais, dira-t-on, l'équipement, l'entretien et la solde de ces troupes causeront des dépenses accablantes pour le trésor.

Eh bien! voici, ce me semble, un bon moyen

de les diminuer considérablement. L'État ne pourrait-il pas devenir propriétaire de terrains plus ou moins vastes selon l'importance des diverses garnisons, et faire exploiter ces domaines au profit de la nation par les troupes?

Ce serait un excellent moyen de moraliser et de distraire à la fois le soldat, en occupant ses loisirs, et de le nourrir à peu de frais ou même avec bénéfice. Ce seraient là autant de fermes-écoles où les jeunes agriculteurs recevraient de fort bonnes leçons qu'ils pourraient plus tard appliquer avec fruit dans leur pays.

Cette mesure-là, un peu singulière à première vue, serait fort avantageuse à la France, en utilisant un million de bras vigoureux, follement laissés oisifs jusqu'à ce jour. Voilà pourquoi elle me paraît d'une importance capitale.

Que la caserne soit une ruche laborieuse : elle ne sera plus à charge à personne! Des hommes vigoureux et intelligents doivent se suffire partout! Et l'armée, cette réunion d'hommes d'élite, ne se suffirait pas?...

§ II.

Organisation. — Hiérarchie.

La meilleure base d'une bonne armée, c'est la légion.

C'était l'avis des Romains, juges émérites en pareille matière.

Ce petit corps de troupes doit être pourvu de tout ce qui est nécessaire à des hommes de guerre, afin de pouvoir se suffire entièrement, sans être obligé de faire à d'autres corps des emprunts qui ne sont jamais bien assimilés et qui paralysent souvent au lieu d'être utiles.

La légion doit être comme une famille dont tous les membres se connaissent et se prêtent un mutuel appui. Étroitement unis par le serment et par le cœur autour du drapeau sacré qui personnifie la patrie, aussi bien qu'autour des chefs qui personnifient le pouvoir, ils doivent avoir avec ceux-ci ces fréquents rapports d'où naît la bonne et solide éducation militaire, parce qu'elle inspire aux chefs cette paternelle bienveillance qui tempère l'austérité de la discipline, et aux soldats cette sympathique vénération, cette confiance sans bornes, et cet amour du devoir, qui, au jour du danger, les transforment en héros.

La légion doit être forte de sept mille hommes, dont six mille fantassins, et mille cavaliers, artilleurs ou soldats du génie.

Ce nombre de soldats paraît indispensable, afin de lui donner assez de consistance pour supporter les pertes, si considérables aujourd'hui à cause du perfectionnement de l'artillerie, que souvent la vigueur de l'attaque est rompue et que les soldats sont déconcertés de leur petit nombre.

Les malheureux Autrichiens l'ont éprouvé à Sadowa !

La légion doit avoir sa cavalerie et son artillerie, soit afin qu'il y ait plus d'unité et de rapidité dans le commandement, soit afin de prévenir ces jalousies funestes qui existent trop souvent entre des corps différents.

Les légions romaines qui subjuguèrent le monde avaient chacune sa cavalerie, ses balistes, ses catapultes, etc...

Les modernes ont fait une grande faute, en séparant complétement la cavalerie et l'artillerie de l'infanterie. Outre divers inconvénients plus ou moins graves, il est souvent arrivé par là qu'un de ces corps n'a pas pu profiter d'une victoire, ou bien même a essuyé une défaite, parce qu'il était privé de l'appui des autres.

Cette division, déplorable à notre avis, ne place-t-elle pas l'infanterie dans une situation assez analogue à celle d'un soldat qui marcherait au combat sans son épée ou toute autre partie nécessaire de son équipement ?

Du reste, quand les légions se rassembleraient pour former une grande armée, rien n'empêcherait de réunir en un seul tout la cavalerie et l'artillerie de diverses légions, comme les Romains réunissaient leurs cavaliers, leurs archers, etc.

L'infanterie de la légion se subdiviserait en deux colonnes ou régiments; dix bataillons; vingt cohortes; soixante centuries; cent-vingt escouades; trois cents patrouilles; six-cents décuries; douze cents brigades.

La brigade forte de cinq hommes serait commandée par un caporal ou brigadier; la décurie, forte de dix hommes, par un décurion ou dizenier; la patrouille, forte de vingt hommes, par un sergent; l'escouade, forte de cinquante hommes, par un lieutenant; la centurie, composée de cent hommes, par un capitaine ou centurion; la cohorte, forte de trois cents hommes, par un major; le bataillon, fort de six-cents hommes, par un commandant; la colonne, forte de trois mille hommes, par un colonel.

La cavalerie se composerait d'un bataillon; de deux escadrons; de six centuries; de douze escouades; de trente patrouilles; de soixante décuries; de cent-vingt brigades. Chacune de ces subdivisions aurait le même nombre de soldats et les mêmes chefs que les divisions analogues de l'infanterie.

L'artillerie se composerait d'une cohorte, subdivisée en compagnies, escouades, patrouilles, décuries, brigades, sous les ordres de chefs analogues à ceux de l'infanterie.

Le génie se composerait d'une centurie subdivisée d'une manière analogue.

L'infanterie, la cavalerie, l'artillerie, le génie réunis formeraient en tout une légion de sept mille officiers et soldats commandés par un Général légionnaire.

Trois légions réunies formeraient une phalange ou division, commandée par un Préfet de la Milice.

Cinq phalanges ou cent mille hommes formeraient un corps d'armée commandé par un Maréchal.

Le nombre des corps d'armée devrait être fixé à douze pour la France.

Voici donc quelle devrait être, selon nous, la hiérarchie complète de l'armée :

1° L'Empereur, seul Généralissime et Grand-Maître de toutes les forces de terre et de mer ;

2° Les Maréchaux, commandant un corps d'armée de cent mille hommes ;

3° Les Préfets de la Milice, commandant une division ou phalange ;

4° Les Généraux, commandant une légion de sept mille hommes ;

5° Les Colonels, commandant une colonne ou régiment de trois mille hommes ;

6° Les Commandants, à la tête d'un bataillon de six cents hommes ;

7° Les Majors, à la tête d'une cohorte de trois cents hommes ;

8° Les Capitaines ou centurions, à la tête d'une centurie ou compagnie de cent hommes ;

9 Les Lieutenants ou chefs d'escouades, à la tête de cinquante hommes ;

10° Les Sergents, à la tête d'une patrouille de vingt hommes ;

11° Les Décurions ou Dizeniers, à la tête de dix hommes ;

12° Les Caporaux ou Brigadiers, à la tête de cinq hommes.

Nota. — Des lieutenants ou adjudants pourraient être attachés utilement à divers grades. Les sous-lieutenants nous paraissent tout à fait superflus.

§ III.

Drapeau

Chaque légion a son drapeau ; chaque colonne, bataillon, cohorte, compagnie, a ses oriflammes, banderolles, cornettes et guidons.

Quand l'Empereur commande en personne l'armée, il fait porter devant lui, au centre de la Garde Impériale, le grand étendard de l'Empire. Cet étendard doit être de couleur d'azur, avec liseré tricolore, parsemé d'abeilles d'or, portant d'un côté les armes de la France et de l'Empereur, surmontées de cette devise : « L'EMPEREUR ET LE PEUPLE UNIS. »

De l'autre côté, l'anagramme du Christ avec cette devise : « PAR CE SIGNE VOUS VAINCREZ ! » — Ce nouveau *labarum* portera bonheur à la France et à l'Empereur.

§ IV.

Armes offensives et défensives.

« Telle artillerie, telle puissance militaire. » C'est l'axiome de la tactique moderne. La base de l'armement est donc l'artillerie. Dès lors tout doit reposer sur elle. La grande artillerie (canons, obusiers, mortiers, etc.) doit être nombreuse, solide, perfectionnée, de manière à tirer le plus juste, le plus loin et le plus souvent possible. Les grandes pièces doivent se charger par la culasse aussi facilement et aussi rapidement que les fusils du même genre.

Chaque affût devrait avoir de petites roues, afin d'être comme un ponton rasé, au centre duquel s'élèverait un pivot solide et tournant, afin que la pièce pût être facilement dirigée de tous côtés. Cette observation est essentielle.

Dans la grande lutte certaine, inévitable que la civilisation soutiendra contre la barbarie dans un avenir plus ou moins prochain, il ne faut négliger aucun moyen de destruction, car l'ennemi en fera autant à coup sûr.

On peut appliquer aux artilleurs tout ce que je dirai plus bas pour la cavalerie, relativement aux armes offensives et défensives.

Je recouvrirais aussi d'un plastron le poitrail, le ventre et la tête des chevaux.

Le fusil à aiguille doit être mis entre les mains des soldats de l'armée active et de la garde mobile. Les vieux fusils serviront pour la garde nationale et on les modifiera peu à peu.

La baïonnette devrait être universellement remplacée par le sabre-baïonnette.

Un stratégiste allemand a proposé l'emploi des boucliers à balles pour les premiers rangs de l'armée. Mais comment le soldat pourrait-il manier le fusil d'une seule main? Et si un certain nombre de soldats n'avaient d'autres fonctions que de porter des boucliers, que deviendraient-ils dans une charge de cavalerie? Que deviendraient-ils dans une charge à la baïonnette? Que deviendraient-ils dans une déroute de leur régiment? Du reste, la force agressive de l'armée n'en serait-elle pas affaiblie considérablement?

Il me semble donc préférable que les soldats portent un plastron qui descende du menton au bas-ventre. Ce plastron serait formé d'une épaisse natte de chanvre ou de coton, entre deux minces lames de fer ou d'acier, et fait de façon à ne pas gêner les mouvements. Ce plastron offrirait le double avantage de sauver la vie des braves, et d'empêcher les poltrons de tourner le dos à l'ennemi[1].

Le képi est bon pour la promenade; le schako pour la parade; le casque pour le combat. En remplaçant l'insignifiant pompon par une forte pointe en forme de corne effilée, le fantassin peut dans un combat se servir de sa tête et de son casque comme d'un bélier redoutable. Le casque prussien approche de cette idée.

Tous les cavaliers doivent avoir le casque avec une visière mobile. Un plastron doit recouvrir la poitrine du cavalier, la tête et le poitrail du cheval.

Le cavalier ne doit pas avoir des armes tellement longues, qu'il ne puisse pas au besoin combattre assez facilement à pied.

---

[1] Hérodote dit que les conquérants assyriens portaient des cuirasses de lin, si épaisses et si solidement tissées qu'elles étaient impénétrables.

Plus tard, on recouvrit ces cuirasses de lin d'une lame de métal. D'autres peuples employèrent ensuite le métal seul, en y ajoutant le bouclier d'osier, de cuir ou de métal qu'ils portaient au bras gauche.

L'Europe moderne a fini par supprimer tout cela et n'oppose plus à l'ennemi que la poitrine de ses soldats. Elle aurait dû alors supprimer aussi les armes actuelles et décréter qu'on ne se battrait plus qu'avec celles de la nature.

Quant à moi, je préférerais qu'on ne se battît plus du tout et que la justice morigénât les nations comme les individus.

L'arme principale doit être la carabine de précision et à longue portée ; puis la lance et le sabre droit qu'il faut disposer de façon à pouvoir toujours les ajuster au bout de la carabine. Le cavalier doit pouvoir se tourner promptement sur son cheval, de façon à tirer aisément dans toutes les directions, même en fuyant. Il faudrait pour cela ou fabriquer des selles dont la partie supérieure tournât sur un fort pivot, ou bien n'employer que des selles plates et unies.

Les cavaliers parthes, pour combattre plus aisément, n'employaient pas de selles du tout : c'étaient les premiers cavaliers du monde.

Les cavaliers français trouveraient sans doute cet usage bien dur. Mais du moins faut-il alors, dans leur propre intérêt, que leur sécurité ne soit pas trop sacrifiée à la commodité de la selle. Qu'on fasse des selles commodes tant qu'on voudra pour les *gentlemens* et les bonnes mamans : nous ne voyons pas grand inconvénient à cela. Mais pour l'armée, c'est une autre affaire. Le salut de la patrie et du cavalier doit passer avant tout.

§ V.

Ordre de bataille.

L'ordre de bataille doit varier évidemment selon les lieux, les circonstances, l'ennemi et l'inspiration du commandant en chef. Mais en général, à cause de la puissance de l'artillerie, je mettrais toujours en tête, et, autant que possible, sur des hauteurs, pour foudroyer l'ennemi de loin, l'artillerie entourée de tirailleurs chargés de la défendre.

Chaque batterie serait séparée par un intervalle assez considérable, pour qu'à l'approche de l'ennemi, les masses d'infanterie placées en arrière pussent s'élancer et commencer l'attaque.

L'infanterie se formerait en triangle acutangle, la pointe en avant. Cette disposition aurait l'avantage d'offrir moins de prise à l'ennemi et de permettre à un plus grand nombre de soldats de faire feu.

Aux ailes et un peu en arrière, je placerais la cavalerie et les troupes légères, toujours protégées par l'artillerie qu'elles protégeraient à leur tour.

La cavalerie chargerait en pointe comme l'infanterie, et en faisant un feu rapide de ses carabines de précision. A dix pas de l'ennemi, elle saisirait la lance ou le sabre en jetant le fusil en bandoulière.

Du reste, pour la disposition particulière de chaque corps, il n'est rien de plus sage que la vieille maxime : « En tête et en queue le bon ; » au centre le médiocre ; en réserve l'excellent. »

Pour la défensive, le triangle n'est pas moins avantageux, car, outre qu'il peut offrir par lui-même une résistance suffisante à l'ennemi, on peut le changer très-facilement en carré.

Il est bon de remarquer aussi qu'aujourd'hui dans la guerre soit offensive, soit défensive, les officiers généraux doivent tenir compte avec soin des lignes ferrées dans leur plan de campagne.

Napoléon Ier disait : « A la guerre les hommes » ne sont rien : les minutes sont tout. » Puis il ajoutait : « Tout l'art de vaincre consiste à savoir » masser sur un point donné et en temps oppor- » tun des bataillons plus nombreux et mieux » postés que ceux de l'ennemi. »

Tout est là en effet.

Un habile général doit donc aujourd'hui adopter, comme des auxiliaires fort utiles, la vapeur et l'électricité pour le transport des troupes et la transmission du commandement. Il doit tâcher de s'emparer des chemins de fer de l'ennemi.

Mais il est nécessaire aussi de défendre les nôtres, et il me semble urgent que toutes les villes de frontières où se croisent des embranchements importants, soient pourvues d'abondants moyens de défense.

L'électricité ne doit pas être négligée non plus, et les avantages qu'en ont su tirer les Prussiens dans la campagne de Bohême doivent être une bonne leçon pour l'armée française. Les Américains dans leur guerre civile ont utilisé les aérostats. Le général Jourdan les avait utilisés avant eux à la bataille de Fleurus. Aucune invention moderne ne doit donc être négligée pour la défense du pays.

§ VI.

L'Impôt du sang ou le Recrutement. Le Champ-de-Mai.

L'impôt du sang, tel qu'il existe aujourd'hui, est la prestation plus ou moins longue du service militaire, à la charge de quelques-uns, au bénéfice de tous.

Je n'ai jamais compris cette anomalie dans un siècle de progrès.

Le droit naturel dit que tout membre de la cité doit en être le soutien.

Or, les soutiens de la cité sont principalement ceux qui la font vivre par leur travail, et ceux qui, au jour du danger, la défendent contre ses ennemis.

Il suit de là que tout homme, qui veut être citoyen, doit être travailleur ou soldat, à moins qu'il n'ait acquis par son âge ou ses infirmités le droit de se reposer.

Voilà ce que dit le droit naturel, et si on l'appliquait sévèrement, je sais bien des gens superbes aujourd'hui, qui seraient dépouillés demain du droit de cité.

J'avoue que je n'en serais pas fâché si cela pouvait débarrasser la France des *petits-crevés*. Je parlerai une autre fois de la loi du travail : je ne veux parler en ce moment que de l'impôt du sang.

Le service militaire, quand la patrie est en danger, est le droit et le devoir de tout homme libre. On comprenait si bien cela autrefois, que chez les Grecs et les Romains les esclaves seuls en étaient exclus, et que l'Europe féodale en avait fait le privilége spécial de la noblesse héréditaire. C'était logique, car ce sont ceux qui possèdent la terre et la richesse d'un pays, qui doivent le défendre envers et contre tous.

Mais aujourd'hui l'aristocratie, poltronne à l'excès, regarde l'armée comme une réunion de pauvres diables ou de cerveaux fêlés. Donc elle se dit : « Je n'en serai pas ! C'est plus commode et plus sûr ! »

Et elle a fait la loi de l'exonération ou du remplacement.

Moyennant finances, il est convenu qu'on

jouira de tout en France; qu'on ne travaillera pas; qu'on n'aura que du plaisir ; qu'on laissera les peines à autrui ; qu'on enverra le peuple au devant des baïonnettes et de la mitraille, pour défendre des biens qu'il ne possède pas ou dont il n'a que des parcelles, et que l'on restera tranquillement chez soi pour savourer les somptueuses délices de la civilisation.

Du reste l'égalité qu'on viole si audacieusement devant l'impôt du sang, on la proclame sacrée devant Plutus, et la loi d'exonération ou de remplacement établit que le petit propriétaire qui voudra exempter son fils, dont la présence lui est indispensable, paiera la même contribution que le grand capitaliste et le haut fonctionnaire, pour qui les bank-notes sont des centimes.

Eh bien ! Nous le disons avec peine ; mais enfin, il faut le dire : Tout cela est un non-sens !

N'en déplaise à qui que ce soit : nous ne croyons pas que l'impôt du sang soit une de ces choses qui se puissent payer autrement qu'en nature.

Le sang du pauvre a autant de valeur à ses yeux que celui du riche, et tout l'or du monde ne saurait en payer une seule goutte. La vie de l'homme est une de ces choses hors de prix, que rien ne saurait compenser : et toute législation qui suppose le contraire est aussi injuste qu'immorale.

Elle est injuste en ce sens qu'elle consacre un privilége, une inégalité, un abus.

Elle est immorale en ce sens qu'elle semble placer l'argent au-dessus de tout, et présenter ainsi le *veau d'or* au culte de la foule qui n'est déjà que trop disposée à l'adorer.

En se plaçant au point de vue même des partisans de l'exonération ou du remplacement, la loi actuelle ne vaut rien, car le prix d'exonération devrait être proportionné au *commodum* qui en résulte pour l'exonéré.

Or, il est évident que le fils du petit propriétaire ou du cultivateur ne gagnera dans l'exonération que la jouissance de quelques biens fort médiocres, et aura un *commodum* bien inférieur à celui d'un jeune homme riche, qui recueillera tous les bénéfices d'une position opulente. Avec la même somme d'argent, celui-ci reçoit donc des avantages mille fois supérieurs à ceux du premier.

C'est une flagrante injustice.

Voilà pourquoi la loi doit être modifiée même d'après les principes de nos adversaires.

Mais en nous plaçant au point de vue de la raison, au point de vue de l'avenir des familles, au point de vue de l'intérêt social, il est facile de nous convaincre qu'il faut abolir l'exonération et le remplacement.

La raison dit que ceux-là surtout doivent défendre la patrie qui en possèdent presque toutes les richesses et en reçoivent tous les profits. Cette obligation naît de la force même des choses. Et si quelqu'un devait en être déchargé, ce serait certainement le pauvre qui n'a ni billets de banque, ni coupons de rente, ni or, ni argent, ni patrimoine, ni foyer et souvent pas même un lieu où reposer sa tête. En bonne logique qu'a-t-il à défendre celui-là puisqu'il ne possède rien?

Du reste, l'intérêt social veut que les fils de famille qui doivent être un jour les hommes les plus influents et les plus considérés de la nation, deviennent véritablement des hommes. Or, comment pourront-ils mériter ce nom, si après avoir été amollis dans la maison paternelle par l'excessive indulgence des parents, après avoir fréquenté tant bien que mal quelques classes d'un collége ou d'un lycée, ils passent les plus belles années de leur jeunesse, les années où devenus majeurs et faisant leurs premiers pas dans la vie civile, ils préparent la carrière d'hommes qu'ils doivent fournir glorieusement un jour, s'ils passent, dis-je, ces années précieuses dans tous les vices des grandes cités? L'éducation grave et austère de l'armée, en formant les fils de famille à l'obéissance, à la discipline, au travail, au respect des lois, au sentiment de leur dignité personnelle, ferait de ces jeunes gens des hommes d'élite qui seraient un jour l'orgueil de leurs parents et le salut de la patrie.

L'avenir des familles demande que les jeunes gens qui sont leur plus belle espérance, ne soient ni joueurs, ni débauchés, ni fainéants, ni habitués à vivre sans règle et sans frein. Les hommes ainsi dégradés, bien loin de consoler la vieillesse de leurs parents, en deviennent la honte; au lieu de conserver leur patrimoine, ils le dévorent; au lieu de faire le bonheur d'une femme, et d'élever de nobles enfants, ils répandent le désespoir et la dépravation autour d'eux; ils accablent de mépris tous les principes, tous les droits, tous les devoirs, tout ce qui est digne de leur vénération et de leur amour : leur personnalité, leur *moi* devient le seul Dieu qu'ils adorent. De tels hommes ne sont-ils pas de mauvais fils, de mauvais époux, de mauvais pères et de mauvais citoyens?

Eh bien! l'éducation militaire serait un puissant remède contre tout cela.

Donc, pas d'enoxération! pas de remplacement!.

Mais je me hâte d'ajouter que l'armée a besoin aussi d'être profondément modifiée.

On accuse l'armée, telle qu'elle est organisée aujourd'hui, de n'être qu'*une ruche à frelons*, qui sont bons assurément à mettre en fuite l'ennemi, mais qui ne produisent rien pour l'État et sucent toute sa substance.

« Eh quoi! s'écrie-t-on : Cinq cent mille hommes d'élite, et dans toute la vigueur de l'âge restent pendant la paix tout-à-fait inutiles à leur pays?

» Mais c'est la dixième partie de la population virile de la France, et, chaque année, leur inaction la prive du dixième de ses produits.

» Bien plus, non-seulement ils ne produisent rien, mais ils absorbent, chaque année, la plus grande partie de nos finances ; l'État s'endette tous les jours, et la France court à la banqueroute.

» Pourquoi donc garder tant de soldats sous les drapeaux ? La France est-elle un pays conquis pour être ainsi surveillée ?

» Pourquoi retenir si longtemps le fils de l'ouvrier et de l'agriculteur loin de ses foyers ? Ne seraient-ils pas mieux placés auprès de la charrue et dans l'atelier pour soutenir leur famille ?

» Enfin, s'il faut absolument une armée permanente pour maintenir l'ordre et prévenir une attaque subite de l'ennemi, pourquoi laisser le soldat fainéanter dans la caserne où il s'ennuie, sur les places publiques où il perd le temps, dans les cafés où il s'enivre et prend la passion du jeu ? Pourquoi le soldat ne travaille-t-il pas comme il le faisait avant d'entrer au régiment, et comme il devra le faire encore quand il en sortira ? L'armée ne serait-elle pas meilleure si, à l'amour de la discipline, elle joignait l'amour du travail ? »

Voilà ce que disent çà et là dans la France entière une foule de personnes qui aiment à dire leur petit mot sur les affaires de l'État.

Eh bien ! avouons-le ! Il y a du vrai là-dedans :

et les hommes généreux, qui sont en grand nombre dans l'armée, sont humiliés qu'on les laisse dans une situation qui leur attire de semblables reproches. Certes, ils sentent en eux-mêmes assez de vigueur, d'intelligence et de volonté pour n'être point à charge à la France, et ils ne demandent pas mieux que de se rendre utiles dans les travaux de la paix aussi bien que dans les rudes labeurs de la guerre.

Mais comment faire, alors?

Mon Dieu! Il n'y a qu'un moyen à prendre, un seul et unique moyen : *La démocratisation de l'armée!*

Il faut que l'armée ne soit plus un corps à part, une sorte d'État dans l'État, avec ses droits, ses priviléges, sa vie particulière, sa force indépendante qui s'impose souvent au reste des citoyens. Non! cette armée-là est bonne dans les États à esclaves, mais elle n'est pas digne d'un État libre. Chez les peuples libres, en effet, l'armée c'est la nation et la nation c'est l'armée ; car tout homme libre est soldat pour le maintien de l'ordre et de l'autorité au dedans, pour la défense de la patrie au dehors : on ne refuse que les infirmes comme impotents, et les indignes comme infâmes. Pas de distinction, pas de priviléges, pas de séparation, pas d'intérêts opposés, pas de jalousie ni de haine entre le peuple et l'armée. En temps de guerre, tout le peuple se lève et présente ses bras nerveux au chef de l'État en disant : « Me voici ! marchons à l'ennemi ! » On enrôle les plus jeunes citoyens ; puis, si cela ne suffit pas, si le danger augmente, on enrôle successivement jusqu'aux plus âgés.

En temps de paix, l'armée se disperse, le soldat court à sa charrue, à son usine, à son atelier pour y reprendre son travail ; il ne demande plus rien à l'État si ce n'est la récompense honorifique des braves ou la petite pension qui doit lui permettre de supporter les blessures qu'il a reçues pour la défense de son pays. L'officier reçoit de la bienveillance de l'État un emploi civique où il se rend utile à tous. Il ne reste plus sous le drapeau sacré de la patrie qu'un petit nombre de soldats volontaires qui ont fait de la vie du camp leur carrière, du régiment leur commune, de la caserne leur maison, du corps de garde leur famille et de la grosse marmite leur pot-au-feu. Ils ont l'honneur de veiller à la garde de l'autorité publique, au maintien de l'ordre, à la dignité de l'État, à la garde du souverain, au prestige de la nation. Ils sont véritablement des fonctionnaires publics, et leur emploi, éminemment utile et respecté, leur vaut le privilége d'être nourris, logés, rétribués, puis retraités aux frais du Trésor public.

Récompense bien méritée par les fidèles gardiens du *palladium* national !

Du reste, sachant bien que l'esprit et la science

militaire, si nécessaires dans tous les temps, ne s'acquièrent pas tout d'un coup et se perdent même après qu'on les a obtenus, si on ne les entretient pas avec soin, la nation libre fait de temps en temps trêve aux travaux productifs de la paix, pour se livrer à l'étude salutaire de la guerre. Au signal du chef de l'État, le drapeau national se déploie ; les citoyens courent aux armes pour la guerre simulée, dans les grandes cités comme dans le plus petit hameau ; ils se rassemblent sur la place d'armes ou dans la plaine ; l'image de la patrie se lève au milieu d'eux : la voix des officiers retentit ; les soldats se rangent et prennent position. Le *Champ-de-Mai* est ouvert.

Alors commence la marche ; puis viennent les manœuvres, les évolutions, le tir, le campement, l'attaque et la défense ; en un mot le noble et imposant spectacle de la guerre légitime se déroule à tous les regards... Les cœurs se retrempent, les esprits s'exaltent, les âmes grandissent, les passions viles sont oubliées, l'amour de la patrie et le sentiment du devoir transforment ces hommes en héros !...

Après quelques jours d'exercices aussi salutaires pour le corps que pour l'esprit, aussi agréables aux individus qu'utiles à la société, les soldats-citoyens ont fraternisé, mangé, bu, dormi, travaillé, joué ensemble, formé ou renouvelé mille relations d'amitié, de sympathie, d'intérêt, avantageuses pour eux-mêmes et salutaires au bien public; ils sont prêts surtout à sauver la patrie! Le *Champ-de-Mai* est fini. Ils s'inclinent donc devant le drapeau national; ils acclament le chef de l'Etat, poussent des vivats à la nation, confient leurs armes au dépôt militaire et se retirent lentement, avec quelques bons principes de plus, la souplesse dans les membres, la joie dans l'esprit, le patriotisme dans le cœur, et grandis d'une coudée à leurs propres yeux, car ils se sentent des hommes! A leur entrée dans leurs foyers, les larmes viennent aux yeux des vieux parents, les femmes, oubliant les petites querelles de ménage, embrassent leurs époux avec un amour mêlé d'orgueil, les petits enfants sautent autour de leurs pères, s'asseyent sur leurs genoux et leur demandent des récits, car on raconte toujours des histoires au camp...

Quelques heures après, tout est rentré dans le calme habituel; les belliqueuses clameurs ont cessé; les chants de la joie et de l'amour s'élèvent; l'activité règne partout; les champs fertiles ouvrent leur sein fécond; le berger a repris sa houlette; les forêts tombent sous la cognée; les métiers font entendre leur tic-tac; le fer crie sous la lime ou retentit sous le marteau; les machines se meuvent; les rues se remplissent d'allants et de venants; le commerce s'éveille; le lettré reprend ses études solitaires ou ses doctes enseignements ; les hommes de loi font entendre leur parole austère ; le travail règne en tout lieu, et la justice rend de nouveau ses oracles. Les arts utiles de la paix ont remplacé le tumulte formidable de la guerre. Ce pays, qui offrait naguère l'aspect redoutable d'un camp, ressemble à présent à une immense ruche à miel. Les intrépides soldats sont redevenus citoyens !

Telle est l'armée d'un peuple libre ! Telle sera un jour l'armée française !

Alors, elle ne redoutera aucun peuple rival, et cependant elle ne sera point à charge à la France !

Voilà, ce semble, la meilleure réorganisation de l'armée !

Je sens bien que ce travail est imparfait. Mais l'amour de la Patrie sera mon excuse.

Puissions-nous en sauvant la France préserver aussi la civilisation du naufrage !

31 octobre 1866.

A SA MAJESTE L'EMPEREUR.

Coalition du Nord ou alliance de la Russie, de l'Amérique et de la Prusse. Réflexions sur le Mexique [1].

« La vérité vous sauvera. »
(Évang.)

Quelques personnes refusent de croire à l'alliance Prusso-Russo-Américaine. Le soussigné est dans une position trop modeste pour avoir contre cette opinion des pièces officielles en main. Mais, habitué à observer les plus légers indices, exercé à voir les choses par intuition en sondant tous les replis de la nature humaine, il ne craint pas d'affirmer que si cette alliance n'existe pas aujourd'hui, elle se fera certainement demain, car elle est au fond des choses. Le czar de Moscovie, les hobereaux de Berlin, les radicaux d'Amérique sont unis par la conformité des principes, par l'analogie des situations et par la communauté des intérêts.

---

[1] Depuis lors les événements ont marché et rendu inutiles plusieurs appréciations exprimées dans ce mémoire, mais l'ensemble n'en est pas moins pratique encore en ce moment.

1° Les principes des conquérants les unissent, et, sous ce rapport, les radicaux de Washington sont moins scrupuleux que personne, comme ils l'ont assez prouvé en voulant faire au Sud après sa défaite, une situation pire que celle de la Pologne opprimée. Leurs projets, un moment contenus par le bon sens du président Johnson, vont reprendre leur cours, et leur triomphe équivaut pour l'Europe à une déclaration de guerre.

2 L'analogie des situations les rassemble. Ce sont de puissants États militaires et victorieux en face d'États plus faibles et désorganisés.

En Amérique, comme en Prusse et en Russie, le Nord se penche vers le Sud avec la voracité du crocodile qui va saisir sa proie. Pour la Russie, la proie c'est Constantinople et mieux encore: pour la Prusse, c'est l'Allemagne du sud et mieux encore ; pour l'Amérique, c'est l'État Mexicain et mieux encore. La voracité des hommes du nord grandit avec leur butin.

3° La communauté des intérêts les rapproche. En effet, aucun des trois forbans ne peut atteindre son but s'il est isolé. Au contraire, s'il tend la main à ses compagnons de rapines, il croit être le maître de la situation. Son pavillon régnera sur l'Océan et s'emparera du commerce du monde, pendant que ses légions saisiront les Principautés, les Républiques, les Royaumes et les Empires. Tous les trois en sont là. En s'unissant, ils n'ont rien à perdre, ils ont tout à gagner.

Ils vont donc s'unir !

Je vais plus loin.

S'ils sont habiles (et l'on doit toujours supposer l'ennemi habile !) ils vont commencer l'attaque. Ils sont prêts ! Ils n'ont qu'à marcher ! Qui peut les arrêter en ce moment ? La France s'opposerait-elle à eux ? Mais la France est mal armée ; la France n'a pas formé sa Fédération libérale ; la France flotte trop incertaine dans sa politique et ne prend que des demi-mesures, suffisantes pour donner l'éveil à l'ennemi, impuissantes pour atteindre un grand résultat. La France n'étant donc pas prête au combat, qui oserait entrer dans la lice ? Je le répète, si l'ennemi est habile, il serrera ses rangs aujourd'hui, il attaquera demain.

Telle est l'imminence du péril ; telle est l'urgence de la situation ! c'est une aggravation de la Sainte-Alliance !

On me dira : Mais vous conseilliez hier au Gouvernement de notre pays de laisser faire à la Prusse la Confédération du nord ! Ce système de pacification aboutit à un résultat déplorable !

— Certes, je suis trop peu de chose pour prétendre que ma parole ait de l'influence sur le Gouvernement de mon pays. Mais, je dois dire que je n'ai conseillé la paix de Nikolsburg qu'en insistant sur la nécessité préalable, sur la condition *sine quâ non* qu'elle servirait de base écrite à la Fédération européenne contre la Russie.

On ne l'a pas fait; on a dénaturé mon système; on a donné à la Prusse des royaumes sans compensation. A qui la faute? Je l'ignore. Mais à coup sûr, elle n'est pas imputable à celui qui accuse le Gouvernement de manquer d'énergie, d'esprit de suite et de décision, parce qu'il ne se retrempe pas assez dans le peuple, et qu'il s'appuie beaucoup trop sur des hommes que les délices ont amollis. Le second Empire renouvelle sur ce point les erreurs de l'ancien. Dieu veuille qu'il ne l'imite pas dans son tardif repentir!

Oui, la coalition des États conquérants est une aggravation de la Sainte-Alliance.

Chimère! dira-t-on peut-être. — Eh bien! essayez de faire entrer l'un des États dont nous parlons dans la Fédération de l'Europe libérale, unie pour le triomphe des droits et de la nationalité des peuples. Aucun d'eux n'y consentira, pas même l'Union Américaine, qui tient désormais une nouvelle Pologne sous sa main de fer. Or, qui n'est pas avec nous est contre nous! D'ailleurs les faits parlent assez haut.

Dans cet état de choses on veut quitter le Mexique; on parle de tourner le dos à l'Empereur Maximilien, de l'obliger même à abdiquer pour calmer le cabinet de Washington. Je n'examine pas si l'expédition du Mexique fut une faute. Mais, je dis qu'étant données les circonstances présentes, étant posé le fait de l'alliance Russo-Prusso-Américaine, c'est une folie de quitter le Mexique, avant que la situation soit éclaircie; c'est abandonner un poste avantageux d'où l'on peut singulièrement affaiblir l'ennemi, en profitant de ses divisions pour enfoncer un glaive dans ses flancs. Après avoir laissé s'affermir les reins de la Russie, après avoir allongé l'épée de la Prusse, c'est donner une massue à l'Amérique contre nos colonies.

Les radicaux américains aplaniront volontiers les voies à notre départ. Mais aussitôt après, ils entreront à Mexico et proclameront plus haut que jamais la doctrine Monroë. Ils feront mieux que cela ! Leurs escadres viendront aider les hordes Moscovites à faire le siége de Constantinople. On connaît l'audace des Yankees; ils ne sont pas hommes à s'arrêter à mi-chemin pourvu qu'ils y trouvent leur profit. Que ferons-nous alors?

Nous ferons dans de pires conditions cette guerre que nous voulons éviter en ce moment.

Nous ne pouvons donc quitter le Mexique sous la pression des États-Unis, qu'à condition que le cabinet de Washington se portera caution pour nos intérêts engagés, signera un traité d'alliance avec nous, et entrera dans la Confédération de l'Europe libérale.

Probablement il refusera ; et ce sera une preuve de son hostilité contre l'Europe occidentale et de son alliance intime avec la Russie. Dans ce cas, pourquoi livrer aujourd'hui à l'ennemi des positions dont il se servira pour nous foudroyer demain ?

— Mais que faire en Europe en présence des menaces de la Russie contre la Turquie, et des envahissements incessants de la Prusse?

Il faut confédérer promptement et à tout prix l'Europe libérale sous la présidence de la Papauté ! Il n'y a pas d'autre moyen pour défendre l'Occident contre les conquérants qui le menacent à l'extérieur, et contre la révolution non moins imminente à l'intérieur.

— On dira : « Pourquoi mêler la Papauté là-dedans ?

Pourquoi? parce que c'est une garantie contre l'athéisme anti-social, et que la liberté n'est qu'un dissolvant si elle ne s'incline devant Dieu. Que Rome soit libérale ! Nous le voulons tous. Mais qu'elle ne devienne pas anti-chrétienne! Ce serait le plus grand de tous nos périls !

La Fédération de l'Europe libérale n'est pas difficile à organiser dès lors que tous les États de l'Occident ont les intérêts les plus sacrés à défendre en commun.

Mais, pour cela, il faut vouloir avec une indomptable énergie et marcher droit au but.

Je serais bien fâché d'être un prophète de malheur ; mais je suis convaincu que si ce grand remède n'est pas promptement employé, l'avalanche, suspendue sur nos têtes, va nous écraser. Chaque mois, chaque semaine, chaque jour de délai aggrave le péril.

L'Empire peut affermir pour longtemps la paix ébranlée ; il en est temps encore ; mais il n'y a pas une minute à perdre !

Note du 10 juin 1867. — En ce moment, l'armée française est rapatriée ; le Mexique est livré à lui-même ; le parti républicain triomphe de toutes parts ; de sanglantes représailles sont exercées contre les défenseurs de Maximilien d'Autriche : le malheureux prince est devant un conseil de guerre avide de vengeance ; la guerre civile est plus que jamais permanente au Mexique ; la violation de tous les droits est plus que jamais à l'ordre du jour autour de Juarez ; les États-Unis du Nord achèvent *la reconstruction* du Sud par le despotisme militaire et par de terribles lois de compression. Cette partie de l'Amérique n'est-elle pas de plus en plus menaçante et hautaine envers l'Europe ?..

D'autre part, l'Exposition universelle attire à Paris les peuples et les souverains. L'Empereur de Russie et le roi de Prusse y sont venus entourés d'hommes de guerre et de leurs diplomates les plus vantés. La France n'a rien oublié pour leur faire un accueil digne de sa vieille réputation de courtoisie. Mais les affaires ont-elles changé de face pour cela ? L'Europe n'est-elle plus un volcan ? Le ciel est-il serein et tout danger a-t-il disparu ?

Oui, si le roi de Prusse et le Tsar qui personnifient le vieux monde des conquêtes, ont passé dans le camp du nouveau monde de la justice et du droit naturel.

Non, si malgré tous les sourires, toutes les fêtes, toutes les belles paroles, toutes les amabilités, toutes les poignées de main, la force brutale conserve ses adorateurs et si la justice n'a pas encore saisi le sceptre du monde civilisé.

Aucune paix durable, aucune alliance sincère n'est possible entre deux mondes opposés. L'Europe du Nord qui veut tout envahir et tout opprimer, ne pourra jamais s'entendre avec l'Europe de l'Occident et du Sud qui veut par-dessus tout la liberté des peuples. Il n'y a pas assez de place dans le monde pour que ces deux courants contraires puissent s'étendre sans se rencontrer. Le jour où ils seront en présence sur un point quelconque, la lutte éclatera nécessairement ; or, les points de contact ne sont-ils pas nombreux, en ce moment-ci, des bouches du Danube aux rivages de la mer du Nord ? Que faut-il pour mettre le feu aux poudres ? Que faut-il pour faire éclater les myriades de fusils à aiguille et de canons rayés? Que faut-il pour mettre en mouvement les unes contre les autres ces grandes masses d'hommes qui manœuvrent l'arme au bras dans l'Europe entière? Une étincelle, un caprice, une volonté obstinée : or, cela peut éclater à tout moment.

La situation du monde politique est donc fort précaire: le calme n'est qu'apparent et ne produit qu'une température étouffée qui précède un orage.

La Confédération de l'Europe libérale est donc aussi nécessaire que jamais, car, elle seule, peut nous mener promptement à la grande *Ère de la paix*, en attirant à elle ou en renversant tous ses ennemis, et en faisant triompher définitivement le monde nouveau de la justice et du droit.

Note du 20 juin : — Les circonstances actuelles ne sont elles pas très-favorables pour jeter les bases de cette Confédération libérale? Tous les souverains qui sont les alliés naturels de la France vont accourir à Paris au mois de juillet : S. H. le Sultan y viendra à la tête des Princes de l'Islam : LL. MM l'empereur d'Autriche, la reine d'Espagne, les rois de Suède et de Danemark viendront à la fois. Parmi ces têtes couronnées qu'un péril commun, bien plus encore que les merveilles des arts, rassemblent au sein du peuple qui est le défenseur naturel du droit, ne serait-il pas beau de voir la vénérable figure du Pie IX, proclamant l'avénement de *la justice?* Ne serait-il pas beau de voir l'aréopage des rois fondant *l'union des peuples* pour le triomphe de tous les droits? Aucune Œuvre ne saurait illustrer au même degré la dynastie des Napoléons.

Paris, le 15 novembre 1866.

A SA MAJESTE A L'EMPEREUR.

Les deux politiques.

« Paix aux hommes de bonne volonté. »
(*Evang.*)

Dans les graves circonstances où se trouve le monde civilisé, la France ne serait point sage si elle imitait les petits enfants qui croient éviter le danger en fermant les yeux.

Votre Majesté sait mieux que personne que le meilleur moyen de conjurer un péril, si grand qu'il soit, c'est de le considérer froidement, d'un œil intrépide et calme, de concentrer vigoureusement ses forces, et de les jeter sur le côté faible de l'ennemi.

Quelle est la situation?

L'alliance Russo-Prusso-Américaine doit être considérée comme un fait accompli.

Ainsi que je le disais dans un précédent mémoire, l'intérêt ou plutôt une commune ambition rapprochent nos ennemis. Ils sont habiles : donc ils sont unis.

Les indices révélateurs qui apparaissent çà et là ne permettent pas d'en douter.

La coalition du Nord se prépare donc à la lutte ; elle ceint ses reins pour le combat, en tâchant d'amuser l'Occident par les témoignages d'une amitié feinte. Mais au moment opportun, l'orage éclatera comme la foudre. Les moyens employés seront énergiques et dignes des hommes d'action qui sont à la tête de l'entreprise. Les grands armements de la Russie et de la Prusse, les efforts prodigieux des radicaux américains pour s'emparer du pouvoir, et pour donner à la politique de leur pays une plus audacieuse impulsion, montrent assez la vigueur des coups que les ennemis vont porter.

Toutefois ce n'est-là que la moitié de leur programme conquérant.

L'autre moitié consiste à désorganiser les forces des victimes désignées, pour paralyser leur résistance et les détruire plus facilement.

Dans ce but, des agents habiles, consommés dans l'art de feindre et de machiner des complots, sont envoyés dans l'Allemagne du sud, en Autriche, en Turquie, en Espagne, en Italie, en Irlande, au Canada, au Mexique, en France même ! Pendant que d'innombrables légions se disposent à l'assaut, les termites humains préparent la brèche par la sape et la mine. De secrètes largesses sont répandues, dans ce but, et je ne répondrais pas qu'à un moment donné, le bras des sicaires ne s'armât pour accomplir de lâches attentats !

A la faveur de l'incendie qui suivrait, les forbans pilleraient la maison !

A cela que faire ?

Opposer la ruse à la ruse, l'audace à l'audace et courir sus à l'ennemi !

Ici, deux politiques se présentent : la politique divine et la politique humaine.

La politique divine a pour but le règne de Dieu sur la terre, par le triomphe de la vérité, de la justice et du droit, et il est évident que son drapeau porte dans ses plis les destinées du genre humain. Dès lors tous ceux qui veulent diriger les nations, doivent la considérer comme leur étoile. Si nous étudions l'histoire intime des siècles passés, nous verrons qu'il n'est pas un seul homme, ni un seul peuple qui ait suivi persévéramment cette étoile, sans obtenir, malgré les défaillances inséparables de l'humanité, une somme de gloire, de prospérité, de bonheur proportionnée à ses efforts et à son bon vouloir.

La politique humaine a pour but le triomphe de cette philosophie pratique, qui, réduisant l'égoïsme en système, regarde la société comme une guerre de ruse, le succès comme la règle du juste et de l'injuste, le monde comme le patrimoine du plus fourbe et du plus adroit.

La politique divine met au premier plan les intérêts moraux et intellectuels de l'humanité, et proclame hautement que le cœur et la tête de l'homme étant convenablement dirigés, tout le reste ira de soi.

La politique humaine met au-dessus de tout les intérêts matériels, et pourvu que l'or afflue dans les caisses des boursiers, pourvu que la rente soit au pair, pourvu que de nouveaux débouchés s'ouvrent au commerce et à l'industrie, elle trouve que tout va pour le mieux dans le meilleur des mondes possibles.

La politique divine dit que l'homme ne vit pas seulement de pain ; elle veut qu'il progresse sans cesse sous l'œil de Dieu, et qu'il arrive au bonheur par la vertu. A cette condition elle lui promet la paix : *pax hominibus bonæ voluntatis!*

La politique humaine veut que la société progresse sans culte, sans temple, sans Dieu, et par conséquent sans principes fixes, sans autorité certaine, sans aucun centre de ralliement. C'est la politique des passions humaines, de l'égoïsme, de la jalousie, de la haine et des guerres sans fin.

La politique divine prend aujourd'hui pour base la civilisation chrétienne, alliée à la démocratie. Elle a pour but la Confédération des nations autour de la papauté comme médiatrice de paix : elle tend la main à tous les peuples opprimés et défend partout la justice et le droit.

C'est la politique des *Croyants* dont la force morale est immense.

La politique humaine consiste à louvoyer sans boussole, à ne consulter que les besoins du moment, à séparer les intérêts du Gouvernement de ceux de la nation, en cumulant les faveurs entre les mains de quelques individualités puissantes dont le bien public est le moindre souci, et l'égoïsme la suprême loi.

C'est la politique *des Mécréants*, des coteries sans principes, sans morale, sans grandeur, sans avenir, qui ne voient dans le gouvernement des hommes qu'une immense et lucrative exploitation.

Si la première politique est adoptée, nous arriverons bientôt au triomphe général de la civilisation et de la paix, sans secousse intérieure, sans désordre social, et nous n'aurons à supporter que la lutte inévitable contre les conquérants ennemis de tous les droits.

Si la seconde politique triomphe, nous ne tarderons pas à voir apparaître le spectre de la Terreur et les saturnales de la déesse Raison, avec leur dégoûtant cortége. La France toute saignante sera humiliée par l'étranger ; le progrès social sera retardé pour longtemps, et l'Europe frappée de mille fléaux à la fois. La civilisation chrétienne finira bien par triompher, il est vrai, car son triomphe est écrit au ciel. Mais la société n'arrivera à la grande Ère de paix que par un long et douloureux circuit.

Il faut donc opter entre ces deux politiques. La France ayant à remplir le principal rôle dans la grande œuvre de la civilisation de l'univers, a tout à la fois l'honneur et la responsabilité du choix.

Si elle accepte la politique divine, la politique du triomphe de la civilisation chrétienne, d'abondantes bénédictions seront sa récompense : elle deviendra la reine des nations.

Mais si elle choisit la politique de l'athéisme et des passions humaines, de terribles châtiments suivront de près sa faute.

Nous touchons à tout cela. C'est le moment de prendre une grande et solennelle décision.

Sire, pour le bonheur de Votre Majesté Impériale et l'avenir de notre patrie, fasse la clémence du ciel que cette décision soit la meilleure !

Je terminerai par cette belle pensée de M. de Bonald : « La vraie politique fait peu pour les » plaisirs du peuple, beaucoup pour ses intérêts, » et tout pour sa vertu ! »

Tel est aussi mon humble avis.

Paris, 27 novembre 1866.

A SA MAJESTE L'EMPEREUR.

Le salut de l'Empire. Situation intérieure.

> « *Lucet, non nocet (veritas).* »
> « Elle éclaire et ne nuit pas. »

« Veillons au salut de l'Empire ! »

Mais l'Empire est donc en danger ?

Oui. Pourquoi ne pas le dire tout net ? Ne vaut-il pas mieux voir le péril et l'éviter que de fermer les yeux et de se briser contre les écueils ? Les hommes clairvoyants, soit amis, soit ennemis du Gouvernement, sont unanimes à dire sinon tout haut, du moins tout bas : « Les affaires vont mal :
» des nuages noirs s'amoncellent au dehors : tout
» le monde est dans le malaise au dedans. Si nous
» évitons le désastre du vivant de l'Empereur, que
» deviendrons-nous après lui ?

Les alarmes du peuple vont au-delà de la réalité comme toujours : mais enfin il s'inquiète, et le marasme le gagne peu à peu.

Quelles sont donc les causes de cette situation ?

Je demande pardon à Votre Majesté Impériale de parler nettement; c'est le seul moyen de trouver le remède. Mes paroles provoqueront peut-être de vives protestations parmi les conseillers du trône ; mais je prie Votre Majesté de croire que je frappe juste et que je pose solidement le doigt sur la plaie.

Pourquoi ce peuple français qui acclamait l'Empire, il y a quinze ans, à une immense majorité, et qui témoignait tant de confiance à son Gouvernement, s'en éloigne-t-il aujourd'hui de plus en plus, au point d'exciter de légitimes inquiétudes ?

§ I

La principale raison en est que ce peuple, gravement atteint dans ses intérêts par la révolution inouïe qui s'est opérée dans le mouvement des capitaux, et par la rupture de l'équilibre financier entre les diverses classes de la société, s'imagine « que l'Empereur, pour se faire des amis, a livré la
» nation à l'avidité d'une puissante *camarilla*,
» d'une autocratie financière qui attire tout à elle et
» qui tend à modeler la France sur l'Angleterre, où
» un petit nombre de familles réunissent de colos-
» sales fortunes et se réservent tous les emplois éle-
» vés, tous les avantages sociaux, tandis que le
» peuple appauvri garde à peine un os à ronger. »

Voilà dans son énergique crudité le langage du peuple. Et je n'ai pas besoin de dire les méfiances, l'irritation, la colère concentrée mais profonde qui s'empare de lui et qui peut, à un moment donné, le faire éclater en accès de fureur et de rage.

Voilà franchement la première et la principale cause de l'impopularité croissante du Gouvernement : elle contient les germes d'une guerre sociale, et il n'en faudrait pas beaucoup pour mettre le feu aux poudres et pour faire sauter les mines.

§ II

A cela se joint de la part du peuple un grand désappointement.

En offrant la couronne à l'Empereur, il croyait se couronner lui-même. Il se disait : « L'Empe-
» reur, élu par le peuple, protégera le peuple, il
» s'appuiera sur le peuple, il appellera autour de
» lui, dans ses conseils, dans son palais et à la
» tête des affaires des enfants du peuple. Ce sera
» donc le peuple qui se gouvernera lui-même, et
» ses intérêts seront sauvegardés. Tout en étant
» fort, le pouvoir sera populaire, et tout ira pour
» le mieux. »

Or, le peuple se plaint de ce qu'il n'en est point ainsi, de ce que tous les hauts emplois sont donnés à la naissance, à la richesse, à la protection, à la flatterie, comme sous les princes de droit divin. Il se dit tristement : « Le mérite ne
» sert de rien aujourd'hui : c'est l'argent et la

» protection qui font tout : tous les inconvénients
» de la société retombent sur moi, et tous les avan-
» tages sont pour les grands. Je suis bien peu de
» chose ; mais pour peu que cela dure, je ne serai
» plus rien ; ça ne peut pas aller ainsi !... »

Voilà ce que dit le peuple en murmurant.

III

Le troisième grief du peuple, c'est l'inégale répartition de l'impôt.

L'impôt n'est pas proportionnel aux revenus, et comme il retombe principalement sur la propriété foncière et sur l'industrie, il en résulte que la portion du peuple la plus énergique, la plus nombreuse, la plus patriotique, la plus honnête et la plus méritante, la classe des petits propriétaires, des petits industriels et des travailleurs est écrasée. La rupture de l'équilibre financier et l'augmentation du prix de toutes choses, excepté des produits agricoles, ont aggravé le mal jusqu'à pousser les petits cultivateurs à une sorte d'abattement et de désespoir, qui peut aisément se changer en frénésie redoutable.

Le petit propriétaire paye beaucoup plus cher qu'autrefois pour s'entretenir lui-même et sa famille, plus cher pour l'exploitation de son terrain, plus cher aussi pour ses contributions. Cependant son revenu est loin d'avoir augmenté de même. De là un déficit constant et inévitable qu'un orage, une inondation, un accident changent facilement en désastre.

Dans les années ordinaires, les propriétés peu fertiles payent environ un huitième de leur produit net à l'État. Mais dans les années calamiteuses, l'impôt s'élève souvent bien au-delà du revenu net, et le petit propriétaire est réduit à vivre de ses économies ou de ses dettes.

A ce point de vue, l'impôt actuel est bien plus onéreux que l'ancienne dîme seigneuriale, qui était toujours proportionnée au produit réel.

Là-dessus le petit peuple se demande pourquoi le rentier, pourquoi le financier, dont les revenus sont beaucoup plus considérables, plus assurés et plus nets que les siens, ne contribueraient pas à l'impôt proportionnellement à leurs rentes.

Il insiste aussi sur les emprunts d'État, et il dit : « Quand le Gouvernement est embarrassé, il
» fait un emprunt national qui est couvert en ma-
» jeure partie par la classe financière et commer-
» çante. Celle-ci profite donc spécialement des
» avantages de l'emprunt. Or, qui supporte les
» charges de cet emprunt, qui en paye les intérêts ?
» C'est le Trésor public alimenté surtout par la
» propriété foncière ; et, par conséquent, c'est
» encore le petit propriétaire qui participe spécia-
» lement aux inconvénients de la chose sans en
» toucher les bénéfices.

» Cela n'est-il pas anormal?

» Que l'impôt soit donc proportionnel aux re-
» venus et aux rentes! Tout autre système est
» injuste, tyrannique, rétrograde, car il consacre
» le privilége de quelques-uns au détriment de
» tous, et l'exploitation abusive de l'homme par
» l'homme. »

Ainsi parle le peuple.

J'avoue qu'il a raison, et il est à craindre qu'en refusant de lui rendre justice, on ne le pousse à prendre de vive force ce qu'on devrait lui accorder de plein gré.

Voilà l'exacte vérité, en dépit de tous les sophismes de ceux qui ont intérêt à l'obscurcir!

IV

Mais les hautes classes de la société du moins doivent être contentes?

Nullement.

Elles profitent, s'il y a lieu, des bienfaits de l'Empire, et puis tout s'arrête là.

Parmi les familles opulentes, celles-là regrettent la branche aînée; celles-ci, la branche cadette; les autres, je ne sais quoi. Beaucoup enfin s'irritent au sujet des affaires de Rome et de l'invasion croissante des doctrines sensualistes, dont elles rejettent toute la responsabilité sur le Gouvernement. Bref, dans les classes aisées, il ne reste guère pour soutenir l'Empire que les officiers, les employés et les financiers. Mais, les militaires à part, la masse de ces gens-là se garderait bien de se faire tuer pour l'Empereur. Ils n'ont pas oublié la vieille maxime des bourgeois de Paris au xvi⁵ siècle :

« Le sage crie selon les temps : Vive le Roi! Vive la Ligue! »

V

Cependant, dira-t-on, les élections des départements montrent que le Gouvernement compte encore de nombreux adhérents.

Mon Dieu! Ne se fait-on pas illusion? Il faut tenir compte de la pression exercée à outrance sur les masses par les employés de l'État.

Le Gouvernement a conservé des adhérents nombreux, il est vrai; mais il en perd tous les jours, et parmi ceux qui restent, plusieurs sont douteux, d'autres sont timides ou intéressés. Le vrai dévoûment et l'affection sont bien rares. Si le danger venait, beaucoup de flatteurs ne penseraient qu'à eux.

La confiance a donc baissé ; il y aurait aveuglement à le nier.

Telle est la vérité!

Je l'ai dite sans feinte et sans détours, Sire, parce qu'un autre langage serait indigne de Vous et de moi.

VI

Maintenant, suis-je d'avis que le mal est sans remède et que, pour employer une expression banale, « il faut jeter le manche après la cognée? »

Point du tout. Un homme d'action ne perd pas si aisément la tête. Mais il ne faut pas non plus s'endormir. Il faut à tout prix regagner la confiance de la nation.

Or, il n'y a que deux moyens efficaces d'y parvenir.

1° Il faut faire droit aux griefs légitimes du peuple; réparer les erreurs, les injustices et les abus; ouvrir largement la voie des honneurs et des emplois publics à tout homme de mérite, roturier, paysan, quel qu'il soit, n'eût-il ni sou ni maille, ni aucun de ces diplômes trop vantés auxquels ne peut jamais prétendre la pauvreté des enfants du peuple.

— Mais alors, nous deviendrons révolutionnaires! dira quelqu'un.

— Pas du tout! Vous deviendrez populaires et progressistes dans le vrai sens du mot. L'Empire, issu du peuple, doit s'appuyer sur les robustes épaules du peuple. Hors de là, il est un non-sens. Tel qui lui fait la patte de velours aujourd'hui sera le premier à lui donner le crocen-jambes et à le repousser, quand il y trouvera son intérêt.

2° Il faut lancer le pays dans une grande entreprise nationale. Or, je ne crois pas qu'on en puisse trouver d'aussi noble, d'aussi juste, d'aussi glorieuse, d'aussi utile aux intérêts de la France, d'aussi favorable à l'ordre social et à l'avenir de l'humanité, que la croisade de l'Europe chrétienne et libérale contre la barbarie. Cette grande œuvre produira des héros et tournera vers un but salutaire toutes les forces vives de la nation.

Ceci n'est pas simplement une affaire d'opinion. C'est une nécessité de l'époque. C'est une question de vie ou de mort. C'est le salut de l'Empire !

Voilà la vérité ! Je la devais au Gouvernement de mon pays.

Pour la faire triompher, Votre Majesté n'a qu'à s'entourer d'hommes qui croient à cette vérité, qui aiment cette vérité, qui sachent vivre et mourir pour cette vérité !

Sans cela, il n'y aura que tâtonnements, faiblesse, hésitation, politique de bascule, de juste-milieu et d'entre-deux, qui aboutira fatalement aux chausse-trappes et aux abîmes !

J'ai fini, Sire ! Et mon cœur me dit que j'ai servi la France, et que j'ai bien mérité de Votre Majesté.

Paris, le 12 décembre 1866.

A SA MAJESTE L'EMPEREUR.

La Papauté à Jérusalem.

I

« L'homme s'agite et Dieu le mène ! »

Maxime antique, mais toujours neuve et toujours vraie !

Au milieu des graves événements qui s'accomplissent aujourd'hui, l'homme d'État qui ne veut point bâtir sur le sable doit, avant tout, tâcher de saisir le secret de la politique divine pour y conformer ses plans. C'est le seul moyen de donner la vie à tout ce qu'il touche et de travailler pour l'immortalité.

Or, aujourd'hui, quel est le dessein du ciel, au milieu du fracas des trônes qui s'écroulent, des armées qui se heurtent, des nations qui s'élèvent ou agonisent, du prodigieux travail de transformation qui atteint les lois, les mœurs, les principes et les droits, et de ce frémissement étrange qui, en agitant l'humanité dans ses fibres les plus intimes, la jette dans l'attente de quelque chose d'inconnu, de mystérieux, et de grand ?

En mettant en contact tous les peuples du monde, Dieu a pour but de les faire fraterniser, de les fusionner, de les unir pour les civiliser et les sauver. Mais pour que tout cela ne soit pas un leurre, et pour que cette immense fusion ne se tourne pas en fléau, en désastre, en anarchie, en chaos, Dieu veut aussi que les principes sociaux soient plus que jamais proclamés ; que le droit soit mieux que jamais défendu ; que l'âme de la civilisation soit plus puissante que jamais. En un mot, il veut que le christianisme triomphe et que l'on puisse dire mieux que jamais : « *Christus regnat, vincit, imperat !* »

Voilà la politique divine, et rien ne pourra prévaloir contre elle.

II

Au moment où la question romaine, qui en est un corollaire direct, tient le monde dans l'attente et dans une vague inquiétude, je crois opportun de soumettre à la haute appréciation de Votre Majesté Impériale une solution que je médite depuis longtemps.

Quand la cité romaine était le centre d'un grand Empire, et que le Capitole était la tête du polythéisme païen ; quand les ennemis du Christ faisaient trembler la catholicité et promenaient le croissant vainqueur de l'Indus à la Loire; quand l'Europe chrétienne sortant lentement des langes de son enfance et des douloureuses luttes de son adolescence, concentrait la civilisation autour du grand lac Méditerranéen, il y avait sagesse à maintenir à Rome le quartier-général des héros chrétiens.

Mais aujourd'hui que la civilisation européenne étend ses relations, ses colonies, son pouvoir prépondérant jusqu'aux extrémités du monde, le christianisme, qui en est l'âme, doit tendre à éclairer les grandes nations sémitiques et à rapprocher sa capitale de leurs immenses possessions.

Dans de récents mémoires, j'ai proposé à Votre Majesté de faire de Rome, neutralisée sous la protection des puissances chrétiennes, la tête de la Fédération Européenne.

C'était là une étape dans ma pensée; une étape qui devait nous mener à la paix de l'Europe et à la défaite de la conquérante Russie. En effet, Rome est logiquement la capitale des nations latines libres et confédérées.

Mais aujourd'hui que le théâtre s'agrandit, que les Grecs s'insurgent, que l'Amérique intervient, que le Tzar a conquis la Tartarie, que les événements se précipitent, que la question européenne devient asiatique et américaine, et qu'il faut faire entrer l'univers entier dans nos plans, pour n'avoir pas bientôt à y revenir, je viens dire à Votre Majesté Impériale, avec toute la fermeté d'une vieille conviction :

« Jérusalem doit être, selon la politique divine, la capitale du monde renouvelé.

» La Judée doit servir de base à la France pour la solution de ce Nœud Gordien qui enlace l'univers ! »

III.

En voici d'abord les raisons.

1° Fondée par les patriarches, célébrée par les prophètes, purifiée par le sang du Sauveur, vénérée par les brahmes de l'Inde, par les lamas du Thibet et par les sages de la Chine ; chérie par les Chrétiens, les Mahométans et les Juifs, Jérusalem (en hébreu, *la vision de paix*) est la Ville sainte par excellence. C'est elle qui doit être le cœur du monde pacifié. C'est de là que la vérité, la sagesse, la civilisation, le progrès, la paix universelle doivent illuminer le genre humain !

2° Les grandes nations de l'Asie et les nombreuses tribus de l'Afrique, ces esclaves séculaires des vieilles traditions, n'accepteront la civilisation chrétienne que lorsqu'elle viendra de la plus ancienne et de la plus vénérable cité de l'univers. Sans quoi, leurs sages feront toujours à nos apôtres et à nos écrivains cette réponse des prêtres de Saïs

à Platon et aux philosophes grecs : « Vous étiez
» encore des enfants quand notre sagesse était
» déjà blanchie par l'âge. »

3° Le schisme grec ne perdra qu'alors son point d'appui, qui est la jalousie contre la grande métropole latine, et n'aura plus sa raison d'être.

4° Les conquérants russes recevront là un coup décisif, et le nerf principal de la diplomatie des tzars sera coupé pour jamais.

Nous aurons ainsi notablement atténué la grande guerre politico-religieuse qui déjà gronde à l'horizon et qui est inévitable dans un avenir peu éloigné.

5° Les vieilles religions de l'Asie et de l'Afrique ne résisteront pas au foyer brûlant du christianisme, posé contre leurs flancs vermoulus, et les nations qu'elles tiennent constamment dans un état de haine et d'hostilité contre l'Europe, nous tendront la main, ce qui sera pour tous un incalculable bienfait.

6° Du reste, grâce à la vapeur et à l'électricité, Jérusalem ne sera pas plus éloignée de la jeune France que Rome ne l'était de l'ancienne.

La Papauté recevra la Judée de la main de l'Empereur des Francs, comme elle en reçut autrefois Rome et la Pentapole. Les liens d'amitié qui unissent la fille aînée de l'Église avec sa mère et que le temps avait affaiblis, seront renouvelés et affermis. Or, *père et mère honoreras.....*

7° L'influence de la France grandira de tous les succès des apôtres catholiques et ralliera bientôt tout l'Orient.

8° Une foule de juifs, de mahométans et de païens se rallieront à nous, en voyant s'accomplir les vieilles traditions qui leur annoncent la triomphante arrivée des Francs en Orient vers ce temps-ci.

9° La Judée sera le meilleur point d'appui de la France dans ces contrées, qui, par le percement de l'isthme de Suez, vont devenir le caravansérail du commerce du monde et le rendez-vous des nations.

La mesure est donc excellente au point de vue religieux, politique, commercial et humanitaire.

IV.

Voici maintenant les moyens.

1° La question romaine étant à son paroxysme, il ne faut rien brusquer, mais temporiser et négocier activement dans le plus grand secret. La négociation doit être conduite avec beaucoup de vigilance et d'habileté auprès de la Sublime-Porte ; avec beaucoup de tact, de douceur et de respect auprès du Souverain-Pontife.

Il faut absolument que l'Italie attende avec calme. Il faut absolument que le Sultan fasse à la France cadeau de la Judée. L'appui matériel qu'il a reçu en 1854, et l'appui moral qu'il reçoit encore en ce moment, lui en font un devoir.

Le Sultan cédera, si on s'y prend bien [1].

2° Aussitôt la cession effectuée, la France offrira au pape la Judée sous sa protection efficace et réelle, et laissera courir les événements en les dirigeant en secret, de manière à laisser à l'Italie toute la responsabilité du «*nolumus hunc regnare super nos.* »

Ceci est essentiel pour ménager la mission de la France et la dignité du Souverain-Pontife.

Sa Sainteté sortant de Rome aimera mieux aller à Jérusalem que partout ailleurs, si elle sent qu'elle y sera efficacement protégée.

3° Le meilleur moyen d'aplanir tous les obstacles serait d'annoncer franchement, en secret d'abord et aux intéressés seuls, puis publiquement et avec éclat, qu'il s'agit d'accomplir un grand dessein, et de confédérer, autour de la personne vénérée du pape à Jérusalem, toutes les nations de l'Univers civilisé, pour inaugurer enfin *l'ère de la paix universelle.*

V.

— On dira : Mais c'est une utopie, c'est un rêve brillant et creux.

---

[1] Son voyage à Paris n'est-il pas une occasion éminemment favorable? Et Pie IX, de son côté, ne pourrait-il pas consulter les évêques de l'Univers réunis à Rome en ce moment?

— Eh bien! non! ce n'est pas une utopie! Le monde marche à grands pas vers ce but. Il y a sagesse à le lui dire et mérite à l'y pousser. L'entreprise est possible et même facile avec de l'habileté. L'Humanité est plus accessible qu'on ne croit aux nobles idées. Elle court au-devant de l'homme de génie, et finit toujours par tomber à ses pieds et par se jeter dans ses bras.

Pour accomplir toutes ces choses avant dix ans, Votre Majesté n'a qu'une chose à faire : *Oser! et s'entourer de héros!*

— Quelque politique myope s'écriera peut-être : « Mais pourquoi mêler la France là-dedans ? Pourquoi ne pas rester tranquilles chez nous? »

— Pourquoi? Le voici.

La France a été faite jadis par le christianisme. Le drapeau du Christ est le palladium de sa gloire et de ses destinées. Le lui enlever, c'est la démolir; c'est faire de la nation des apôtres et des héros, un peuple de viveurs et de fous, un troupeau de brutes et de bêtes fauves que le fouet d'un Attila pourra seul corriger. *Si vous ne voulez pas le pillage et le fouet, Messieurs, défendez le palladium :* il n'y a pas de milieu!

Sire, permettez-moi encore un mot : on accuse Votre Majesté de perdre la religion et la France! Faites-les grandes comme le monde! Les héros sont tout-puissants, quand ils se confient en Dieu!

A M. le Baron HAUSSMANN, Sénateur,
Préfet de la Seine.

Paris, le 29 décembre 1866.

Monsieur le Sénateur,

Votre dévoûment bien connu pour l'Empereur engage le soussigné à s'adresser à vous avec confiance pour une affaire nationale.

Depuis près de vingt ans il travaille à une œuvre, qui a pour but *la Fédération de l'Europe libérale et la Civilisation de l'univers ;* mais sa modeste position l'empêchant de donner à son œuvre la vigoureuse impulsion qui peut seule la mener rapidement à bonne fin, il a offert plusieurs mémoires à Sa Majesté l'Empereur pour lui exposer ses plans, et le prier de prendre en main la haute direction d'une entreprise qui rendrait la France la reine des nations.

Or, il est difficile aux simples citoyens de faire parvenir quelque chose à l'Empereur ! Tout s'arrête dans les bureaux du cabinet, par la négligence ou le mauvais vouloir des employés subalternes !

Cependant, comme les tempêtes menacent

d'envelopper la patrie, le soussigné ne peut rester tranquille, et il vient vous prier, Monsieur le Baron, au nom de votre amour pour l'Empereur et pour le pays, de vouloir bien faire parvenir à sa haute destination le mémoire ci-joint sur la question d'Orient.

Autrefois un homme fort incapable se faisait recevoir partout, en disant : « Ouvrez! c'est la » fortune de la France! »

C'était la fortune de Crécy qui passait; et elle était bien accueillie parce que le roi la portait dans les plis de son manteau.

Il est pénible de penser qu'aujourd'hui un fidèle sujet se présente avec un projet utile, en disant : « Ouvrez! c'est la fortune de la France! » Cette fortune c'est l'empire du monde! Mais toutes les portes restent closes, parce que c'est un simple citoyen qui vient l'offrir.

Hélas! sommes-nous donc encore les Français de Crécy?...

Monsieur le Baron, pardonnez cette parole à ma profonde douleur. Il est si pénible de ne pouvoir pas être utile à son pays, et de voir les nations voisines se pavaner arrogamment, quand on a dans les mains les moyens de les confondre!

Permettez du moins au soussigné d'espérer qu'il trouvera auprès de vous un bienveillant accueil;

Et daignez agréer les sentiments de loyauté avec lesquels il a l'honneur d'être bien respectueusement,

  Monsieur le Sénateur,

    Votre très-obéissant serviteur.

Paris, 29 décembre 1866.

A SA MAJESTÉ L'EMPEREUR.

La Turquie ou la question d'Orient. — Mission de la France[1].

> « *Quis sicut Dominus Deus noster, qui in altis habitat ?* » (Liv. des Psaumes.)

Une bonne solution de la question d'Orient est le complément nécessaire de la translation de la Papauté à Jérusalem.

C'est une des mailles les plus embrouillées du Nœud Gordien qui enlace l'Europe à cette heure. En présence des complications qui surgissent de toutes parts, l'homme d'État qui a foi dans la mission de la France, dans l'avenir de l'humanité, et, par dessus tout, dans la protection du Ciel, a besoin de retremper son courage et de se dire : « *Sursùm corda !* »

L'héroïsme, en effet, sera toujours le talisman de la victoire!

Sire, Votre Majesté, qui connaît les hommes et les choses mieux que moi, sait qu'à l'heure des

---

[1] Ce mémoire a été adressé à l'Empereur par l'intermédiaire de M. le baron Haussmann, Sénateur et Préfet de la Seine.

grands périls, au moment où les âmes ordinaires se troublent, où les gens timides font entendre les conseils de la peur, les âmes supérieures s'illuminent et s'exaltent, les héros paraissent dans leur force, les croyants se lèvent pleins de confiance en Dieu et sauvent les empires !

La vérité plaît aux âmes fortes, et la tolérance du sage Monarque qui permet à l'un de ses plus humbles sujets de lui parler franchement, vaut mieux que les lauriers du vainqueur de Solferino. Je dirai donc encore la vérité aujourd'hui.

I.

L'heure du danger s'approche.

Les ennemis-de l'Empire escomptent telle ou telle éventualité comme une redoutable échéance. Voulez-vous tromper leur attente ? Comptez sur Dieu et arborez fièrement le drapeau des *Croyants civilisateurs !*

Voilà le palladium de notre France ! Avec lui, l'Empire sera invincible et immortel comme le phénix égyptien ! Ce drapeau n'est point un signe d'intolérance et de persécution, mais un symbole de paix, d'union et de liberté sage qui doit rallier tous les enfants du vrai Dieu. C'est l'esprit de l'Evangile dans sa noble simplicité, débarrassé du langage des passions humaines.

Cet esprit m'inspire aujourd'hui de parler

sur la Turquie, non pas comme un sectaire qui veut détruire une race ennemie, mais avec le calme qui convient à un philanthrope, à un chrétien, à un civilisateur.

II

Deux hypothèses se présentent relativement à l'Empire Turc.

Il est guérissable ou incurable.

Je vais examiner avec précision l'un et l'autre cas.

III

Première hypothèse : il est guérissable.

Le régime démocratique de l'Occident, sagement appliqué dans la mesure des dispositions des peuples de cet empire, est le seul moyen de le régénérer. Mais il faut se hâter d'appliquer le remède, pour qu'une violente crise n'enlève pas tout espoir. Toutefois, de grands obstacles sont à vaincre :

1° L'antipathie naturelle qui anime les Turcs et les Grecs, par suite des triomphes passés des uns et des longues humiliations des autres ;

2° L'ambition envahissante de la Russie, de la maison de Hohenzollern et de quelques petites Dynasties ;

3° L'apathie, l'immobilité et le traditionalisme

habituels aux Turcs comme à tous les peuples sémitiques.

Voici les meilleurs moyens que j'ai trouvés pour éliminer tout cela.

1° On mettra en mouvement l'immobilité fataliste des Turcs, en leur montrant toute la grandeur du péril, en leur faisant entrevoir le salut, et en leur forçant un peu la main.

2° L'ambition russo-prussienne sera vaincue diplomatiquement d'abord et militairement au besoin par la Confédération de l'Europe libérale. Si l'Angleterre se fait prier, on se passera d'elle, *sans la froisser*. Il sera aisé d'obtenir le concours de l'Italie, de l'Autriche et de l'Espagne.

3° Le fanatisme religieux et l'antipathie des races seront notablement affaiblis par une large application des libertés occidentales. Le *salus populi* rendra Turcs et Grecs plus accommodants. La presse propagera le plus possible les idées de tolérance et de fusion[1].

IV

Seconde hypothèse : L'Empire ottoman est incurable.

— Dans cette seconde hypothèse, la diplomatie

---

[1] Le parti *constitutionnel Turc*, dirigé habilement par le prince Mustapha-Fazil, peut être d'un grand secours en ce moment décisif.

de la France doit agir dès à présent avec une fermeté sage et habile, pour gagner les Grecs, en leur faisant accorder de libérales concessions par le Sultan, et pour gagner les Turcs, en leur aidant à résister à la pression Moscovite.

La mission civilisatrice de la France l'oblige à respecter autant la nationalité des Turcs que celle des Grecs. Sa médiation aurait en outre pour but de se faire charger au besoin par le Sultan de liquider sa Monarchie ruinée, et d'en sauver les débris. Il est clair, en effet, que si, malgré les soins d'une cordiale amitié, la Turquie est blessée à mort, elle invoquera le patronage de la France, son alliée. La France alors devra faire la liquidation d'une main ferme et habile. Elle aura soin de se faire la part du lion, tout en protégeant les débris de la nation turque; et de garder la suzeraineté de Tripoli, de Tunis, de l'Égypte et de la Syrie.

Pour apaiser la jalousie de l'Europe, le drapeau de la Confédération civilisatrice flottera sur le littoral africain à côté du drapeau français; et ce pays réorganisé entrera dans la Confédération.

Quant aux provinces que la France ne pourrait pas occuper de la sorte, on formerait avec celles d'Europe un Empire chrétien, ayant pour capitale Constantinople; et avec celles d'Asie, un État musulman restreint auquel on imposerait la législation de la Confédération civilisatrice, dont il ferait partie. Si le Sultan ne pouvait ou ne voulait pas en garder le Gouvernement, on lui assurerait une splendide retraite.

Mais pour tout cela, il faut se hâter!

V.

Résultats. — Les résultats de cette politique seront incalculables.

1° La France obtiendra d'un seul coup la suzeraineté de tout le littoral du nord de l'Afrique. — Ce sera une triomphante campagne d'Égypte accomplie sans tirer l'épée!

2° La lutte de l'Algérie musulmane contre nous sera terminée. Après ce grand service, les disciples de Mahomet ne verront plus que des frères dans les soldats civilisateurs du Christ.

3° Par l'ascendant croissant de ses principes, la France sera ainsi la Reine des nations.

4° La France d'Orient, ou la Judée papale et française, sera liée à la France d'Occident par tout le littoral africain, où notre drapeau civilisateur sera gardé par des troupes d'élite.

5° Jérusalem redevenue française tendra la main à tous les peuples de l'univers. Cette noble cité, si longtemps veuve et désolée, deviendra le rendez-vous des nations, le sanctuaire vénéré de la civilisation moderne, la mère des hommes et la fille de Dieu.

6° Les Grecs ne voudront être ni Russes, ni

Prussiens, dès qu'ils se verront libres. Ils entreront volontiers dans l'Église latine, leur libératrice.

7° La question Européenne sera presque terminée, la question d'Afrique notablement avancée, la question d'Asie heureusement ouverte.

8° La Pologne sera promptement relevée ; le monde Tartare, Hindou et Chinois, habilement travaillé ; les Nègres et les Cafres, rapidement morigénés.

9° La France indocile et frivole, mais toujours généreuse et enthousiaste, tombera aux pieds de son Empereur pour l'aider dans ses vastes desseins et recevoir les honneurs dus à la Reine des nations.

VI

Ah ! Sire, ayez donc confiance et saisissez d'une main ferme le Labarum des civilisateurs !

J'en jure par le ciel ! Tout sera sauvé : les croyants seront vainqueurs ; et bientôt l'Univers civilisé, régénéré, pacifié, tombera aux pieds du vrai Dieu et s'écriera plein de reconnaissance et d'allégresse : *Quis sicut dominus Deus noster, qui in altis habitat et humilia respicit in cœlo et in terra?*

Paris, le 22 janvier 1867.

A L'EMPEREUR.

L'alliance Franco-Américaine. Question des colonies. La greffe humaine.

« Εὕρηκα ! »
(Archimède.)

I.

J'ai longtemps médité sur le moyen de dissoudre l'alliance dangereuse de la jeune Amérique avec la Russie. C'était difficile ! Mais je crois pouvoir dire avec confiance à Votre Majesté : « Je l'ai trouvé ! Εὕρηκα ! » Au lieu de la coalition Américo-Russe, nous aurons l'alliance *Franco-Américaine !*

Voici comment.

II.

Ce qui sépare surtout les États-Unis de la France, c'est la doctrine Monroë, basée sur la méfiance et l'hostilité du Nouveau-Monde envers l'ancien. Or, en la disséquant avec calme, il devient évident qu'il y a moyen de la rendre française, et de prouver aux Américains que la France civilisatrice ne sera jamais opposée aux légitimes aspirations des peuples.

En effet, la doctrine Monroë entendue dans ce sens, qu'en aucun cas et pour aucun motif l'Europe n'a le doit d'intervenir en Amérique, est fausse et chimérique, parce qu'elle est opposée à la raison, qui veut qu'en vertu de la fraternité et de la solidarité humaines, une puissance quelconque ait non-seulement le droit, mais le devoir d'intervenir chez une autre, pour l'obliger à respecter les premiers principes du droit naturel ou social.

Un État républicain n'aura pas de peine à sacrifier une doctrine anti-progressiste et anti-humanitaire, si on le prend par la persuasion.

Mais, entendue dans ce sens que l'Amérique doit être laissée libre et maîtresse de ses destinées, dans la mesure qui ne blessera pas l'harmonie générale du monde, et que, par conséquent, les colonies européennes doivent être émancipées peu à peu par leurs métropoles respectives, la doctrine Monroë devient parfaitement conforme au principe des nationalités et au véritable progrès.

A ce point de vue, la doctrine Monroë est

utile et sage : je vais plus loin : *il faut l'appliquer au monde entier!*

On objectera que nous allons perdre nos colonies, ruiner notre commerce; que les Français eux-mêmes n'avaleront jamais cette grosse pilule qui leur ferait évacuer l'Asie, l'Afrique, l'Amérique, l'Océanie et réduirait la France à sa plus chétive expression.

Mais un moment de réflexion fait évanouir toutes ces impossibilités.

1° Quand on commence une vaste entreprise, on doit prudemment comparer les bonnes et les mauvaises chances, les pertes et les profits, le bien et le mal. Puis, tout pesé, tout examiné, quand la gloire, la fortune et la joie d'une bonne action apparaissent comme un heureux et inévitable résultat, on n'hésite plus; on va droit au but; on combine tous ses plans; on rassemble toutes ses forces; on met en jeu tous ses moyens pour atteindre le plus promptement, le plus efficacement, le plus sagement possible, le grand résultat prévu et désiré. Voilà ce que tout homme prudent fait dans ses propres affaires.

Or, dans l'affaire qui nous occupe, la France tend à devenir la reine du monde, en confédérant autour d'elle tous les peuples civilisés. Les conséquences de cette œuvre seront grandioses et véritablement incalculables pour l'industrie, le commerce, l'instruction, les beaux-arts, le bien-être, la civilisation, le véritable progrès non pas seulement en France, mais dans l'univers entier. Au-dessus de ce grand dessein, planent la gloire, la fortune, la religion, la paix et le bonheur.

Eh bien! cela ne vaut-il pas quelques travaux, quelques efforts, et quelques sacrifices?

Vraiment oui! dira tout homme de cœur.

Bon! Eh bien! continuons maintenant.

2° Si, pour réaliser sa noble entreprise, la France se plaçait sur un terrain égoïste, elle serait impuissante et isolée. Elle doit donc se placer sur un terrain commun et avantageux à tout le monde, sur le terrain de la justice et du droit naturel, parce que c'est là seulement que les autres peuples consentiront à lui tendre la main et à s'unir à elle.

Cela efface d'un trait la politique des conquêtes et des abus surannés, qui a déjà causé tant de larmes et de fléaux à l'Humanité.

Or, en détruisant le règne exclusif de la force brutale, et les malheurs qui l'accompagnent, il est évident qu'on perd aussi les faibles avantages qui peuvent en revenir. La France donc perdra peut-être quelque chose de ce côté, par exemple, la possession contestée d'une colonie lointaine; mais elle sera amplement dédommagée, d'un autre côté.

En effet, remarquons ici deux choses.

La première, c'est que les alliés de la France

s'engageront à l'imiter sur ce fait, et qu'elle ne leur sera point sacrifiée. Donc l'équilibre ne sera pas rompu.

La seconde, c'est que les colonies ne seront émancipées que lorsqu'elles seront suffisamment organisées et civilisées pour pouvoir marcher de pair avec la Métropole et entrer aussitôt dans la grande Union des peuples civilisés. Jusque là les colonies seront regardées, avec raison, comme les postes-avancés de la civilisation dans les pays barbares ; et, bien loin de pousser à les abandonner, la Confédération les prendra sous son patronage, les défendra au besoin et tâchera même d'en fonder de nouvelles.

Le commerce donc n'y perdra rien, et les Français comprendront très-bien que dans l'œuvre immense dont il s'agit, tous les sacrifices qu'ils s'imposeront seront compensés au centuple.

La doctrine Monroë appliquée au monde entier, n'est donc pas autre chose que le grand principe de *l'indépendance des peuples*, qui rentre dans le programme de la France libérale et civilisatrice.

III

Principaux résultats. — Sur une telle base, il sera facile de s'entendre avec les États-Unis, pour pacifier l'Amérique et la faire entrer tout entière dans la Confédération des peuples civilisés. Les Yankees, qui calculent tout, auront bien vite compris tous les avantages de cette combinaison, et deviendront nos auxiliaires les plus actifs dans notre grande œuvre de civilisation universelle. C'est ainsi que, dissolvant la coalition Américo-Russe, nous formerons l'alliance Franco-Américaine.

2º L'Angleterre, que sa jalouse ambition pousserait à paralyser sans cesse l'action de la France, ou même à la contrecarrer ouvertement, ne tardera pas à être obligée de modérer ses prétentions et de renoncer à cette politique égoïste et tracassière, qui la porte sans cesse à semer le trouble parmi ses voisins, à pressurer ses colonies, à déployer enfin dans tous ses actes le vice que les Romains avaient jadis stigmatisé par ces mots : « *Fides Punica!* » La nouvelle Carthage, semblable à l'ancienne, s'appuie fièrement sur ses colonies, sur son commerce, sur ses richesses, sur ses flottes, sur ses légions mercenaires, sur l'exploitation des petits par les grands. Le règne de la justice et de l'indépendance des peuples la brisera, si elle n'est ni assez habile ni assez généreuse pour améliorer ses procédés. Elle apprendra à ses dépens que ce qui fait la véritable grandeur et la puissance durable des peuples, ce n'est ni l'or, ni l'industrie, ni la force matérielle; mais les qualités viriles, les nobles sentiments, les principes vrais, qui caractérisent toujours les hommes comme les nations que Dieu appelle à de grandes destinées.

Une guerre avec l'Angleterre ne sera pas nécessaire pour atteindre ce but. L'égoïste Albion se trouvera tout d'un coup humiliée par la seule force des choses. Elle ne pourra échapper à sa ruine qu'en se jetant dans les bras de la France, en se confiant à sa générosité, en entrant enfin sans condition et sans arrière-pensée dans la Confédération des civilisateurs.

3° Les rois conquérants, avec leurs nombreuses armées, seront frappés d'impuissance et confondus dans leur orgueil. Les légions prussiennes et les hordes moscovites fondront comme la neige au soleil de la civilisation.

En effet, quoique la croisade civilisatrice de l'indépendance des peuples ne dédaigne pas un majestueux déploiement des forces nationales, son levier le plus puissant sera le glaive de la raison, de la parole et du progrès, employé sous mille formes diverses pour prouver clairement aux peuples esclaves que c'est pour leur bien physique et moral qu'on leur dit : « Soyez donc des hommes ! » *Viri estote !* — Montez plus haut dans l'échelle » sociale ! *Ascendite superiùs !* »

Voilà pourquoi la nation allemande, brisant ses lisières et se dégageant de l'étreinte de la Prusse, verra dans la France une libératrice et une sœur.

Voilà pourquoi encore le despotisme russe, aujourd'hui si repu de butin, d'injustice et d'oppression, sera mis en pièces, et ce sera là une des plus grandes époques de la liberté des peuples opprimés.

4° Nous aurons jeté ainsi les bases fondamentales qui serviront à régler un peu plus tard la question de l'Inde, la question de la Chine et la question Africaine, pour lesquelles je dirai tout de suite qu'il ne sera jamais opportun de mettre les Européens à la porte, mais au contraire d'ouvrir tellement toutes les voies de ces vastes régions à la civilisation de l'Europe chrétienne, qu'elle les pénètre pour ainsi dire par tous les pores, qu'elle les domine par l'ascendant de sa puissance et de son génie, et les transforme rapidement.

5° La France gagnera en même temps les sympathies de l'univers, et les peuples les plus lointains tourneront vers leur libératrice des regards suppliants. Leurs pompeuses ambassades et, plus tard, leurs souverains eux-mêmes accourront à l'envi dans sa capitale, pour faire avec le peuple de France des traités d'alliance et de fraternité. La sagesse du Salomon français, plus féconde que celle du Salomon antique, fera rayonner sur le genre humain tout entier la civilisation, le bonheur et la paix.

IV.

Cela me conduit à une observation très-importante, qui s'applique à toutes les colonies françaises.

Je crois que c'est une dangereuse erreur que de laisser aux indigènes, plus ou moins barbares, de nos colonies leurs lois, leurs coutumes et leurs mœurs absurdes et rétrogrades, sans oser y toucher. Ils formeront toujours ainsi un peuple à part, un corps constitué, vivace et hostile, qui, à un moment donné, l'emportera sur nous et nous jettera à la mer. Il faut donc tendre à les réformer peu à peu, à les rapprocher de nous pour les élever à notre niveau, et leur faire aimer la métropole à force de bienfaits.

Si Votre Majesté me permet une comparaison, je dirai que dans ces pays arriérés, la civilisation est comme *la greffe* transplantée sur un sauvageon. Le greffeur émonde avec soin toutes les branches du fils de la forêt; il coupe sans pitié la circulation de la séve aux fruits amers; puis il choisit une greffe de belle venue, qu'il taille de manière à la mettre par sa partie la plus intime en contact avec le sauvageon; puis il l'inocule sous l'écorce de ce dernier; puis il les lie l'un à l'autre avec une douceur mêlée de force par un indissoluble mariage; enfin il laisse agir la nature et le temps.

Sous ce régime à la fois énergique et bon, un invisible travail se produit ; une étonnante métamorphose s'opère ; l'indomptable vigueur du sauvageon passe dans les bourgeons francs et s'y purifie comme le minerai dans le creuset : bientôt les greffes s'allongent en magnifiques rameaux qui se couvrent de fleurs et de fruits. C'en est fait ! La douce et bienfaisante séve a vaincu et fécondé la séve rachitique et vicieuse. *Le fils du désert est devenu franc!*

C'est ainsi qu'il faut franciser l'Afrique!

Mais choisissons de belles greffes et non pas le fouillis du monde ancien. Nous ne l'avons pas assez fait jusqu'ici, et le sauvageon a refusé de s'unir en disant qu'il valait mieux que nous. Voilà le secret de tous nos échecs ! Que la France apprenne à greffer ! ses colonies seront bientôt de belles et florissantes Françaises.

La reine de la civilisation doit être la reine de la colonisation!

Je m'incline avec respect devant la future grandeur de notre Patrie.

Paris, le 7 février 1867

A SA MAJESTÉ L'IMPÉRATRICE.

La clinique d'un diplomate. La maladie sociale. Ses causes. Ses remèdes. Les Pères de la Patrie.

> « *Justitia elevat gentes* ! »
> (Biblia sacra.)

I.

Les hommes d'État sont les médecins des peuples. Leur cabinet de travail est une merveilleuse salle de clinique, où les aveugles voient, les sourds entendent, les paralytiques marchent, les faibles se fortifient et les morts même ressuscitent. Rien n'est impossible aux sages qui se confient en Dieu.

Or, en ce moment un client est là, triste, agité, souffreteux. Ce malade nous inspire un intérêt particulier, parce que c'est la patrie, c'est la famille, c'est la société, c'est nous aussi ; et en le sauvant, nous accomplirons le vieil adage : « Médecin, guérissez-vous vous-même ! »

Voyons donc son mal, ses causes, ses remèdes.

II.

La maladie sociale.

1° La majeure partie du grand corps social est frappée d'impuissance et de paralysie. Ces membres-là s'appellent l'Asie, l'Afrique, l'Océanie, et il s'y passe une foule de choses qui dénotent une profonde lésion de l'organisme humanitaire, une grande perturbation des fonctions sociales et une grande pauvreté d'esprits vitaux.

2° L'Amérique est livrée à des convulsions continuelles; point de principes fixes, point d'institutions stables, point de gouvernement assuré ; c'est le labyrinthe de la diplomatie et le charabia des ambitions démocratiques.

Cette terre est tourmentée par son exubérance d'esprits vitaux.

Elle n'attend qu'un Pacificateur pour étonner le monde par ses œuvres.

Nous lui donnerons des topiques et des calmants.

3° L'Europe est placée entre deux périls imminents. Elle est sur un volcan dont le foyer est partout et dont le cratère principal menace de s'ouvrir à Rome.

Le flot révolutionnaire bouillonne et monte çà et là, surtout chez les peuples du midi.

Mais le nord est miné aussi, et la Belgique notamment constitue un foyer incandescent, une sorte de pile voltaïque dont les courants se projettent au loin.

En Angleterre, en Allemagne, en Autriche, en Russie même, le volcan en ignition fume çà et là.

En France la lave monte avec une force croissante. Je me hâte de dire que je n'en conclus point qu'il faille y restreindre la liberté. Non! non! car si on ferme les soupapes, c'est le moyen de faire tout sauter. Il est insensé de vouloir étouffer la liberté : il vaut mieux la diriger.

Pendant que ce feu intérieur mine lentement le sol formé par les principes sur lesquels s'élèvent les institutions et les pouvoirs qui sont la charpente de la Société européenne, un autre danger non moins redoutable l'assaille à l'extérieur. Le premier vient du peuple, celui-ci vient des rois.

Le premier danger monte d'en bas et comme des entrailles de la terre : le second descend d'en haut et ressemble à d'orageuses nuées, que le souffle des génies malfaisants pousse rapidement sur nos têtes. Les princes conquérants ne sont pas moins terribles dans leurs fureurs que le peuple égaré dans ses excès.

Le plus menaçant et le plus audacieux de tous en ce moment, c'est le roi de Prusse, ce potentat qui élève la passion des conquêtes jusqu'à la hauteur d'une mission divine.

Mélange de bon vouloir, de superstition, de

mysticisme et d'autocratie, ce monarque se croit envoyé de Dieu pour relever le saint-empire germanique à son profit, et trouve tous les moyens bons pour remplir cette mission hypothétique. Ne nous le dissimulons pas : il a une puissance redoutable, décuplée par l'enthousiasme des victoires passées et dirigée par un habile ministre. M. de Bismark est une puissante intelligence, servie par des organes énergiques ; et sa diplomatie, plus envahissante encore que son armée, prépare à la Prusse des triomphes dangereux pour l'Europe, si la France ne lui oppose pas un rival digne de lui.

Le tsar Alexandre, moins pressant et plus rusé, n'est pas moins redoutable. Aujourd'hui surtout que les belliqueuses hordes Tartares, habituées à ravager le monde, obéissent au génie envahissant de la Sainte-Russie, le péril grandit chaque jour, et, en dépit de toutes les apparences pacifiques, on peut dire que depuis les lointains rivages de la mer d'Hudson jusqu'à la Baltique et au Rhin, le Nord est en conspiration contre le Midi.

La main des Russes et des Prussiens se mêle à une foule d'intrigues, qui ont pour but de désorganiser l'Europe libérale et de la livrer à ses ennemis.

Étant ainsi menacée à l'intérieur par la révolution athée, menacée au dehors par des rois conquérants, elle est dans la situation du fer placé entre le marteau et l'enclume. Il n'y a pas d'autre remède pour elle que de briser le marteau et de dominer l'enclume. Et cependant elle ne s'éveille point; elle hésite, elle tâtonne, elle se laisse amuser par les mêmes moyens qui causèrent les désastres de 1812 et de 1813.

C'est le cas de répéter ce mot du grand orateur romain :

« Catilina est aux portes de Rome, et l'on délibère ! »

III.

Causes.

Mais, pourquoi la Révolution gronde-t-elle?

Pourquoi les deux tiers de l'humanité sont-ils frappés d'immobilité ?

Pourquoi l'Amérique se consume-t-elle en convulsions ?

Pourquoi la Prusse et la Russie marchent-elles rapidement de victoire en victoire, et d'étape en étape à la conquête de l'Europe et à la destruction de ses libertés ?

Pourquoi ?

1° Parce que la France manque à sa mission. Elle marche à la tête des nations latines : celles-ci attendent de Paris le mot d'ordre qui doit les sauver ; et si la magnanime nation des Francs déployait tout-à-coup le drapeau glorieux de l'Europe croyante et libérale, un long cri de joie et de ralliement lui répondrait des champs de la Castille aux rives de la Vistule et du Dniéper. Une commotion électrique ébranlerait le monde; les peuples opprimés relèveraient la tête; la confiance et l'enthousiasme ranimeraient aussitôt l'Occident abattu, et l'épouvante passerait dans les rangs de nos ennemis.

2° Parce qu'on ne travaille point à former la Confédération des nations latines qui aurait bientôt régénéré, civilisé, pacifié le monde. L'Empereur est gêné, circonvenu, induit en erreur, et entouré d'hommes âgés qui, malgré leur mérite, ne sont plus à la hauteur de cette grande situation.

Mon Dieu! L'Empereur malgré son génie ne peut suffire à tout, et il a besoin d'un grand ministre qui organise sous ses ordres la croisade chrétienne de l'indépendance des peuples.

Pour un si vaste dessein un ministre orateur ou bel-esprit ne suffit pas : la France et l'Europe ont besoin d'un grand homme de plus !

Mais on ne le trouvera pas avec le système protectionniste et routinier.

La plus grosse faute de l'empire a été de ne pas ouvrir généreusement ses portes à tous les grands citoyens. Sans doute, quand la mer est superbe, quand le ciel et la terre semblent se sourire et s'aimer, le capitaine peut dormir en paix et les matelots s'égayer à loisir : le vaisseau semble avoir des ailes. Mais quand le typhon enlève les vagues jusqu'au cieux et que l'océan ouvre ses noirs abîmes, le capitaine debout sur le tillac doit appeler à lui tous les bras vigoureux. Il y va de son honneur! il y va de sa vie !

A notre époque agitée il s'agit bien de naissance ou de protection! Aux jours des batailles civiques ou militaires, il faut sauver l'État, et cela n'est donné qu'aux grandes âmes. Or, pour les connaître, il faut leur ouvrir la voie. Sans des circonstances favorables, il n'y aurait pas eu de grands hommes! Napoléon Ier lui-même n'eut pas échappé à cette loi.

3° La France a beaucoup souffert de toutes les folies qu'une certaine presse lui débite depuis un siècle. La tête la plus robuste en eût été altérée : la sienne est un peu à l'envers.

Elle a besoin d'une réforme générale.

Réforme dans l'enseignement où une déplorable routine soigne tant bien que mal l'intelligence et le corps, mais où l'on ne fait rien pour le cœur, rien pour la vie de famille, rien pour la vie sociale. On fabrique des bacheliers, mais point du tout des hommes, et moins encore des citoyens.

Réforme dans les finances, dirigées suivant de prétendus principes qu'aucun homme de bon sens ne voudrait appliquer à ses affaires domestiques.

Réforme dans la hiérarchie, où l'on donne tout au compérage, à la naissance ou à l'or, et rien au mérite.

Réforme dans la presse, qu'on chicane pour des minuties, et qu'on laisse radoter sur les premiers principes des choses.

Réforme dans la politique, jusqu'ici égoïste, jalouse et conquérante, qu'il faut sagement remplacer par la politique de la philanthropie, de la justice, de la paix et de la liberté.

Réforme dans les lois faites exclusivement pour le petit coin de terre appelé la France, et qu'il faut mettre en harmonie avec les besoins du monde entier.

Etc., etc.

Je n'en finirais pas avec les réformes, si je voulais les énumérer toutes. Je me contenterai d'ajouter que si les Français sont fous, c'est qu'on ne travaille pas assez à les rendre sages, et qu'il est temps d'y penser tout de bon.

III.

Remèdes.

On peut appliquer divers remèdes à toutes les plaies indiquées. Mais le meilleur de tous, c'est d'appeler au pouvoir des hommes d'un grand mérite, dont le génie aura bientôt changé la face des affaires, régénéré la patrie, déjoué les ambitions des conquérants et civilisé le genre humain.

En ce moment, il faut surtout à l'empire un ministre des affaires étrangères, dont le génie soit assez puissant pour embrasser le monde, pour sauver la Papauté à Rome ou à Jérusalem, calmer l'Italie, affermir l'Autriche, pacifier l'Espagne, dissoudre la coalition du Nord, régénérer la France, et préparer les voies à la civilisation de l'Univers.

Il ne sera pas besoin pour cela de grands coups d'épée. Quoique l'épée de la France doive toujours avoir sa pointe tournée sur la poitrine de l'ennemi, la diplomatie fera tout. L'habileté du ministre vaudra mieux que vingt légions.

Il faut donc chercher ce grand ministre ; mais il faut le prendre où il est, serait-ce sous la bure d'un savoyard, sur le pavé des rues ou sous les gargouilles d'un toit.

— Mais c'est un paysan ! dira-t-on.

— Eh ! qu'importe, si c'est un grand homme ?

— Mais il ne brillera pas à la parade, il n'étincellera pas dans les salons...

— Est-ce qu'un homme d'État est fait pour cela ?

— Mais enfin, il n'est pas orateur : il ne pourra pas figurer dans une assemblée délibérante... Il sera criblé, pulvérisé, noyé sous les attaques des hommes d'esprit de l'opposition !

— N'ayez crainte : la vipère ne peut entamer l'acier. Et d'ailleurs les gens d'esprit sont plus tôt fascinés que tous les autres mortels, par un homme de génie, qui vient avec une noble simplicité leur présenter de vastes projets, une haute raison, un cœur magnanime et des œuvres immortelles. Qu'on ne s'inquiète donc pas sur le sort des hommes supérieurs, ils sauront commander à l'opinion : ils ne demandent qu'une chose, c'est qu'on leur ouvre la carrière, car ils sont ordinairement modestes et incapables des basses intrigues d'une vulgaire ambition.

Je ne tracerai point ici de profil. Le génie pénétrant de l'Empereur sait découvrir le vrai mérite. Mais voici un moyen bien simple de lui faciliter cette tâche, qui est la plus difficile et la plus noble d'un Souverain.

IV.

Les Pères de la patrie.

Le Sénat est le corps le plus vénérable de l'État, et ses membres ont en général une haute raison et une grande expérience. Eh bien ! qu'il soit chargé de signaler à l'Empereur tous les hommes de mérite qui existent dans l'empire : qu'il interroge là-dessus les maires, les préfets, les députés, les ministres des divers cultes : qu'une commission soit en permanence dans son sein pour examiner les mémoires qui lui seront adressés sur une idée, sur une invention nouvelle par les plus simples citoyens : qu'elle en fasse le sujet de rapports qui seront lus en assemblée générale et appréciés, non point sommairement, *comme on le fait trop souvent,* mais en indiquant les idées principales et en se préoccupant surtout de l'avenir de leurs auteurs.

Ce sera là une œuvre de patience, il est vrai. Mais si, par ce moyen, le Sénat fait connaître à la France un seul grand citoyen, ne sera-t-il pas amplement dédommagé? Du reste, en ouvrant ainsi la voie aux talents inconnus, ne se préparera-t-il pas à lui-même un magnifique recrutement, et ne donnera-t-il pas l'essor à mille idées utiles ?

Aujourd'hui les hommes de talent qui n'ont pas de ressources adressent leurs mémoires à un ministre ou à l'Empereur, mais ce sont des commis qui les lisent et qui décident tout : et on frémit à la pensée que la destinée d'un homme de génie, peut-être même le salut de la France, dépendent de l'ignorance ou du mauvais vouloir d'un gratte-papier.

Que le Sénat, chargé de veiller sur la constitution, veille aussi sur l'avenir de la jeune France! N'est-ce pas le rôle naturel de la sagesse en cheveux blancs? Et les sénateurs qu'on cherche à ridiculiser pour leur *far-niente*, ne seront-ils pas aussitôt aimés et honorés comme *les Pères de la Patrie?*

V.

Le Nouveau-Monde.

M. Duruy a dit : « Formons des hommes! »

J'ajoute : « Sachons les utiliser! »

C'est l'essentiel. Un grand citoyen, injustement délaissé, peut succomber à sa douleur et devenir un danger pour son pays.

Voyez le « petit abbé » Eugène de Savoie! Voyez Bernadotte! Voyez Moreau! et tant d'autres qu'on pourrait citer! Croyez-vous qu'un homme de génie soit insensible à l'ingratitude de sa patrie?

Heureux le Souverain qui met son bonheur, sa gloire, sa sécurité à être le père des hommes de talent, à les défendre contre la haine des jaloux, et à se confier en eux, quand ils viennent après, de longues épreuves, lui dire comme le Génois inspiré qui découvrit l'Amérique : « Sire, nous le » jurons sur l'honneur! un Nouveau-Monde est là!»

Madame, comme Colomb toucha le cœur de la grande reine de Castille, puissé-je persuader la magnanime Impératrice des Français!

Paris, le 26 février 1867.

A SON ALTESSE IMPÉRIALE MONSEIGNEUR
LE PRINCE NAPOLEON.

Le Roi du peuple.

> « Aimez, et faites ce que vous
> voudrez ! » (S. Augustin.)

En essayant de résoudre pour la gloire de la France et le plus grand avantage du genre humain, les graves complications qui s'élèvent de toutes parts dans le monde civilisé, j'ai plusieurs fois signalé le danger imminent dont la révolution menace la France à l'intérieur.

Après quinze ans d'un calme plat, la Nation française, affligée de divers maux, recommence à s'agiter, à regretter sa liberté perdue, et à désirer un nouvel ordre de choses. Ces désirs, naturels à tout peuple qui souffre, sont assurément fort respectables et fort légitimes, s'ils se maintiennent dans de justes bornes. La Nation, en effet, a le droit d'exposer ses plaintes, de demander la réforme des abus, et de vouloir que la liberté, l'égalité, la fraternité, inscrites depuis 1789 au frontispice de la Législation française, ne soient pas de vains mots.

Ceci est conforme à l'ordre et à la raison.

Mais à ce grand mouvement progressiste et patriotique viennent se mêler des passions, des doctrines et des ambitions qui veulent l'exploiter à leur profit, en poussant les flots populaires à tout renverser devant eux, pour tout reconstruire ensuite selon leurs utopies et leurs caprices.

Voilà le danger !

Ceci ne s'apelle plus réforme, patriotisme, amour du progrès, zèle pour le bien public ; mais bouleversement, vandalisme, anarchie, chaos, Révolution !

Or, à notre avis, autant tout bon Français doit aimer le Progrès, autant il doit avoir la Révolution en horreur.

En effet, à l'heure qu'il est, des rois conquérants menacent la France au dehors ; leur ambition croissante est comme une massue levée sur elle. Comment pourra-t-elle leur résister, si elle est désorganisée à l'intérieur ? Assurément, si les rois conquérants sont le marteau, la Révolution est l'enclume. Et la Patrie placée entre ces deux grands dangers ne peut manquer de périr.

Il est donc urgent de la sauver. Dans cette situation, il n'y a qu'un moyen, c'est de briser le marteau et de dominer l'enclume.

J'ai déjà indiqué comment la Fédération de l'Europe libérale devait briser les rois conquérants.

Je vais tâcher de dire aujourd'hui quelques mots sur la révolution et sur le Roi du peuple, appelé à la dominer.

Tout gouvernement qui veut durer en France doit ouvrir devant elle la carrière sans bornes du Progrès. Il est bon, comme l'Empereur l'a fort bien dit, « de poser le couronnement de l'édifice; » mais la Nation a besoin d'espérer que de gracieux clochetons et de magnifiques flèches pourront, comme dans les monuments gothiques, percer encore la voûte et s'élancer vers le ciel.

Vouloir poser des limites infranchissables à l'ardente recherche du vrai, à la fécondité de l'idée, aux transformations de la société à travers les âges, serait une souveraine imprudence, à Paris plus qu'ailleurs. Outre que ce serait immobiliser la civilisation, arrêter le progrès, mettre sous l'éteignoir l'intelligence des générations nouvelles, ce serait contrarier à plaisir l'amour-propre de la Nation la plus fière, la plus spirituelle, la plus chatouilleuse du globe, en tout ce qui concerne l'indépendance de la pensée. Ce serait l'irriter mal à propos, et ameuter contre soi une véritable coalition de tous les esprits élevés, de tous les cœurs généreux qu'elle renferme dans son sein.

Les ultra-conservateurs soulèvent donc autour du trône impérial le plus grand danger qui puisse le menacer, en prétendant arrêter la Nation dans son développement social. Un poëte a dit :

> Rien n'est plus dangereux qu'un imprudent ami :
> Mieux vaudrait un sage ennemi.

Nous le voyons en ce moment.

Dire que l'Empire est incompatible avec la Liberté, c'est le déclarer incompatible avec le mouvement progressiste qui distingue la société moderne et qui a déjà produit de si grandes choses ; c'est le mettre en opposition avec les tendances de tous les esprits d'élite et avec les destinées du genre humain.

Mettre l'Empire en hostilité avec la démocratie, c'est le placer dans une position plus fausse que celle des vieilles monarchies de droit divin : c'est le mettre au ban de la nation ; c'est, en un mot, le frapper de mort !

En effet, l'ancienne royauté appuyée sur les classes privilégiées disait au peuple : « Dieu m'a » donné le pouvoir pour vous gouverner : je n'ai » pas de compte à vous rendre : obéissez ! » Et les nobles, intéressés à faire cause commune avec le roi, tiraient leurs épées, en déclarant «les vilains » corvéables et taillables à merci. » Et le peuple effrayé obéissait. C'était le droit de la force, et tant que la force avait le sceptre, il n'y avait rien à dire. On n'avait qu'à s'incliner.

Si c'était injuste, c'était logique au moins.

Mais aujourd'hui que le peuple français a fait dix révolutions pour changer cet état de choses, si l'Empereur écoutant d'imprudents conseils lui disait : « Pas d'innovations ! pas de libertés ! pas
» de progrès ! Je vous défends d'en parler ! Taisez-
» vous et obéissez ! Je suis le Maître ici ! » Que dirait le peuple ? Je vous le demande. Mon Dieu ! la chose est fort claire. Le peuple dirait : « Tiens !
» c'est donc là le roi du peuple ? celui que nous
» avons élu il y a quinze ans ? Mais on croirait
» entendre parler Louis XI ou Philippe-le-Bel !
» Nous voilà donc encore au vieux temps où nous
» étions taillables à plaisir ! Ma foi ! si le prince
» parle ainsi, ses serviteurs agiront plus mal en-
» core, et les chaînes de notre esclavage ne sont
» pas loin sans doute. Décidément, l'Empereur
» est notre ennemi ; il faut reprendre ce que nous
» lui avons donné, et courir aux armes s'il le faut ! »

Et le trône impérial, abandonné par les amis du droit populaire, miné sourdement par les amis du droit divin, se trouverait dans un formidable isolement, en face du Pays tout entier.

Telle est la position que d'imprévoyants politiques veulent faire à l'Empereur. Certes, ils font la partie belle aux ennemis de l'Empire. Je leur crois trop d'esprit pour ne pas le voir ; et je suis persuadé que ce qui les fait parler si imprudemment, c'est le désir de se perpétuer au pouvoir et de jouir le plus longtemps possible des priviléges attachés aux brillantes positions que l'Empire leur a faites. Parce qu'ils sont au plus haut de la roue sociale, ils voudraient que la roue cessât de tourner. Aveugles qui ne voient pas qu'ils rêvent l'impossible, et qu'en arrêtant violemment le mouvement nécessaire à la vie de l'État, ils créent un suprême danger non-seulement pour l'Empire, mais pour l'ordre social et pour eux-mêmes tous les premiers !

Le principal levain de la révolution en France consiste donc dans les efforts du parti ultra-conservateur, qui, en étouffant la liberté, veut arrêter l'élan de la nation vers un état meilleur.

Le peuple souffre, et peut-être, hélas ! est-il dans ses destinées de souffrir toujours ! Il est donc évident que tout Gouvernement qui lui dira : » Ton sort est parfait : n'attends pas qu'il s'amé- » liore ; car tout va pour le mieux dans le meilleur » des mondes possibles ; » ce Gouvernement-là, dis-je, sera aussitôt anti-populaire, anti-national, et par là-même, en un sens, révolutionnaire au premier chef.

Le premier foyer de la révolution est donc à la fois dans le genre humain, ami des nouveautés, dans le peuple qui a besoin du progrès, et dans le Pouvoir qui ne sait pas comprendre qu'il est insensé de vouloir lutter contre la force des choses.

On me dira : Quel remède proposez-vous à cela ?

Le remède? Le voici! Il est simple, mais il est bon. C'est *la démocratisation du Pouvoir*.

L'Empire a été fait par le peuple, puisque l'Empereur est l'élu du suffrage universel.

Eh bien! pourquoi le Roi du peuple se brouillerait-il avec le peuple?

Pourquoi séparerait-il ses intérêts des intérêts du peuple?

Pourquoi croirait-il ses droits opposés aux droits du peuple?

Pourquoi ferait-il consister son pouvoir dans l'abaissement du peuple?

Pourquoi placerait-il son bonheur dans le mécontentement du peuple?

Cela pouvait entrer jadis dans la cervelle des monarques de droit divin. Mais de telles aberrations dans la tête du Roi du peuple? On ne le comprend pas. Et ceux qui lui parlent ainsi le prennent pour un sot : ce sont des aveugles ou des maladroits.

Le meilleur appui du Roi du peuple, n'est-ce pas l'amitié du peuple?

Les intérêts du Roi du peuple ne sont-ils pas inséparables des intérêts du peuple?

Enfin la grandeur, la joie et la plus pure gloire du Roi du peuple, ne sont-elles pas dans la puissance, le bonheur et la dignité du peuple?

Le peuple est la base de l'édifice. Plus cette colonne sera élevée, plus le Souverain qui la couronne dépassera d'une incommensurable hauteur les rois des nations esclaves.

Otez le piédestal et la colonne qui soutiennent dans les airs le buste de Napoléon Ier sur la place Vendôme, la statue du conquérant roulera dans la poussière.

Ainsi en serait-il du glorieux Chef du second Empire, si on lui enlevait son appui naturel, qui n'est point du tout l'aristocratie d'argent, ni telles ou telles individualités puissantes, mais les masses populaires dont la grande voix l'a proclamé Empereur aux applaudissements de l'univers.

L'Empire, c'est la démocratie couronnée. Hors de là, je ne le conçois plus ; et il vaudrait mieux pour lui abdiquer que devenir un non-sens, parce qu'il mènerait infailliblement la France à un cataclysme.

J'entends quelques voix, respectables d'ailleurs, s'écrier : « Mais c'est la liberté qui nous conduira
» aux abîmes ! C'est le grand écueil que nous de-
» vons éviter, car le peuple ne se servira des li-
» bertés qu'on lui accordera que pour tout ren-
» verser. »

Voilà l'épouvantail qui effarouche beaucoup d'honnêtes gens !

Mais, en examinant le fond des choses avec le calme et la fermeté nécessaires à tout homme d'État, il est aisé de voir que si la liberté est mortelle aux gouvernements qui représentent les abus, les priviléges et le droit divin, elle est salutaire aux gouvernements qui personnifient l'égalité, la justice et les droits populaires.

Le peuple ne détruit pas ses amis : il ne détruit que ses tyrans, et il n'est pas un homme du peuple qui ne vénère encore aujourd'hui la mémoire des princes trop rares qui, dans les siècles passés, ont reçu de lui le touchant surnom de « Pères du Peuple ! »

Que l'Empereur soit le Père de la démocratie française ! et le peuple de France, qui n'oublie pas les bienfaits, lui élèvera dans son cœur un trône d'amour et de reconnaissance que n'ébranleront jamais ni les vicissitudes des temps, ni les efforts des partis, qui, sous des noms divers, ont toujours été plus ou moins les oppresseurs du peuple !

Paris, le 10 mars 1867.

A SON ALTESSE IMPÉRIALE MONSEIGNEUR LE PRINCE NAPOLÉON.

Nécessité des réformes. L'Exposition universelle. Fêtes de l'Union des peuples.

La société française est malade !

C'est une fâcheuse vérité passée à l'état d'axiome.

Peut-elle être guérie ?

Les personnes qui considèrent la fin du monde comme prochaine, échangent un triste regard, en disant : « Frères, il faut mourir ! »

Les ultrà-révolutionnaires qui veulent tout détruire, s'écrient, avec des ricanements féroces : » En avant ! l'heure de notre triomphe est près » de sonner !! La société va mourir !!! »

Mais les hommes d'État, qui voient le fond des choses, qui savent que Dieu a fait les nations guérissables et qu'il a remis leurs destinées à la sagesse de leurs conseils, n'hésitent pas à dire : « La société vivra ! »

Pour moi, j'ajoute qu'il y a moyen de la faire vivre et de lui donner une prospérité, une puissance et une gloire inconnues jusqu'à ce jour.

Mais, pour atteindre ce but, il est indispensable d'opérer d'importantes réformes dans l'Empire. Quoique je ne sois pas autorisé à aborder, en parlant à Votre Altesse, un sujet si épineux, je Lui exposerai aujourd'hui quelques idées sur la question la plus brûlante du moment : *l'Exposition universelle.*

I

L'idée qui a inspiré les Expositions est l'une des plus grandes et des plus fécondes des temps modernes. Si son application est dirigée avec la sagesse et la largeur de vues convenables, elle n'aura pas seulement pour résultats une louable émulation dans toutes les branches des connaissances humaines, et une prodigieuse extension des affaires commerciales. Mais, ce qui vaut mieux encore aux yeux d'un homme d'État, elle produira une vaste propagande des vrais principes, et une fraternelle fusion des races, qui, en faisant pénétrer partout la civilisation chrétienne, prépareront la grandeur de la France, le triomphe général de la justice et du droit et la régénération progressive du genre humain.

Il est donc extrêmement important pour l'avenir du monde que les Expositions soient réglées avec sagesse, et si la France préside à cette grande Institution avec l'élévation de vues et la fermeté de décision qui la distinguent, elle sera digne d'être la Reine de la civilisation.

Le meilleur fondement que puisse donner la France à ces pacifiques agapes du monde civilisé, c'est une *sévère Justice.*

C'est là en effet le plus solide fondement d'une Institution quelconque, et, à dire vrai, on ne s'en occupe pas assez en ce moment. Je ne parle point ici de la Commission de l'Exposition, composée d'hommes éclairés, fort dignes sans doute du magnifique rôle qui leur est échu, et je rends hommage à l'habileté avec laquelle ils dirigent administrativement cette grande entreprise. Mais je parle de l'action du Gouvernement français au point de vue national, humanitaire et civilisateur, qui est celui où doivent se placer les hommes d'État qui le composent.

A ce point de vue, je suis convaincu que le Gouvernement commet une grande faute, en laissant d'égoïstes spéculateurs contrecarrer pleinement ses vues généreuses et changer l'Exposition universelle, cette œuvre civilisatrice et française au premier chef, en une œuvre abusive, ridicule, injuste et funeste au plus haut point, celle de l'*Exploitation universelle.*

Oui, pendant six mois, des spéculateurs bien coupables, à mon avis, vont opérer sous les yeux du Gouvernement de la France, que sa haute position et ses véritables intérêts obligent à être juste, humain, éclairé, philanthrope et ami du progrès, plus que tous les autres Gouvernements de la terre, une *colossale Exploitation de l'Univers.*

Ainsi, le brillant tournoi de la civilisation et de la paix, destiné à rallier les nations autour de la France, va semer contre elle la jalousie, la colère, la haine à l'extérieur, et les éléments d'une révolution à l'intérieur [1].

Le but élevé de l'Empereur dans cette grande œuvre sera complétement manqué.

Si c'est là une maladresse, de la part de beaucoup de Français, c'est à plus forte raison un crime de lèse-nation et de lèse-humanité.

II

En effet, des milliers de têtes humaines s'appliquent du matin au soir à la solution d'un problème social, dont l'égoïsme de chacun rédige ainsi l'énoncé : « Trouver l'expédient le plus prompt,
» le plus facile et le plus sûr de vider la bourse de
» mes semblables dans la mienne. »

Et là-dessus on bâtit les plus fantastiques châteaux en Espagne, on forme les projets les plus

---

[1] Les grèves nombreuses qui se sont organisées depuis lors dans Paris, prouvent la justesse de cette appréciation. Or, qui peut jamais dire quelles seront les conséquences prochaines ou éloignées des grèves ?

insensés ; on prépare les traquenards les plus ingénieux pour pratiquer sur la plus vaste échelle possible l'odieuse *exploitation de l'homme par l'homme*, source intarissable de malheurs pour le genre humain et que tout véritable ami du progrès voudrait voir effacée à jamais des mœurs des peuples civilisés.

Or, contre qui sont dirigées toutes ces manœuvres, toutes ces savantes combinaisons que l'industrie parisienne est si habile à inventer ?

Est-ce contre d'irréconciliables ennemis qui s'avancent, la menace à la bouche et les armes dans les mains, pour opprimer notre patrie et la dévaster à plaisir ? — Non ! C'est contre des hommes pacifiques, qui viennent, la bienveillance dans le cœur et le sourire sur les lèvres, nous prier de les initier aux merveilles de notre civilisation et de les traiter comme des amis et des frères.

Voilà ceux que l'on veut exploiter, rançonner, traiter en ennemis !

Quoi de plus injuste, de plus rétrograde et de plus maladroit ? — Mais peut-être le bien de la patrie impose-t-il cette conduite ? La France va s'enrichir aux dépens des autres peuples, et en les pressurant, elle ne fera qu'exercer un peu les droits de la reine des nations.....

— Pas le moins du monde ! Les Français seront pressurés et volés comme les autres ; et l'on tire à vue sur la bourse des bons citoyens de nos départements, pour le moins autant que sur la bourse des étrangers.

— Alors, c'est pour Paris que cela se fait. Paris, c'est le cœur, c'est la tête, c'est le bras de la France ; Paris, c'est tout enfin, et les Parisiens sont le peuple-roi à qui toute la terre doit payer tribut.

— Erreur ! erreur profonde ! Les neuf dixièmes au moins des Parisiens ne voient pas s'approcher sans terreur cette Exposition tant désirée par leur orgueil national. Dans la pacifique invasion qui s'avance vers Paris, ils ne seront certes pas du nombre des heureux. Evincés de leurs logements, obligés de payer fort cher les choses de première nécessité, sans aucune augmentation de revenus, l'Exposition, bien loin d'être pour eux une cause de joie et de bien-être, s'annonce comme un véritable fléau qui va les plonger dans la gêne et la misère, eux, leurs femmes et leurs enfants.

De là, l'inquiétude, l'angoisse, le mécontentement parmi la masse de la population parisienne. Et ce peuple, ne sachant comment sortir d'embarras, se livre à une colère concentrée, à une haine croissante contre le Gouvernement et l'ordre social qui lui imposent, sans aucun dédommagement, d'aussi lourds sacrifices, d'aussi cuisants soucis, d'aussi cruelles déceptions.

Ainsi donc, voici quels seront les résultats du beau système que les spéculateurs veulent appliquer pendant l'Exposition :

1° Les peuples étrangers seront irrités contre la France qui les aura indignement exploités.

2° Le peuple des départements, déjà souffreteux pour divers motifs, sera plus mécontent encore.

3° Enfin le peuple de Paris deviendra peut-être furieux de ne pouvoir plus vivre, et les grèves des ouvriers qui commencent à s'organiser, signalent de ce côté-là un danger croissant.

4° La rupture de l'équilibre social, qui produit inévitablement dans un État les mêmes désordres que la rupture de l'équilibre des fonctions organiques dans le corps humain, deviendra plus grande encore ; car, pendant que le peuple s'appauvrira, le monde des spéculateurs s'enrichira démesurément.

En présence de cette question d'une si haute gravité, le Gouvernement ne peut pas rester muet, sans trahir ses intérêts les plus sacrés.

Donc, en se dépouillant trop généreusement de son rôle prépondérant et législateur dans cette œuvre de l'Exposition, l'une des plus grandes choses de la monarchie française, le Gouvernement impérial me semble se désarmer imprudemment, au bénéfice d'une classe de citoyens, et compromettre par cette faute non-seulement l'avenir des Expositions, mais peut-être tout ce qu'il a fait de meilleur jusqu'à ce jour.

III.

A ce mal quels remèdes appliquer?

Les meilleurs remèdes sont la prudence, la justice et le droit, comme toujours.

1° Dans une aussi grave affaire, la prudence veut que le Gouvernement interpose promptement son autorité, pour empêcher les favoris de la fortune d'abuser de leur position ; pour asseoir l'avenir d'une grande institution civilisatrice sur de bonnes lois et non sur l'arbitraire des particuliers; pour prévenir enfin qu'un puissant instrument de salut ne devienne un fléau destructeur.

2° La justice demande qu'il ne soit permis à personne de pressurer à plaisir des alliés, des amis, des citoyens. Les commerçants, les propriétaires, les marchands, quels qu'ils soient, doivent avoir la faculté de réaliser des bénéfices raisonnables : rien de plus. Hors de là, la société n'est plus qu'un brigandage organisé.

3° Le droit des spéculateurs qui veulent s'enrichir doit être ici tempéré par le droit des citoyens qui veulent vivre. Et au-dessus de tous ces droits s'élèvent, dans une sphère supérieure, les droits du Gouvernement chargé de veiller aux intérêts de la nation, à l'harmonie de l'Etat, et au maintien de l'ordre public.

Le droit du Pouvoir ici est imprescriptible et

sacré. La liberté du commerce ne saurait être invoquée contre lui, car il n'est pas d'usages ni de lois qui ne demeurent toujours subordonnés au maintien de l'ordre et à une sage direction de la patrie. *Salus populi suprema lex!*

Quelques spéculateurs se plaindront à Paris ; mais la France et l'univers applaudiront de grand cœur.

Donc la mesure sera bonne !

IV.

Cela dit, je conclus :

1° Qu'il est urgent qu'un sévère décret établisse promptement pour l'Exposition de 1867, comme pour toutes les Expositions à venir, un *maximum* pour le prix des objets de première nécessité. Ce prix est déjà bien assez élevé en ce moment.

2° Qu'il est urgent que le *maximum* du prix des loyers soit également fixé pour Paris. Dans l'état actuel des choses, je crois qu'il serait très-raisonnable de défendre que pendant l'Exposition ils s'élèvent de plus d'un dixième au-dessus des prix actuels.

3° Qu'il est urgent d'organiser, non plus accidentellement, mais d'une manière législative et permanente, les Expositions universelles destinées à contribuer puissamment à la grandeur de la

France et à la civilisation de l'Univers. Il me semble qu'il serait extrêmement avantageux de faire de cette grande institution quelque chose dans le genre des Jeux Olympiques de la Grèce, avec cette différence que les *Fêtes de l'Union des Peuples* auraient lieu tous les dix ans ; que toutes les nations du monde y seraient convoquées ; que toutes les branches importantes des connaissances humaines y apporteraient leur tribut ; qu'on ne donnerait pas la préférence aux choses matérielles, mais aux grandes œuvres de l'esprit, surtout à la philosophie chrétienne, mère de la sagesse et de la civilisation européenne.

La fondation durable de la glorieuse *Décade humanitaire* serait l'une des plus grandes œuvres des Napoléons.

Monseigneur, l'Empereur a beaucoup d'ennemis peut-être ; mais s'il les domine par l'élévation de ses idées, par la magnanimité de ses sentiments, par son amour pour la justice, par l'ardeur de son patriotisme, le cœur de la nation ne battra que pour lui, et Dieu, en bénissant ses œuvres, lui donnera l'immortalité !

Nota. Pour être plus libre dans l'expression de ma pensée, j'ai cru devoir, dans la Troisième partie où sont développées quelques Réformes, m'adresser à la Nation Elle-même.

TROISIÈME PARTIE.

A LA NATION FRANÇAISE.

LES RÉFORMES.

CHAPITRE Ier.

Causes des Révolutions. Un principe sauveur.

La première cause des révolutions est sans doute dans cette curiosité naturelle à l'homme qui le porte à aimer la nouveauté et à courir sans cesse après l'inconnu. Cela tient à l'essence de la nature humaine, qui, sentant en elle-même le vide et l'imperfection, espère satisfaire, dans des choses nouvelles, l'attrait puissant qui la force à marcher vers l'infini. Quand cet attrait merveilleux, source féconde du Progrès, n'est point réglé par la sagesse, il produit dans les individus l'inconstance, la frivolité, l'étourderie, et, dans les sociétés humaines, les révolutions.

Mais, il existe une autre cause plus apparente et aussi plus remarquée du vulgaire : ce sont les abus du Pouvoir.

Peut-être certaines personnes vont-elles me reprocher ici de me faire encore l'avocat du peuple, et de prendre toujours sa défense contre les grands.

Mon Dieu ! j'avoue que je me fais volontiers le défenseur des faibles. Mais, dans la circonstance présente, comme le peuple est assez puissant pour faire entendre et respecter sa voix, je n'ai pas la prétention de lui être utile par ma modeste parole, et je crois qu'en y regardant bien, les personnes ci-dessus désignées verront que je ne plaide pas seulement la cause du peuple, mais aussi la cause du Pouvoir, en les défendant l'un et l'autre contre les excès qui les mèneraient à leur perte.

Les hommes que la naissance, la fortune ou le talent ont placés au-dessus de leurs semblables, méconnaissent souvent les devoirs de leur haute position. Au lieu donc de faire du grand principe d'autorité, qui est le pivot du monde moral, un moyen de salut pour leurs frères et de bonheur pour eux-mêmes, ils le faussent, l'altèrent, le dévoyent, et le sceptre de la justice et de la paix devient alors un fléau destructeur.

Or, quand ce fléau manié par des mains insensées frappe trop fort ou trop longtemps sur la multitude, il arrive un jour et une heure, — jour néfaste et heure fatale ! — où le mécontentement, la colère, la haine, la fureur, le désespoir, comprimés au fond des cœurs, éclatent soudain, et où le peuple révolté s'écrie de cette voix formidable qu'il prend aux jours des tempêtes :

« L'INSURRECTION EST LE PLUS SAINT DES DEVOIRS ! »

Malheur alors aux aristocraties, aux administrations, aux dynasties dont les fautes ont été assez grandes pour que ce principe, erroné quand le pouvoir est juste, devienne une vérité contre elles! Les passions populaires ayant une fois rompu leurs digues, se contenteront rarement de la réforme des abus et du rétablissement des droits légitimes. A un abîme correspondra un autre abîme : l'arc, trop fortement comprimé, se repliera en sens contraire, et le despotisme du pouvoir aura provoqué une licence sans limite et sans frein.

Mais de même que le despotisme d'un seul ou la tyrannie de plusieurs avait amené la chute du pouvoir; de même la licence de la multitude provoquera infailliblement une répression, qui sera d'autant plus violente que l'anarchie aura été plus funeste.

Ainsi les gouvernants et les gouvernés, ballottés par des fluctuations incessantes entre deux abîmes opposés, mais également redoutables, n'auront jamais qu'une prospérité factice, une paix fugitive, une gloire fausse, un bonheur éphémère et une grandeur chancelante.

Il faut en conclure que la suprême loi des peuples et des individus, le principe sauveur qui permet à tous de jouir du présent et de compter sur l'avenir, c'est le *criterium de la sagesse et de la raison* : : LA MODÉRATION !

CHAPITRE II.

Exploitation de l'homme par l'homme.

Tous les abus de pouvoir peuvent se résumer dans celui qu'on a si bien nommé l'*Exploitation de l'homme par l'homme.*

Toutes les fois qu'un homme se sert de sa puissance, de ses richesses, de ses talents pour abuser de l'ignorance, de la faiblesse ou de la pauvreté de ses semblables, et en retirer des avantages qui sont entièrement à son profit personnel et au préjudice d'autrui, il y a *Exploitation de l'homme par l'homme.*

Il est donc évident que cet abus trop commun est le funeste résultat du vice qui crie toujours : « Tout pour moi, rien pour les autres ! »

Or, comme l'égoïsme n'est pas rare aujourd'hui, on doit en conclure que l'exploitation de l'homme par l'homme n'est pas rare non plus.

Voilà le véritable ver rongeur des sociétés modernes, et le *ténia* qui prépare les révolutions !

Ce grand vice de l'humanité s'est manifesté sous mille formes diverses, depuis le commencement des siècles. Mais de quelque masque qu'il lui ait plu de se parer, il a toujours été cordialement détesté par tous ceux qui en étaient les victimes, et il a toujours conduit le monde à des catastrophes.

Les guerres les plus terribles de l'antiquité n'ont jamais eu d'autre mobile que l'exploitation de l'homme par l'homme, et il est à remarquer qu'elles ont toujours fini par être fatales aux oppresseurs.

Dans les luttes qui ensanglantèrent l'Europe et l'Asie, l'orgueil et la cupidité des puissants provoquèrent toujours la coalition et la résistance désespérée des faibles :

Coalition des Babyloniens et des Mèdes contre Ninive, terminée par la destruction de cette grande cité;

Coalition des Mèdes et des Perses contre la superbe Babylone, terminée par la chute du second empire Assyrien;

Coalition des petits peuples de la Grèce contre la politique envahissante du grand roi, terminée par la conquête de l'Asie par Alexandre-le-Grand;

Coalition fréquente des diverses tribus du peuple romain contre les empiétements et la puissance colossale des patriciens, presque toujours terminée par le redressement des abus, par la restriction des priviléges du Sénat et par de nouveaux droits acquis au peuple, jusqu'à ce qu'enfin cette lutte, ayant embrassé le monde romain dans ses proportions, opposa légions à légions, provinces à provinces, l'Orient à l'Occident, et finit par le

17

triomphe décisif de la plèbe, qui se couronna et s'assit sur le trône dans la personne des Césars, fléaux de l'aristocratie romaine, mais idoles parfois admirables et souvent hideuses des passions populaires ;

Coalition de l'Europe indépendante du xv°, du xvi°, du xvii° et du xviii° siècle contre l'ambitieuse maison d'Autriche, signalée par les embarras et l'abdication de Charles-Quint, la guerre de Trente-Ans, les traités de Campo-Formio, de Lunéville et de Presbourg ;

Coalition de l'Europe des premières années du xix° siècle contre la France conquérante, terminée par le désastre de Waterloo, la rançon de notre patrie et la captivité de Napoléon à Sainte-Hélène;

Coalition actuelle de l'Europe libérale contre les États conquérants, dont le résultat ne saurait être douteux ;

Coalition des bourgeois du moyen âge contre les priviléges nobiliaires, signalée par l'affranchissement des communes, et finalement par la terrible explosion de 1789 ;

Coalition actuelle du petit peuple contre les priviléges des classes riches...

Mais ici nous arrivons au cœur de la question qui nous occupe, et pour empêcher qu'une nouvelle lutte s'engage et amène de nouveaux désastres, nous allons étudier le mal avec soin.

CHAPITRE III.

Coalition des travailleurs.

D'abord constatons un fait.

Il n'est pas douteux qu'en ce moment une coalition se forme pour la défense des droits populaires, non-seulement au point de vue politique, mais au point de vue social, celui que l'on peut appeler *le droit de ne pas mourir de faim.* Les sociétés coopératives qui s'organisent dans les principales villes de France, et les grèves qui se généralisent de plus en plus, sont les indices certains d'un mouvement général qui s'accentue chaque jour davantage.

Avant de formuler un jugement là-dessus, je dois dire comment les circonstances ont amené cette situation, parce qu'en connaissant le mal, on peut plus sûrement l'apprécier et le guérir.

CHAPITRE IV.

Rupture de l'équilibre social.

Depuis que les libertés de la France moderne ont donné à l'industrie et au commerce le puissant essor que tout le monde connaît, il s'est produit une prodigieuse fluctuation des capitaux poussés par un double courant : l'un extérieur, formé par les capitaux étrangers ; l'autre intérieur, formé par les seules ressources du pays.

Quelques hommes habiles, comprenant tout l'avantage qu'ils pouvaient tirer de ce mouvement, s'ils parvenaient à le diriger, ont organisé aussitôt de puissantes compagnies financières, destinées à servir de points de ralliement aux capitaux épars et de guides aux possesseurs hésitants ou maladroits, qui ne savaient de quel côté se tourner. Ces derniers ont trouvé commode de confier leur argent à des mains expérimentées, qui offraient de gérer leurs affaires, et leur promettaient en retour des intérêts et des dividendes bien au-dessus de leurs plus belles espérances. La presque-totalité des capitaux de France a donc pris le chemin de ces vastes officines commerciales, et sortant de la bourse des nobles, des bourgeois, de l'ouvrier, du paysan lui-même, l'argent est allé s'entasser dans les caisses des compagnies.

Si l'on eût observé en ceci la modération, la chose aurait été avantageuse pour tous.

Mais bientôt l'égoïsme et la cupidité sont entrés en lice. La fièvre de l'or et de l'agiotage s'est déclarée. Bien des compagnies se sont alors proposé, non plus un commerce honnête et lucratif, mais une coupable exploitation de la confiance publique; elles ont fait briller aux yeux de la foule des recettes colossales, des primes inouïes, des dividendes exorbitants. On a fait littéralement *la chasse aux capitaux*.

Cette chasse a été conduite avec tant d'adresse par les spéculateurs que le résultat a dépassé leurs espérances, que les oisillons sont tombés en foule dans leurs filets, et que presque toute la fortune publique est venue dans leurs mains.

Sans doute, les capitaux ne restaient pas là, et une fois concentrés, ils allaient à diverses destinations. Quand l'entreprise tendait au bien général, il n'y avait rien à dire, et quel qu'en fût le résultat, l'honnêteté des intentions excusait tout, jusqu'à un certain point. Mais, plus d'une fois il est arrivé que les promesses des compagnies n'étaient qu'un leurre, et qu'au lieu de beaux dividendes si impatiemment attendus, les prêteurs recevaient la triste nouvelle que leurs capitaux étaient engloutis dans la faillite, ce tonneau percé des Danaïdes, beaucoup trop à la mode en ce temps-ci.

En cas pareil, la rupture de l'équilibre social était évidente : on avait pris tout ce qu'il y avait à un endroit, et on l'avait transporté dans un autre sans compensation.

On avait creusé un abîme ici, pour élever un monticule là-bas. L'État était bouleversé en proportion.

Dans les compagnies honnêtes et dirigées selon les règles de la prudence, ce funeste résultat n'avait pas lieu. Toutefois il en naissait un inconvénient que le temps rendra chaque jour plus visible, la pénurie de l'argent dans les campagnes.

Les administrations des Compagnies ne prétendaient pas évidemment travailler pour le roi de Prusse : dans les bénéfices réalisés ils prenaient toujours la part du lion, et si une tempête menaçait les navires dont ils étaient les capitaines, ils s'arrangeaient toujours de façon à ce que les carpillons fretins fussent seuls compromis.

Ils recueillaient *les épaves* comme ils auraient recueilli *les aubaines*. Ils étaient comme ces personnes qui ont un si bon tempérament que tout les fait grossir et prospérer. C'est ainsi que se sont formés ces colosses qui règnent aujourd'hui sur l'océan de la Fortune, et qui méritent si bien le nom de *Cétacés*, que je leur donne sans malice.

Or, pendant que la pléthore et l'obésité gagnaient ainsi une partie de la nation, que faisait l'autre partie ? Que devenait cette multitude nombreuse qui comprend dans son sein les ouvriers, les paysans, la petite bougeoisie, les lettrés, tous ceux en un mot que, dans les hautes régions de la société, on a coutume d'appeler dédaigneusement *le petit Peuple?*

Hélas ! Je vais constater une chose bien regrettable; mais enfin, je parle ici en homme d'État qui sonde les plaies d'une société malade ; je ne puis taire la vérité sans faillir à mon devoir.

Je disais donc que pendant que les classes opulentes prospéraient de plus en plus, le *petit Peuple*, hélas ! devenait encore plus petit ! Oh oui ! il maigrissait de jour en jour, et dépérissait à vue d'œil... Il continuait de supporter toutes les charges de l'État : il subissait les corvées ; il payait l'impôt foncier ; il payait l'impôt du sang et tous les impôts imaginables et possibles. Enfin, s'il était oublié dans la distribution des faveurs, il avait une large part dans les sacrifices, et aucune charge n'était imposée à la nation, sans qu'il fût appelé à la rescousse. C'était à qui ajouterait une pierre à son fardeau.

Il n'avait pas de rentes à placer sur l'État et pas de capitaux à donner aux compagnies, ou si parfois il réussissait à leur confier quelque argent, c'était le fruit de toutes ses épargnes ; c'était le fruit de longues privations qu'il s'était imposées. Le travail de l'ouvrier en souffrait; la culture du laboureur en périclitait ; la petite bougeoisie vendait son patrimoine pour respirer plus à l'aise, et privait ainsi de ses conseils l'homme des champs ; les lettrés, moins un petit nombre d'exceptions, prostituaient leur talent et leur plume dans la propagande de toutes les passions humaines, ou les vendaient au plus offrant, fût-il un ennemi du nom Français!..

Voilà ce qui se passait hier, ce qui se passe aujourd'hui, ce qui se passera sans doute demain avec des circonstances aggravantes.

Telle est la situation.

CHAPITRE V.

Conséquences.

Il est résulté de cet état de choses une altération profonde de la conscience publique, un affaissement notable du caractère de la nation, et une rupture chaque jour plus grande de l'équilibre social.

Pendant que l'argent afflue de toutes parts dans les hautes régions, le peuple est appauvri et saigné jusqu'au blanc : et tout tend à aggraver cette situation anormale. L'or ayant considérablement diminué de valeur dans le commerce par son abondance même, le prix des objets de luxe comme celui des objets de première nécessité a été doublé ou triplé.

L'opulence n'en souffre pas, sans doute; elle trouve même cela de bon ton.

Mais la situation devient intolérable pour les classes moins favorisées : le revenu net des agriculteurs et de la petite bourgeoisie est resté stationnaire ; les recettes des ouvriers n'ont pas augmenté beaucoup : les appointements de tous les petits employés sont à peu près les mêmes. Donc pour les travailleurs et les petits bourgeois qui constituent la masse de la nation, il faudrait que l'argent eût toute sa valeur d'autrefois, parce qu'il est tout aussi rare pour eux.

Toutefois sa dépréciation augmente tous les jours.

Ainsi, pendant que d'un côté les besoins vont grandissant avec la civilisation ; pendant que les impôts augmentent sans cesse ; pendant que la dépense annuelle des familles populaires est double de ce qu'elle était autrefois : de l'autre côté, les revenus du peuple sont demeurés dans le *statu quo*. Par conséquent pas d'économies possibles, pas d'aisance, pas de joie, pas de tranquillité ; souvent pas de pain !

Donc, gêne pour le présent, misère pour l'avenir !

Voilà la situation du peuple !

Elle n'est pas brillante, à coup sûr.

Les conséquences de cette fâcheuse situation varient selon les professions et les individus. Mais on peut dire cependant ceci en règle générale :

Le petit bourgeois, personnage intelligent et raisonneur, murmure sans cesse. Il s'ingénie de mille façons pour se jeter lui aussi dans le grand courant des lingots d'or. Il vend sa petite propriété pour avoir des rentes qui le fassent vivre en paix, ou un petit capital qui lui permette d'essayer la spéculation. Mais ses calculs financiers sont souvent fautifs, et alors il est ruiné complétement. Il devient aussitôt un chef de file dangereux pour attaquer l'ordre social.

Le paysan, peu instruit et pacifique de sa nature, gémit et s'étonne, ne sachant à quel saint se vouer. Mais bientôt arrivent à son oreille les rumeurs révolutionnaires : des messages et des agents secrets viennent le trouver auprès de sa charrue, et il s'enrôle dans un socialisme qu'il ne comprend pas, mais qui lui donne vaguement de l'espoir.

On reconnaîtra la vérité de ce que je dis aux élections de 1869 !

Les ouvriers, ayant plus d'intelligence et plus d'audace que les paysans et comprenant mieux qu'eux le malheur de l'isolement, forment des associations de toute espèce pour résister à la pression qui vient d'en haut. Les plus honnêtes forment des sociétés coopératives, pour améliorer leur sort doucement et sans violence. Mais les plus énergiques et les plus impatients à la fois organisent des grèves pour forcer leurs patrons à capituler devant eux.

Or, les grèves sont l'apprentissage de l'insurrection !

CHAPITRE VI.

Les coalitions et les grèves. Sociétés coopératives. Question des salaires. Organisation du travail. Cours de commerce.

Bien des personnes voient dans les coalitions qui s'organisent fréquemment parmi les travailleurs un fait très-naturel, une conséquence légitime de la loi du 25 mai, qui leur paraît fort sage ; et plusieurs économistes se réjouissent même de ces manifestations populaires comme d'un acheminement vers l'exercice légal de la liberté.

Je regrette de dire que telle n'est pas mon opinion. Les coalitions, de quelque prétexte qu'elles se couvrent, et de quelque nom qu'elles se parent, m'apparaissent toujours comme un phénomène plus ou moins anormal et dangereux, qui dénote un malaise grave dans les masses populaires, un abus prolongé dans certaines régions sociales et un vice dans la législation.

En allant au fond de tous ces mouvements, en examinant les discours prononcés dans les réunions ouvrières, et les paroles dites en dehors des séances dans les petits groupes que forment toujours *les ardents*, il est aisé de voir qu'il y a là une véritable irritation, qui prouve que ce peuple souffre, qu'il s'impose des sacrifices considérables, et qu'il se plaint vivement en secret de la position qui lui est faite. Si l'on cherche quelle est la cause véritable de ces douleurs, de ces colères, de ces haines cachées, on n'en trouve pas d'autre que l'abus vrai ou supposé de la spéculation. J'ai cherché à ce mal un remède dans la loi : mais la loi se tait. J'ai espéré le trouver dans le pouvoir, mais le pouvoir se déclare incompétent.

Or, un événement beaucoup plus grave, mais inévitable, a suivi de près les coalitions.

En même temps que les travailleurs ont sagement organisé des sociétés coopératives, afin de dépenser moins et de produire davantage, ils se sont occupés des moyens d'augmenter les salaires. Quelques hommes de bon sens ont dit : « Il faut » nous concerter avec les patrons. » Mais les ardents, peu satisfaits de voir le peuple prendre des allures si placides, se sont écriés : « Mettons nous en grève! » Et comme leurs voix étaient plus éclatantes, et que le peuple, ce grand enfant, aime toujours un peu le bruit et les coups de tête, la grève a été résolue. La première ayant été couronnée de succès, la chose est devenue à la mode. On a donc vu la grève par-ci, la grève par-là, la grève partout et à propos de tout. Les enfants du peuple jubilaient à l'idée de prendre un peu leurs patrons à la gorge, de se promener plusieurs jours sur les places et les boulevards, les mains dans les poches, de se réunir dans une grande salle, de délibérer, de faire les importants, de faire un peu parler d'eux.

Mais les patrons n'étaient pas de cet avis-là : ils ont organisé des sociétés de résistance, et répondu aux sommations des postulants par un refus général. Ceux-là seulement qui n'avaient rien à faire et qui voulaient avoir des annonces gratuites dans les journaux, ont promis aux ouvriers tout ce qu'ils voulaient, sauf à les payer aux calendes. De là sont nées entre ouvriers et patrons des explications contradictoires, puis, de l'aigreur, de la jalousie, de la colère, de la haine et des violences, comme à Roubaix. Deux camps rivaux sont ainsi en présence dans nos grandes villes. Les avanies ne sont pas ménagées aux patrons : les injures et les coups sont souvent prodigués par les ouvriers turbulents aux ouvriers pacifiques, qui travaillent sans augmentation de salaire.

Voilà bien des gens souffreteux, réchignés, et mal à leur aise.

Que faut-il pour qu'une grève opiniâtre se change en émeute ? — Une étincelle.

Mais une troisième classe de gens, et celle-ci infiniment plus nombreuse que les autres, considère ce spectacle, et bientôt se met à murmurer aussi, à gémir, à se plaindre, à se cabrer, à faire tapage de son côté : c'est le public. Le bon public dans ces circonstances-là se trouve dans une situation extrêmement difficile. Il voit des gens qui, à sa barbe et sous son nez, se réunissent, se querellent, et se concertent pour trouver un moyen de le rançonner un peu mieux et de se partager ses dépouilles. Mais il lui est défendu de se réunir aussi, d'agir et de dire son mot dans une affaire qui l'intéresse autant que qui que ce soit au monde. Là-dessus il exhale sa bile et sa mauvaise humeur : dans son irritation il maudit bien des tout qu'il avait supportées jusque là; mais la chose se décide ordinairement contre lui. Travailleurs et patrons finissent toujours par s'entendre, et les consommateurs paient bien à tort, hélas! tous les pots cassés. Ainsi, la veille il n'y avait que quelques milliers de mécontents ; le lendemain il y en a des millions. Ceux-là cherchent à se rattraper d'un autre côté, et bientôt éclatent de nouveaux malaises, de nouveaux tiraillements et de nouvelles grèves. Il n'y a pas de raison pour que cela prenne fin, et chacun tirera de son côté tant et si bien qu'un beau jour, quelque circonstance y aidant, et quelque mauvais génie se jetant dans la bagarre, une révolution éclatera soudain et mettra la société en péril.

Quelle est la cause de tous ces tiraillements, et

qu'y a-t-il au fond du cœur de tous ces rivaux intéressés? L'Egoïsme, *ou l'exploitation de l'homme par l'homme.*

Il faut absolument trouver un remède à un si grand mal. Tout bon citoyen consulte aussitôt la loi : mais la loi se tait. Il s'adresse au Pouvoir : mais le pouvoir se déclare incompétent. — « Oh !
» s'écrie-t-il désolé, mais alors c'est la force qui
» règne parmi nous ? »

Eh bien ! je dois le dire ici en toute vérité : *l'abus de la spéculation et l'exploitation arbitraire de l'homme par l'homme* sont des attentats contre la société. Les coalitions, les grèves et toutes les associations organisées par quelques fractions des citoyens pour imposer leurs volontés à la Nation, c'est-à-dire aux consommateurs — le nom ne fait rien à la chose — constituent un véritable abus, une injustice et un danger social. La loi pêche, puisqu'elle permet aux citoyens de se faire justice à eux-mêmes. Le Pouvoir commet une grave erreur en se tenant à l'écart ; il ne comprend pas bien sa mission, et il ne voit pas que, malgré qu'il en ait, son existence est toujours mise en jeu, quand la justice est en péril dans quelque partie de l'Empire.

On dira : « Mais le Pouvoir ne peut pas se mêler à des querelles irritantes et personnelles, où il consumerait un temps précieux, où il perdrait son prestige, où il se créerait sans cesse de nouveaux ennemis. Le Pouvoir ne doit s'occuper que des affaires qui concernent la Nation tout entière, et laisser les individus et les corporations régler leurs affaires selon leur bon plaisir. »

A cela je réponds : Évidemment le Chef de l'État ne doit pas intervenir *personnellement* dans des débats où il compromettrait inutilement son prestige et son autorité. Aussi bien, ne puis-je que louer la prudence avec laquelle Sa Majesté l'Empereur a toujours répondu aux sollicitations dont Elle a été l'objet dans plusieurs circonstances, notamment dans la grève des cochers de fiacre. Le Chef de l'État ne doit pas plus intervenir dans ces questions-là que dans les affaires de cours d'assises ou de justice de paix. Mais est-ce à dire pour cela que les assassins et les voleurs doivent rester impunis? que chacun peut faire ce qui lui plaît? qu'il est permis de rançonner celui-ci, de tracasser celui-là, d'exploiter tout le monde autant que faire se peut? — Nullement! Il y a des tribunaux en France mieux organisés qu'à Berlin. Le Pouvoir, gardien de la constitution, doit faire justice aux corporations et à la nation, tout aussi bien qu'aux individus.

La législation elle-même ne doit être qu'une sage interprétation de la constitution. Or, la loi qui a établi des tribunaux et des magistrats, pour trancher les différends qui s'élèvent entre les particuliers, ne dit rien pour trancher les démêlés beaucoup plus graves qui s'élèvent entre diverses classes de citoyens. Les coalitions sont obligées de décider tout par la ruse et par la force. Il n'y a pas de tribunaux, pas de magistrats, pas de justice pour elles. Évidemment il y a là une lacune dans la loi, un vide regrettable dans la magnifique organisation judiciaire de la France. Et si ces lacunes, si ce vide continuaient à subsister, les coalitions formeraient bientôt dans le pays de petits États indépendants et jaloux, dont les rivalités ne tarderaient pas à produire la guerre civile.

Le Pouvoir, gardien naturel de la constitution, de la législation et du droit social, ne peut pas se déclarer incompétent dans une matière qui touche à ses attributions les plus sacrées.

Napoléon Ier a organisé la justice égalitaire pour tous les individus sans distinction, en promulguant le Code qui porte son nom, et qui lui a valu le surnom de Grand, beaucoup mieux que tous ses exploits. Mais il ne prévoyait pas les coalitions qui se formeraient plus tard dans la société française; il a laissé intactes ces grandes et difficiles questions des salaires et de l'organisation du travail, qui, après nous avoir valu tant d'émeutes, causent aujourd'hui tant d'inquiétudes, et peuvent demain faire éclater une révolution. Un souverain, si grand qu'il soit, ne peut tout faire et laisse à ses descendants bien des cas à décider. C'est le cours de l'humanité : à chaque heure suffit sa peine.

Le moment est venu où la justice doit être organisée pour les corporations, pour les coalitions et pour toutes les petites réunions d'hommes. Le jour viendra bientôt où l'organisation judiciaire, recevra son couronnement en réglant les démêlés des peuples et des rois.

Quoi qu'en disent les ennemis du progrès, cela se fera, parce que cela doit se faire. La société chrétienne n'est point destinée à périr comme les sociétés antiques, qui brillèrent un moment et s'évanouirent pour jamais. La civilisation chrétienne est immortelle comme son glorieux Fondateur : elle doit peu à peu se développer et se perfectionner indéfiniment. C'est ce qui explique pourquoi les peuples chrétiens ne peuvent point mourir. On peut les vaincre, les écraser, les disperser ; mais sous ces débris informes, la vie habite toujours. On l'a vu au moyen âge par l'Espagne, on le voit à présent par la Pologne, par l'Irlande, par les Grecs : et cela finit toujours par une résurrection religieuse et sociale, qui donne aux vaincus d'un jour les mêmes droits qu'à leurs vainqueurs.

Eh bien ! donc, puisque la civilisation chrétienne doit, malgré tout, acquérir son légitime développement, la sagesse veut et une habile politique demande que le Souverain de la France prenne la direction de ce grand dessein.

L'organisation complète de la justice nationale et de la justice internationale est une œuvre digne des Napoléons !

Et comme le progrès doit se faire peu à peu, selon l'ordre de la nature, il faut, d'abord commencer par la question des salaires, des grèves, des coalitions de toute espèce, étape importante que doit franchir la nation française, afin de concentrer toutes ses forces, de guérir ses plaies intérieures, et de marcher pleine d'ardeur et de beauté à la conquête de la justice internationale, qui doit inaugurer l'ère de la paix universelle par le triomphe de la civilisation chrétienne [1].

[1] Peut-être quelques personnes trouveront ceci singulier. Mais de même qu'on ne peut pas bien juger une œuvre d'art, si on se met dans un faux jour ; de même on ne peut pas apprécier un projet, si l'on part de certains préjugés personnels. Il faut prendre un moment la place et les idées de l'auteur, et de là examiner la carrière qu'il trace, les moyens qu'il indique et le but qu'il veut atteindre ; puis faire passer tout cela devant la norme du vrai, devant le tribunal de la Raison que nous avons en nous, et voir si les principes sont sages, les moyens convenables et la fin légitime. Alors seulement on prononce avec connaissance de cause, et le jugement, quoique toujours faillible chez l'homme, aura toutes les chances de l'infaillibilité. Ici le point de départ est la civilisation catholique (la seule vraie, selon moi) : le but est le bonheur et la perfection indéfinie du genre humain ; les moyens se résument dans le progrès constant guidé par la raison et la foi. — Je réponds du succès, parce que rien ne résiste à une idée vraie. Cette idée se jouera des hordes moscovites, des fusils prussiens, et des poignards de la Révolution athée.

Voici, ce me semble, comment on peut procéder.

Deux voies seulement s'ouvrent sur ce point devant le Législateur. L'une est révolutionnaire : l'autre est à la fois démocratique et autoritaire.

Dans la première, le gouvernement autorise les coalitions, les sociétés ouvrières, agricoles et manufacturières, et les laisse libres de s'arranger comme elles l'entendront, en se réservant d'intervenir seulement dans le cas où l'ordre public serait compromis par des actes de violence.

Mais alors il est obligé d'aller jusqu'au bout, et d'accorder aux consommateurs la liberté d'association et de coalition qu'il accorde aux producteurs. S'il ne le fait pas, les intérêts de la nation seront sacrifiés aujourd'hui aux tailleurs, demain aux maçons, puis aux fondeurs, et à toutes les industries l'une après l'autre : l'intérêt général ne sera plus qu'un vain mot, l'égoïsme sera l'unique loi, le patriotisme sera détruit, la puissance française et le Gouvernement lui-même s'affaisseront en même temps, parce qu'il n'y aura plus de ressorts pour les soutenir. Les travailleurs ne disent-ils pas souvent que « le tra- « vail n'a point de patrie? » Ce chemin-là mène donc à un abîme.

Dans l'autre voie. le Gouvernement prend énergiquement en main le rôle actif et prépondérant

qui lui convient. Il représente la nation, et ne peut souffrir qu'une corporation quelconque joue un rôle omnipotent et impose ses lois à la masse des citoyens. « Les ouvriers et les patrons ont des
» droits, dit-il ; mais la nation a aussi les siens, et
» je suis chargé de les défendre. Je permets aux
» industriels et aux ouvriers de se réunir pour étu-
» dier les moyens de perfectionner leur industrie :
» ceci est conforme à leur intérêt particulier et au
» bien général : il n'y a donc pas d'inconvénients.
» Mais toutes les questions de salaires seront ju-
» gées par des tribunaux de conciliation, que j'in-
» stitue dès aujourd'hui d'une manière perma-
» nente, pour l'agriculture et les arts libéraux
» aussi bien que pour l'industrie. »

On invitera les citoyens de chaque profession à élire des *conseils de Prud'hommes*, qui seront chargés de veiller aux intérêts de ladite profession, et dont l'influence suffira le plus souvent pour calmer les mécontentements et pour régler à l'amiable la plupart des difficultés. Ces conseils pourront s'organiser dans chaque chef-lieu de département ou même dans chaque sous-préfecture, avec des succursales dans chaque canton et dans chaque commune, car leur multiplication sera toujours utile.

Quand un différent s'élèvera, on le soumettra au conseil des Prud'hommes, et celui-ci, faisant l'office de médiateur, tâchera d'arranger la chose.

Si sa décision ne satisfait point les intéressés, ils pourront élire des délégués qui, au nom de tous, porteront l'affaire devant une *Cour de commerce*. Cette Cour, composée de juges choisis par le Gouvernement parmi des hommes versés dans l'agriculture, le commerce et l'industrie, sera chargée de résoudre toutes les questions de salaire et de négoce. Les *Chambres actuelles de commerce* pourraient peut-être remplir cette destination, si on les modifiait convenablement. Quoi qu'il en soit, la Cour représentant ici le Gouvernement et la nation, pèsera le pour et le contre, tiendra compte des demandes des travailleurs, des explications des patrons et de l'intérêt général du pays : puis elle prononcera son jugement, qui sera obligatoire pour toute sa circonscription comme les sentences des autres tribunaux [1].

Par ce moyen, les intéressés au lieu d'être à la fois juges et parties dans leur propre cause, et de prononcer arbitrairement des décisions souvent nuisibles au bien public, rentreront dans le rôle normal qui convient aux plaideurs.

Si le Gouvernement veut démocratiser cette Institution, il n'a qu'à élire seulement un tiers des juges au nom du public consommateur, et à laisser élire les autres, un tiers par les travail-

---

[1] Nous pensons qu'il faudrait une Cour de Commerce par département.

leurs et un autre tiers par les patrons; j'entends non-seulement les directeurs d'usines ou d'ateliers, mais tous les maîtres quelconques, hommes ou femmes, qui ont des personnes à gages, puisque les Cours de Commerce doivent décider toutes les questions de *salaire et de travail.*

Voilà, ce me semble, le seul moyen d'en finir avec toutes ces coalitions et ces grèves, qui, en troublant la confiance publique et en agitant le pays, peuvent, comme les banquets *réformistes* de 1848, servir de levain à une révolution. Le prolétariat sagement organisé deviendra une force de plus et un danger de moins.

CHAPITRE VII.

Les paroles des Sycophantes.

Mais, il ne suffit pas de trancher la question des grèves et des salaires, il ne suffit pas de régler sagement les querelles du peuple ; il serait bon surtout d'en détourner les causes, car il vaut toujours mieux prévenir le mal que de le guérir.

Or, pour le prévenir, faut-il emprunter le langage de certains économistes aveugles ou soudoyés ?

Faut-il dire, par exemple, avec beaucoup de citadins ?

« Que le paysan ouvre les yeux à la lumière
» et au progrès ! qu'il devienne intelligent, ha-
» bile et calculateur ! qu'il améliore sa terre !
» qu'il change son mode de culture ! qu'au lieu
» de semer des céréales pour nourrir les hom-
» mes, il fasse des prairies pour l'élève des bes-
» tiaux, puisqu'il est prouvé que les prairies
» donnent moins de peine et un revenu plus net ! »

Ceux qui raisonnent ainsi me semblent avoir vu seulement l'économie sociale dans ses langes, et je ne puis assez m'étonner de ce que des arguments d'aussi peu de valeur ont trouvé un retentissant écho dans nos assemblées parlementaires.

Comment! des citoyens dont la bonhomie et la patience sont phénoménales, vous disent qu'ils sont embarrassés, qu'ils ne peuvent plus vivre; ils vous appellent à leur secours, et vous leur répondez : « Instruisez-vous ! » — Mais ils vous diront qu'il faut du temps pour cela, et que ce conseil, excellent pour les générations futures, est inapplicable aux hommes du moment.

Vous leur dites : « Améliorez vos terres ! » — Mais ils vous diront : « Nous les cultivons de notre mieux. »

Vous leur dites : « Faites des prairies : au lieu
» de moissonner le blé, fauchez des pâturages,
» élevez des bestiaux... » — Mais ils vous répondront : « La nature et la conformation de la plus
» grande partie de la France ne permettent pas de
» couvrir le sol de pâturages! Et puis, les Français
» ont besoin de pain : ils ne sont pas encore bêtes
» à manger du foin !!! » Et ici le plus maigre bon sens, d'accord avec les paysans, ajoute aussitôt :
« Que deviendrait la France si elle ne cultivait
» plus les céréales? que deviendraient en parti-
» culier les beaux messieurs qui donnent des
» conseils aussi maladroits? N'auraient-ils pas
» toujours la famine à leurs portes? La France
» ne serait-elle pas à la merci des peuples étran-
» gers ? »

Oh! vraiment, donner de pareils conseils au peuple, c'est bien mal répondre à sa confiance ; c'est lui donner une bien fâcheuse idée de la prudence de ceux qui le gouvernent ; c'est heurter violemment son expérience et son bon sens ; c'est avoir l'air d'amuser sa douleur profonde par des jeux puérils ; c'est vouloir le mettre en colère, en lui donnant lieu de croire qu'on se moque de lui.

Mieux vaudrait lui dire nettement : « Nous ne » connaissons pas de remèdes aux maux de la » génération présente. Que chacun s'en tire » comme il peut ! » -

Ce serait dur, il est vrai : mais ce serait plus loyal.

Les paysans aviseraient alors !

. . . .

Faudra-t-il encore se borner à dire à l'ouvrier qui se plaint de l'insupportable cherté des loyers, et du prix exorbitant des choses les plus nécessaires à la vie :

« Si tu ne peux pas louer un appartement, » prends une chambre ; si tu ne peux pas louer » une chambre, prends une mansarde ; si tu ne » peux pas louer une mansarde, abandonne la » ville et va-t-en à la campagne. Et puis ! Fais » des économies ; ne mange pas tant de viande ; » ne bois pas tant de vin ; ne t'amuse pas si » souvent ! »

L'ouvrier ne répondra-t-il pas? « Mais si je
» n'ai qu'une chambre pour ma femme et mes
» enfants, que devient le respect du mariage?
» que devient l'ordre du ménage? que deviennent les mœurs? que deviennent les santés?...
» Que ferai-je aussi dans la banlieue, puisque
» mon travail est en ville? Comment pourrai-je
» travailler, si je ne me nourris pas? Comment
» ne deviendrai-je pas fou, si je ne m'amuse
» jamais? »

Oh! oui : c'est se moquer de l'ouvrier que de lui parler de la sorte. Mieux vaudrait répondre à toutes ses plaintes par le refrain banal :

« Tire-t-en, Pierre ; tire-t-en donc! »

Ce serait blessant, j'en conviens ; mais ce serait plus vrai.

L'ouvrier aviserait alors !

. . . .

Faudra-t-il enfin prendre un air bonasse et patelin pour dire au petit bourgeois :

« Courage, mon ami! Ta fortune est dans ta
» tête : Vois-tu! le génie mène à tout. Regarde
» Rocambole! Rocambole est enrichi ; Rocambole
» est honoré ; Rocambole est redouté ; Rocam-
» bole est décoré peut-être!... Oh! quel homme
» que ce Rocambole! et comme il a su faire son
» chemin!

» Il est vrai qu'on ne devient pas marquis tout
» d'un coup, et qu'il faut traverser plus d'un

» défilé....Mais on se fait petit, bien petit tout
» d'abord... Puis, on rampe, on s'insinue, on se
» glisse, on serpente, on s'entortille, on passe
» partout, jusqu'à ce qu'enfin on domine à son
» tour!... Tu ne te marieras pas sans doute...
» mais les femmes ne manquent jamais... Tu
» n'auras pas d'enfants... mais c'est un souci de
» moins.... Il faut tout calculer ici-bas ; et si tu
» calcules bien, tu verras que ton sort est heu-
» reux, brillant même, car le mérite est toujours
» apprécié en France!...

» Si quelqu'un en doutait, Rocambole serait là
» pour le confondre!... »

Ah! j'avoue cette fois que ce raisonnement, qu'on n'ose pas faire tout haut, mais qu'on chuchote à l'oreille, ne paraît que trop concluant à la foule, et qu'en effet, le xixe siècle n'est ni l'âge d'or, ni l'âge d'argent, ni même l'âge de fer, mais qu'il tend à devenir *l'ère des Rocamboles!*

Et c'est peut-être dans cette prévision, fort rassurante sans doute pour l'avenir, que tant de dupes travaillent *à l'abolition de la peine de mort en matière criminelle*... et que tant de plumes folles élèvent les forçats sur le pavois. Ne dirait-on pas que *l'âge d'or des assassins va se lever ?*

« Vous voulez être honnête, modeste, labo-
» rieux!... — Fi donc! maladroit! Imitez Rocam-
» bole!

18.

» Vous voulez observer la loi de Dieu et les lois
» de l'État... — Hélas ! mon pauvre ami ! comme
» vous êtes rétrograde ! Comprenez donc mieux
» votre temps : admirez Rocambole !

» Vous voulez avoir des mœurs : vous êtes
» heureux d'avoir été bon fils, et vous sentez un
» besoin réel, un noble et généreux désir d'être
» encore bon père et bon époux... — Ah ! quelle
» simplicité !... Vous avez donc du cœur ?... Vrai-
» ment ?... cela n'est pas possible !... On ne
» croyait plus à ce phénomène-là !... Croyez-moi,
» godichon : imitez Rocambole !

« Vous voulez faire un noble usage de vos ta-
» lents ; vous voulez tenir dignement une plume,
» ou porter héroïquement une épée...—Qu'est-ce
» que c'est que ça ? Du talent ? du dévouement ?...
» Allons donc ! ah ! pour le coup !... Mais on ne
» connaît pas d'autre talent aujourd'hui que le *ta-*
» *lent d'argent !*.. Et peut-il y avoir d'autre dévoue-
» ment en ce monde que de s'aimer, de s'admirer,
» de s'adorer soi-même ?.. Bourgeois, mon bon
» ami ! oh ! bourgeois trop naïf ! imitez Rocam-
» bole !!! »

Hélas! ces funestes conseils viennent de tous les
côtés à la fois ; l'atmosphère est saturée de ces
miasmes pestilentiels : et Rocambole en effet a
trop d'imitateurs dans tous les rangs de l'ordre
social !...

C'est pourquoi, précisément, l'homme d'État

qui observe les choses d'un œil profond et attentif se sent souvent froid au cœur; il sent ses membres défaillir et il secoue tristement la tête en disant :

« Pourrons-nous encore sauver la France ??? »

Mais laissons ces lugubres pensées !... Abandonnons l'avenir aux mains de Dieu ; et tâchons d'améliorer le présent...

Toutefois, ne nous dissimulons pas le danger : le temps presse ! Et tout honnête homme doit veiller, veiller pour lui-même et pour ses enfants !

CHAPITRE VIII.

Quelques remèdes véritables.

La situation matérielle des classes populaires, étant fort tendue, demande des remèdes prompts et énergiques.

On peut les réduire à trois principaux : le *maximum, le minimum et la modification de l'impôt*.

Avant d'aborder ces délicates et difficiles questions, je prie mon lecteur de mettre à part tout préjugé, tout intérêt personnel, tout esprit de système, et de suivre mon raisonnement avec une complète impartialité.

Ces dispositions-là sont indispensables pour arriver au vrai : or, le vrai sera toujours la panacée des individus et des nations. Il faut donc le chercher avec calme pour le proclamer et le pratiquer.

Il y va du salut de tous!

CHAPITRE IX.

Loi du maximum.

Dieu sait combien on a critiqué les lois du *maximum* décrétées par la République française et par le premier Empire ! La plupart des historiens n'ont vu dans ces décrets que l'expression du terrorisme révolutionnaire et du despotisme césarien, une coupable violation des droits du commerce et une profonde atteinte à la prospérité publique.

A mon humble avis, les publicistes qui ont traité de la sorte cette grande question n'ont pas fait preuve d'un grand sens politique. Ils ont tenu plus de compte de l'intérêt de quelques particuliers, que des intérêts de la nation ; ils n'ont pas assez approfondi les principes fondamentaux qui constituent les sociétés humaines ; ils n'ont pas compris qu'elles ne peuvent exister que par un continuel échange de sacrifices et de secours entre les hommes qui les composent, et que la société n'est que la somme des droits de chacun, amoindrie par les droits de tous. En un mot, ils ont traité la question en simples citoyens et point du tout en hommes d'État.

M. Joseph Garnier, dans son traité d'Economie politique, dit « que le *maximum* transforme l'é-
» change en un déplacement injuste de la valeur
» entre le vendeur et l'acheteur. » J. B. Say compare la loi du maximum à une ordonnance ainsi conçue : « Chaque fois que vous achèterez quelque
» chose, vous donnerez au marchand, ou le mar-
» chand vous donnera, telle somme en sus du prix
» naturel. »

Mais les deux célèbres économistes ont oublié que personne n'a jamais soutenu que l'État devait intervenir arbitrairement dans l'échange ; qu'il ne doit le faire que dans le cas où les spéculateurs abusent de leur droit, et où leur mauvais vouloir est gravement nuisible au bien public. La spéculation outrée, l'accaparement poussé au-delà de certaines limites, sont des injustices et des crimes qu'un gouvernement sage doit prévenir et châtier aussi bien que les autres, dans l'intérêt général d'abord, et pour son propre salut ensuite. N'a-t-on pas vu des cas où les spéculateurs mettaient réellement le Pouvoir en état de siége ?

Dire que l'échange ou tout autre droit quelconque des citoyens, pris en particulier, est placé au-dessus des intérêts de l'État, c'est rendre le gouvernement impossible, c'est poser un principe destructeur de la société même, puisque la société n'est qu'un mot, sans le pouvoir modérateur qui la régit.

Les industriels et les commerçants n'ont la liberté d'acheter et de vendre selon leur bon plaisir, qu'autant que ce bon plaisir n'a rien de contraire au bien général ; et, dès qu'il surgit des circonstances telles qu'en laissant pleine liberté à la spéculation, les intérêts d'une foule de citoyens seraient tellement lésés que la vie sociale leur deviendrait trop onéreuse et presque insupportable ; le Chef de l'État chargé de distribuer sagement toutes les forces vives de la nation, a le droit d'interposer son autorité et de mettre l'influence prépondérante de la loi sur celui des plateaux de la balance qui devenait trop léger, afin de rétablir ainsi l'équilibre indispensable à la santé du grand corps social.

Ce n'est point là un principe abusif, despotique ou révolutionnaire, comme l'ont dit souvent d'avides spéculateurs. C'est une maxime de droit naturel, un simple corollaire de la convention tacite qui existe toujours entre les habitants du même pays, les membres de la même cité, les fils de la même nation. Chacun d'eux, en effet ne consent à être membre de la nation ou de la cité, qu'à condition qu'il aura une part raisonnable aux inconvénients et aux avantages de la société. Il n'a point du tout l'intention d'en faire partie, si on le met dans une situation telle qu'il ne puisse plus raisonnablement accepter un pareil état de vie.

Mais, n'est-ce pas là ce qui arrive quand, par

exemple, les choses de première nécessité [1] sont à un prix si exorbitant que les classes les moins riches ne peuvent pas se les procurer ? Dans ces moments-là les spéculateurs s'enrichissent, il est vrai; mais les pauvres souffrent démesurément : donc les premiers dépassent leurs droits, puisqu'ils annihilent les droits des seconds. Le peuple, ainsi acculé dans une situation intolérable, aurait le droit de prendre de vive force ces choses de première nécessité qu'on lui marchande si haut, car le droit naturel qu'il a *de vivre* est plus sacré que le droit conventionnel qu'ont les exploiteurs *de s'enrichir*.

C'est alors que le chef de l'État, qui a reçu la mission d'empêcher le désordre et l'anarchie, promulgue la *loi du maximum!* Rien ne saurait être à la fois plus juste, plus prudent et plus rationnel. Ce n'est point le caprice ou le despotisme qui dictent un pareil décret. C'est la Nature même !

Or, en ce moment, à Paris en particulier, par suite de l'augmentation des loyers et de l'élévation du prix de toutes choses, la situation du peuple tend à devenir si pressante et si onéreuse qu'elle ne saurait être tolérée. Eh bien ! cette anomalie se produisant, le Pouvoir est obligé d'intervenir ; cette maladie sociale venant à se déclarer, le Gou-

---

[1] Par choses de première nécessité, nous entendons, non seulement les aliments nécessaires à la vie, mais aussi les vêtements et les logements, qui sont également indispensables.

vernement, qui est le grand Justicier et le véritable médecin de l'État, doit s'appliquer à la guérir. Au lieu de laisser s'établir entre les parties intéressées, entre les producteurs et les consommateurs, des pourparlers qui aboutiraient infailliblement à l'irritation, aux querelles, aux désordres, à la violence, à la sédition, il doit user de son autorité suprême, pour trancher le différend avec d'autant plus de promptitude et d'autorité que le mal est plus grave et plus enraciné.

La loi du *maximum* est donc juste et nécessaire en soi, et le Gouvernement du pays doit seul en apprécier l'opportunité.

Mais il est bon d'ajouter que la première chose à faire, c'est de voir si la hausse du prix de toutes choses et les souffrances du peuple qui en sont la déplorable conséquence, ne proviendraient point du fait du Gouvernement lui-même. Dans ce cas, en effet, il ne devrait pas hésiter à réparer sa faute ou son erreur : car ce serait ajouter une faute à une autre, et aggraver le mal au lieu de le guérir, que d'en laisser subsister la cause véritable et de s'en prendre aux citoyens de ce qui est absolument indépendant de leur volonté.

CHAPITRE X.

Loi du Minimum.

Du reste, la loi du *maximum* a son correctif obligé dans la loi du *minimum*.

En effet, s'il y a telle circonstance où la loi du *maximum* peut devenir une nécessité sociale, il se présente aussi de loin en loin des conjectures telles que le commerce languissant et aux abois est menacé d'une ruine complète, par l'avilissement du prix de toutes choses. Le spéculateur se trouve alors réduit à ce funeste dilemme : « Ou vendre à
» perte, et par conséquent courir à la faillite et à
» la banqueroute; ou ne pas vendre du tout, ce
» qui est un chemin qui n'est guère plus sûr et
» qui conduit finalement aux mêmes abîmes. »

En pareil cas, le petit peuple des villes se réjouit ouvertement ; il dit bien haut que tout va pour le mieux, que la vie n'a jamais été à plus bas prix, et qu'il serait bien à désirer qu'il en fût toujours de même. Le peuple raisonne ainsi parce qu'il ne voit pas les choses d'assez haut, et qu'il est placé trop bas, pour saisir d'un coup-d'œil le majestueux ensemble et les nécessités générales de la nation.

Mais, les hommes d'État que leurs études et leurs fonctions obligent à s'élever au-dessus de tous les intérêts étroits et de tous les préjugés du vulgaire, démêlent promptement dans cet état de marasme et d'affaiblissement du monde commercial une plaie secrète, une fièvre lente, qui mine d'abord quelques familles et s'étend bientôt, par contre-coup, à la nation tout entière ; ils sentent la nécessité d'un remède efficace, le besoin d'un médecin intelligent.

Or, quel sera le médecin, sinon le Gouvernement qui est la tête de la nation, qui doit être tout yeux pour veiller aux intérêts de ses membres, tout oreilles pour entendre leurs plaintes légitimes, afin d'appliquer à tous les besoins les remèdes que lui suggère son patriotisme, éclairé par les ressources que lui fournit sa haute position.

Qu'on n'objecte pas ici la liberté de commerce ou tout autre principe semblable ; car tous les usages, toutes les lois et tous les droits sont subordonnés au bien public. Après l'honnêteté, la première loi d'un Gouvernement est celle-ci : « *Salus populi suprema lex !* » Son droit d'intervenir ici est incontestable.

Mais quel remède appliquera-t-il, lorsque, par suite du malheur des temps, une marchandise quelconque se vendra au-dessous de son prix réel, de telle sorte que ses possesseurs verront leur situation mise en péril ? Pour mieux préciser les choses, que fera-t-il par exemple, quand les produits agricoles se vendront à un prix si infime que l'agriculteur n'aura plus sur leur vente aucun bénéfice net, et ne sera plus rémunéré de ses labeurs ?

Le peuple des villes assurément ne se récriera jamais contre un pareil état de choses, et, sans s'inquiéter aucunement de l'avenir du peuple des campagnes, il dira que le Gouvernement, bien loin d'apporter des obstacles à l'avilissement des prix, doit au contraire le favoriser; que c'est de la saine politique, et que c'est au paysan à s'ingénier pour produire davantage et à meilleur marché. C'est le langage que tenaient pendant ces dernières années, non-seulement les ouvriers de Paris, mais les journalistes, les financiers, les économistes et même bon nombre de députés.

En effet, l'égoïsme des citadins ne tient aucun compte des habitants des campagnes, et la plupart d'entre eux, voire même des républicains, des socialistes et des libres penseurs, professent sans gêne que le campagnard — ils diraient presque le vilain ! — est trop lourd et trop ignorant pour avoir les mêmes priviléges que le peuple des villes. S'ils osaient, ils lui ôteraient même le droit de suffrage ! Je pourrais citer tels et tels qui ont émis fort gravement cette opinion.

Donc, quand les campagnards souffrent, les citadins se disent : « Bah ! l'homme des champs vit

» de peu : il est patient et fort comme son bœuf et
» son âne; il n'a pas tant de besoins que nous,
» parce qu'il est moins civilisé : c'est donc à lui de
» porter le bât ! »

Et cela dit, la plainte du paysan est oubliée.

Mais un Gouvernement sage ne saurait raisonner de cette façon : il s'intéresse au peuple des champs, autant qu'au peuple des villes, parce qu'il sait que là aussi il y a des âmes honnêtes qu'il faut encourager, des cœurs généreux qu'il faut aimer, des pères de famille dignes de toutes les sympathies, qui nourrissent la France pendant la paix et la défendent vaillamment pendant la guerre contre l'ennemi du dehors.

En cette occasion donc, le Gouvernement fermera l'oreille au verbiage égoïste des citadins, il se penchera avec affection vers le pauvre peuple des campagnes, lui donnera les conseils les plus utiles pour guérir ses maux; et si cela ne suffit pas, si les douleurs sont trop vives et la détresse trop pressante, la même main qui, dans d'autres conjonctures, a décrété la loi du *maximum* en faveur des cités, signera maintenant la loi du *minimum* en faveur des campagnes.

Dans l'un comme dans l'autre cas, le Souverain ne cessera pas d'être véritablement *le Père du peuple!*

CHAPITRE XI [1].

Les Monopoles.

On appelle *monopole* (du grec μονὸς πόλειν vendre seul, commercer seul) le privilége en vertu duquel un individu, une corporation, une compagnie quelconque, peuvent exploiter telle ou telle branche des œuvres humaines, à l'exclusion de tous les autres citoyens.

C'est ordinairement le despotisme multiple de certaines individualités ou associations puissantes, qui pousse cà et là de funestes rejetons, autour du despotisme central d'un Gouvernement absolu.

Le monopole est rarement international. Tout le monde convient que lorsqu'il existe de nation à nation, il n'est que l'expression de la force brutale et un insupportable abus que les peuples faibles ont le droit de faire disparaître, dès qu'à leur tour ils deviennent les plus forts. La raison qu'en donnent les publicistes est *qu'on ne prescrit jamais contre le droit naturel, quelle que soit la durée de la possession d'un privilége abusif.* Ainsi l'Angleterre a joui bien longtemps du mo-

---

[1] Une cause aussi grave qu'imprevue nous oblige à supprimer ici notre etude sur *la Réforme financière.*

nopole des mers : mais le privilége qu'elle s'arrogeait de faire à son profit la police sur l'Océan lui a été enlevé aux applaudissements du monde entier, dès que les marines secondaires ont été assez fortes pour faire respecter le droit des gens.

Tous nos écrivains s'accordent à dire qu'il n'y a « rien de pire que le monopole international ; que » c'est un despotisme, une oppression, une injus- » tice, une insulte à tous les pavillons... Oh! la » mauvaise chose que le monopole international ! » Tout homme de cœur doit s'armer, s'il le faut, » pour éloigner cette lèpre du genre humain ! »

Voilà ce qu'ont répété sur tous les tons tous les publicistes de l'Europe et ce que tout bon français a répété après eux. Je prends acte avec plaisir de ces sentiments-là, et je déclare que je m'y associe de grand cœur, car si la justice est nécessaire aux individus, elle est encore beaucoup plus nécessaire aux peuples, puisqu'elle seule peut les faire prospérer, selon l'épigraphe de ce livre : « *Justitia elevat gentes.* »

Mais comment se fait-il que ce principe reconnu si excellent, si naturel, si incontestable pour les nations, semble perdre toutes ces qualités-là quand il s'agit de l'appliquer aux individus ? Pourquoi les Français si justement chatouilleux sur la question du monopole international, apôtres zélés de la liberté des mers et de l'égalité devant la loi, applaudissent-ils chez eux à toute espèce de monopoles, et font-ils tous leurs efforts pour les maintenir? Serait-il plus honnête d'exploiter sa patrie qu'un pays éloigné? Serait-il plus charitable d'opprimer ses concitoyens que des étrangers? L'égalité devant le droit naturel, reconnue si utile et si nécessaire pour les nations, serait-elle un fléau pour les individus? A Dieu ne plaise que les principes puissent varier ainsi! Les bases du monde moral sont tout aussi immuables que les lois du monde physique, et les hommes ne les violent jamais impunément. Il n'y a que les discours et les actes de l'homme qui changent au gré de son caprice, de sa passion et de ses intérêts.

Les défenseurs du monopole savent bien qu'ils défendent un préjugé, un abus, une erreur du temps passé, de ce régime sous lequel la force brutale gouvernait le monde et traçait ces paroles en tête de toutes les législations : « *Le bon plaisir du prince est la suprême loi.* » Ils savent que le monopole est un injuste privilége, la confiscation du droit de tous au profit de quelques-uns, une exploitation de l'homme par l'homme. Oh! ils savent cela aussi bien que vous et moi. Mais l'intérêt personnel les séduit; l'égoïsme est là qui leur dit : « *Moi partout! Moi toujours! Moi au-dessus de tout!* » Et le *moi* les domine, les absorbe, les aveugle, et fait agir ces pseudo-libéraux pour la défense du monopole envers et contre tous.

Eh bien! Il est bon d'avouer que tout cela fait

hausser les épaules et que tous les français monopoliseurs n'ont jamais compris le régime libéral. Comment! ils passent leur vie à crier contre le Gouvernement de leur pays, quel qu'il soit, et ils ne savent pas mieux user des libertés qui sont écrites dans la Constitution? La Constitution proclame l'égalité devant la loi, et la France applaudit à des monopoles de toute espèce, monopole de la librairie, monopole des voitures, monopole de l'industrie, monopole du commerce, monopole de l'enseignement, monopole partout et toujours?

Allons donc!

Aussi longtemps que la France aimera les monopoles, elle ne sera pas véritablement une terre de liberté!

CHAPITRE XII.

Le Cumul des emplois.

Cet usage qui s'introduit parfois dans les états n'a sa raison d'être que lorsqu'un Gouvernement n'a personne sous la main pour remplir dignement les emplois dont il s'agit. Mais ce n'est pas là le cas qui se présente habituellement. Dans nos sociétés modernes, sans cesse tourmentées par les révolutions, tout parti qui arrive au pouvoir regarde un peu sa patrie comme une conquête, comme une *terre de promission* qui va le dédommager amplement de toutes les peines et de tous les sacrifices qu'il s'est imposés pendant la lutte. Le Chef distribue les positions les plus lucratives à ses amis, proportionnellement aux services qu'il a reçus ou qu'il attend, et tous les serviteurs du régime précédent sont impitoyablement mis à la porte. Dans cette espèce de razzia des emplois publics, dans cette chasse faite aux dignités, les vainqueurs abusent souvent de la victoire et alors apparaît le *cumul*. Le Chef obligé de se montrer indulgent ferme les yeux, et le peuple, ébahi de ce steeple-chase qui se fait au-dessus de sa tête, ne trouve pas grand'chose à redire, parce qu'il aime toujours la nouveauté.

C'est ce qu'on a vu maintes fois en Angleterre, en Espagne, en Portugal, en Italie et en France, spécialement aux graves époques de la chute des dynasties. La nation, heureuse de sortir d'une révolution, n'est jamais plus patiente que dans ces moments-là.

Mais à mesure que les années s'écoulent, que l'ordre se raffermit, que les affaires reprennent leur état normal, l'opinion publique demande que les lois d'exception disparaissent, que les irrégularités s'effacent, et que tout revienne à son état naturel.

La grande habileté d'un souverain consiste à comprendre la légitimité de ce vœu populaire; à ouvrir peu-à-peu les mailles de ce réseau de fer nécessaire aux jours du danger, mais hors de saison et dangereux même dans un temps de calme; à modérer l'ardeur imprudente des amis, dont la cupidité est parfois insatiable ; à mettre chacun au poste unique qu'il remplira le mieux ; à multiplier le nombre de ses serviteurs, en appelant à lui tous les hommes de mérite qu'une terre de liberté produit toujours en grand nombre; en un mot à distribuer les faveurs et les emplois publics, de telle sorte que la nation soit persuadée que ce n'est ni un parti, ni une coterie qui la gouverne, mais que c'est l'élite de tous ses enfants.

Tout Gouvernement qui suit une autre marche, qui s'obstine à répandre ses faveurs exclusivement sur ses anciens amis, sur leurs enfants, sur leurs créatures, sur leurs favoris, en un mot sur tous les hommes de son parti, creuse sa tombe de ses propres mains, car il soulève contre lui une véritable coalition de tous les hommes de mérite que la nation possède dans son sein. La nation elle-même se dit que le Gouvernement est trop exclusiviste, trop protectionniste et pas assez national : elle s'en détache peu à peu ; quelques revers y aidant, elle se trouve humiliée, elle souffre, elle s'irrite, et bientôt une nouvelle révolution éclate.

Oh! qu'elle est éclatante cette vérité politique !
« Tout Gouvernement qui veut s'affermir, se faire
» aimer et se faire beaucoup pardonner doit être
» entièrement national ! »

CHAPITRE XIII.

Le Népotisme et le Favoritisme. —
Les Plutusiens. — L'ordre du Mérite. —
La poussée électorale.

§ I

« La monarchie se perd, dit Montesquieu,
» lorsque le prince, rapportant tout uniquement
» à lui, appelle l'État à sa capitale, la capitale à
» sa cour, et la cour à sa seule personne.

» Le principe de la monarchie se corrompt
» lorsque les premières dignités sont les marques
» de la première servitude : lorsqu'on ôte aux
» grands le respect des peuples, et qu'on les
» rend de vils instruments du pouvoir arbitraire.

» Il se corrompt encore plus lorsque l'honneur
» a été mis en contradiction avec les honneurs
» et que l'on peut être à la fois couvert d'infamie
» et de dignités [1]. »

Il suit de là que le despotisme, le népotisme et le favoritisme sont, d'après le célèbre publiciste, les trois grands fléaux de toute monarchie.

---

[1] *Esprit des lois*, liv. VIII, chap. VI et suiv.

Or, ils ne vivent jamais l'un sans l'autre.

« Un homme à qui ses cinq sens disent sans
» cesse qu'il est tout, et que les autres ne sont
» rien, est naturellement paresseux, insouciant,
» voluptueux [1]. »

Il abandonne donc les affaires à un vizir : l'établissement d'un vizir est dans cet état une loi fondamentale.

Mais le vizir à son tour appelle autour de lui ses parents et ses amis, et ce mouvement s'étendant de proche en proche, le népotisme et le favoritisme finissent bientôt par envahir l'État tout entier.

Si ce malheur arrive dans un pays de galanterie comme la France, le vizirat tombera souvent en quenouille, et les plus importantes charges de l'État seront alors confiées aux *petits-maîtres* et aux *mignons*.

Il y en a eu plus d'un exemple dans notre histoire, et, à ces époques d'égarement, le génie de la nation a toujours été forcé de se voiler d'un crêpe de deuil, car la corruption, le vice et l'incapacité se mettant effrontément à la tête des affaires, les lois étaient foulées aux pieds ; le désordre, l'oppression, les abus de tout genre pullulaient partout à l'intérieur ; et la nation tombant dans l'atonie et le marasme, devenue incapable

---

[1] *Esprit des lois*, liv. II, chap. v

de supporter à l'extérieur la pression des peuples rivaux, était forcée de s'incliner devant l'arrogance de ses vainqueurs.

C'était le temps des mignons d'Henri III et des maîtresses de Louis XV.

Quand le népotisme et le favoritisme se produisent dans un État commerçant, les conséquences varient, mais elles ne sont certes pas meilleures. Les rois de la finance répandent autour d'eux le mercantilisme ; ils ne cherchent pas dans leurs favoris de grandes qualités morales. Oh! Non! Ils y cherchent l'art de la fraude, la souplesse, l'élasticité, les ruses infinies, et cette aptitude particulière qu'ils appellent le génie de la Bourse, *auri sacra fames*. Et quand ils viennent à bout d'être assez prépondérants auprès du souverain pour diriger ses décisions, bientôt le mercantilisme envahit l'État lui-même et l'infecte tout entier. Il n'y a plus d'emplois, plus d'honneurs, plus de récompenses pour le talent, la vertu, le vrai mérite. Plutus envahit tout : avec de l'or on a des dignités, des mariages, des décorations, de la puissance, de l'esprit, du génie même, car tout cela s'achète à prix d'or, et c'est ainsi que les *Plutusiens* viennent à bout de se parer de toutes les dépouilles qu'ils ont ravies à d'autres qui valaient mieux qu'eux.

L'État peut bien alors conserver encore quelque temps une prospérité relative, un éclat factice, et une force apparente; mais ce n'est là qu'un mirage trompeur, car bientôt il tombe dans le marasme et il dépérit à vue d'œil, parce que les principes qui faisaient sa force ont disparu, parce que les caractères qui le soutenaient se sont abaissés, parce que les âmes qui l'animaient se sont corrompues et avilies. On peut dire alors avec vérité que ce grand corps social a bien encore les apparences de la vie, mais qu'en réalité il est mort, ou bien près de mourir.

« Nomen habes quòd vivas, et mortuus es! »

Voilà ce qui se produit toutes les fois que le veau d'or s'impose aux adorations d'un peuple!

Certes, il serait bien injuste de rendre les Gouvernements de l'Europe responsables des maux que nous voyons.

Mais la société actuelle n'a-t-elle pas bien des torts à se reprocher? Peut-on dire que le veau d'or n'est pas encensé, qu'il n'est pas accablé d'hommages, de priviléges et de faveurs? Peut-on dire que le mercantilisme ne règne ni dans la littérature, ni dans les arts, ni dans la vie civile, ni dans la politique même? Peut-on dire que les mœurs s'épurent? Que les âmes s'élèvent? Que les esprits s'illuminent? Que les caractères s'ennoblissent? Que le niveau social monte tous les jours?

Si cela est, qu'on me le prouve, et j'en serai très-heureux; je serai certainement le plus empressé d'applaudir.

Mais si cela n'est pas, cherchons donc, cherchons ensemble les moyens de remédier à cet envahissement de la matière qui menace de souiller aussi notre patrie, de l'abaisser, de la dégrader, de la découronner, de lui ravir sa légitime influence dans le monde et de la perdre entièrement.

Le népotisme et le favoritisme sont surtout funestes parce que, sous leur règne désastreux, le vrai mérite n'étant plus reconnu, honoré, récompensé, les meilleures positions deviennent la proie des intrigants et de ceux à qui la naissance ou la fortune assurent de puissants protecteurs.

Or, si la fortune est souvent brouillée avec le génie, si la naissance ne rend pas toujours digne des honneurs, l'intrigue, de son côté, n'honore jamais une position parce qu'elle est incapable d'en user noblement. Cet état de choses amène donc nécessairement une fourmilière d'abus, d'excès, de fautes de toute espèce, qui sont à la fois des causes et des signes avant-coureurs des orages.

A l'intérieur, les peuples mécontents murmurent; au dehors, les nations rivales s'agitent et se coalisent; l'horizon s'assombrit; les tempêtes s'élèvent; les vents sifflent; les flots mugissent; la foudre gronde; le vaisseau de l'État fouetté par la tourmente court à la dérive; bientôt il rase les écueils et fait eau de toutes parts. Que deviendra-t-il si des mains habiles ne dirigent pas sa course vagabonde?... Dans cette situation, le salut dépend de Dieu sans doute; mais il dépend aussi de l'habileté de la manœuvre.

Le seul moyen qu'ait un Gouvernement pour sortir d'une aussi périlleuse situation est d'appeler au pouvoir des hommes d'un vrai mérite, qui sauront trouver des ressources pour atténuer les désastres et peut-être pour les éviter tout-à-fait, ou même, pour les changer en triomphes.

Mais comment découvrir le vrai mérite? Il se cache ordinairement comme la vertu, et il est souvent bien difficile à trouver. Comment un souverain déjà préoccupé de tant d'affaires pourra-t-il étudier assez son peuple, pour appeler toujours auprès de lui ses plus dignes enfants? Evidemment la chose est délicate et demande de la part du prince une profonde connaissance des hommes, une grande maturité de jugement et une pénétration peu commune.

§ II

Mais voici un moyen de lui faciliter cette mission qui est l'un des attributs les plus nobles, les plus importants et les plus utiles du pouvoir.

Aujourd'hui chez tous les peuples civilisés, le Chef de l'État est assisté d'une imposante assemblée d'hommes, que leur position, leurs lumières, leur expérience et leur âge rendent ordinairement respectables aux yeux de tous. J'ai nommé le Sénat.

Eh bien ! l'une des plus belles prérogatives du Sénat doit être de rechercher les hommes les plus méritants, et de les signaler au pouvoir.

Voici comment on peut organiser la grande *Institution du Mérite* dans l'Empire français.

Sa base ne peut être ailleurs que dans le maire, le ministre du culte, et le maître d'école.

Tous les six mois et dans toutes les communes, le maire assisté du conseil municipal devra faire un rapport où il signalera ceux de ses administrés qui se font remarquer par leur talent, leur honorabilité, leur fidélité à remplir leurs devoirs civiques, leurs projets utiles, leurs inventions de toute espèce. — Ce rapport sera envoyé au sous-préfet.

Le ministre du culte fera un rapport de son côté sur ceux qui se feront remarquer par leur conduite irréprochable. — Ceci paraîtra singulier peut-être ; mais il est essentiel que la moralité des citoyens soit connue aussi bien que leur talent, afin que les emplois publics ne soient pas confiés aux indignes qui sont toujours, plus ou moins, de mauvais citoyens. Du reste, le curé ne devra signaler que l'inconduite notoire ou la vertu peu commune. Dans les cas ordinaires, il ne dira rien; et son silence sera toujours interprété favorablement. — Ce rapport sera envoyé au curé doyen d'arrondissement.

Les maîtres et maîtresses d'école de leur côté, les chefs d'institution, les supérieurs de séminaire et les proviseurs de lycée feront un rapport sur les enfants qu'ils élèvent. — Ce rapport sera transmis à l'inspecteur d'arrondissement.

Voilà le premier pas.

Dans un délai qui ne doit pas dépasser un mois, tous ces rapports doivent être examinés, vérifiés, visés et augmentés, s'il y a lieu, d'un nouveau rapport du curé, de l'inspecteur et du sous-préfet, assisté du conseil d'arrondissement.

Le curé doyen envoie le sien à l'évêque; l'inspecteur d'arrondissement à l'inspecteur général; le sous-préfet au préfet.

C'est le second pas.

Les rapports respectifs sont de nouveau lus et examinés par l'évêque, assisté de son chapitre; par le préfet, assisté du conseil général; par l'inspecteur ou le recteur, assisté du conseil académique.

C'est le troisième pas; c'est le troisième tribunal local, qui est appelé à vérifier l'exactitude des renseignements donnés.

Là, ces rapports sont classés et conservés dans les archives du département; de nouvelles informations sont prises, s'il y a lieu, et de nouveaux rapports sont rédigés par l'évêque ou le président du consistoire, le préfet, le recteur.

Ce sont ces rapports généraux qui sont envoyés au Sénat.

La commission sénatoriale examine à son tour les renseignements qu'elle a reçus, en prend de nouveaux, s'il lui plaît, et fait à ce sujet un rapport national au Sénat, qui en délibère, le modifie au besoin et le sanctionne par son vote. Ce dernier rapport est alors présenté à l'Empereur, qui en prend connaissance et le renvoie aux archives d'Etat. Une copie en est conservée aussi aux archives du Sénat.

Il faut remarquer ici plusieurs choses :

1° Les auteurs de projets utiles au bien public, et les inventeurs de découvertes quelconques auront toujours le droit d'envoyer directement au préfet, à l'évêque ou au recteur d'académie, des mémoires détaillés sur leurs idées nouvelles; et ceux-ci devront envoyer ces mémoires au Sénat en même temps que leur rapport général semestriel.

2° Le droit de pétition au Sénat sera toujours sauvegardé.

3° Le rapport du Sénat et la liste qui y sera jointe seront imprimés et affichés aux frais de la nation, dans toutes les communes de France. Une copie en sera gardée dans les archives de chaque Préfecture, de chaque Mairie, de chaque Faculté.

4° Sur la liste des hommes de mérite que le

Sénat aura jointe à son rapport, le Chef de l'État fera choix de ceux qui lui paraissent dignes d'être appelés aux emplois publics, de mériter une décoration ou toute autre récompense.

5° Au nom de la nation, le Sénat pourra décerner aussi des récompenses ou des priviléges honorifiques aux personnes qu'il en jugera dignes.

6° Il me semble nécessaire que le Sénat puisse exercer ce droit au nom de la nation, parce que le Pouvoir est exposé à ne récompenser que ses amis ou ses flatteurs. Le Sénat impartial récompensera tous les grands citoyens.

7° Il sera bon de fonder à cette occasion l'ordre du *Mérite National*.

Voilà comment les Sénateurs, en protégeant tous les talents, en encourageant toutes les vertus, et en les signalant à l'attention de tous, rempliront le rôle le plus digne de la sagesse en cheveux blancs, relèveront puissamment le caractère de la nation, et mériteront le surnom glorieux de *Pères de la Patrie!*

§ III

Je ne puis terminer cette question si grave pour l'avenir de la France, sans dire pourquoi je crois devoir m'éloigner de la doctrine de quelques démocrates sur ce point.

Ils voudraient que tous les fonctionnaires publics, sans en excepter les membres du clergé, fussent élus par le suffrage universel, et, en 1848, chacun a pu entendre cette opinion bourdonner à son oreille.

Mais, ce système me paraît être celui de gens qui n'ont aucune connaissance des hommes et des affaires, ou qui, de parti pris, voudraient exposer l'État à des commotions perpétuelles, à des ambitions brouillonnes et à des querelles sans fin.

En effet, supposons que le peuple soit appelé à élire directement tous les fonctionnaires publics. Si tous les citoyens sont ce qu'ils doivent être, il n'y aura pas de troubles, pas de désordres, pas d'inconvénients; tout ira pour le mieux, les yeux clairvoyants du public sauront discerner à merveille le talent de l'incapacité, la vertu du vice, les dignes et les indignes. *La voix du peuple sera la voix de Dieu.*

Mais, souvent les hommes n'écoutent que la voix des passions, et, dans un peuple, il y a toujours une foule de gens qui ne se soucient guère du bien public, qui sont accessibles à l'intrigue, à la corruption et à l'intérêt personnel. Les intrigants s'ingénieront donc à séduire le peuple par mille moyens. Ce fatal exemple obligera les candidats honnêtes à intriguer à leur tour, et bientôt se formeront divers partis qui se partageront la nation, mille coteries qui diviseront les grandes cités et les plus humbles hameaux. Ce seront alors des jalousies, des disputes, des querelles, des guerres civiles en permanence ; on ne sera jamais tranquille, et, comme en Amérique, on sera toujours obligé d'avoir un révolver dans la poche, pour défendre, au besoin, son opinion et sa vie. La nation tombera dans l'anarchie, et bientôt lasse de se gouverner elle-même, elle imitera les grenouilles de la fable, qui demandèrent un roi à Jupiter.

Mais, il y a une autre raison plus grave encore, peut-être, contre ce système. C'est que si le peuple élit tous les employés publics, chacun d'eux sera indépendant des autres, puisqu'il ne sera responsable que devant le peuple ; chacun d'eux fera donc à sa tête, et ne voudra obéir à personne. Or, je demande quelle sera la situation du Chef de l'État, quand il sera entouré d'hommes qui se croiront tous des roitelets au petit pied ?

Mon Dieu ! il sera le très-humble serviteur de tout le monde, et il ne pourra donner ses ordres que chapeau bas et de cette façon : « Faites telle
» chose, s'il vous plaît. Si cela ne vous plaît pas,
» faites ce que vous voudrez. A la fin de l'année,
» j'en parlerai au peuple dans mon message, et
» vous verrez... »

Oh ! les affaires ne s'expédieront pas trop vite, j'en réponds ; et les partisans de la décentralisation du pouvoir auront lieu d'être contents cette fois ; car le Chef de l'État, privé de toute influence personnelle et de toute initiative, sera bientôt réduit à l'isolement et au *far-niente* obligé au fond de son palais.

Qu'on me permette une comparaison un peu triviale, peut-être, mais qui rendra bien ma pensée. Il y a un certain jeu en usage parmi les enfants, et qui consiste en ce que le plus fort, ou le plus adroit, s'installe au sommet d'un petit tertre, d'où tous ses autres camarades s'efforcent à l'envi de le chasser, pour s'installer à sa place. Dieu sait la confusion qui se produit en pareil cas, et l'alarme que ce jeu cause aux bons parents! On appelle cela le *jeu de la Poussée* [1].

Eh bien! le système de l'élection générale de tous les fonctionnaires par le peuple me paraît ressembler beaucoup au jeu de la *Poussée*.

Voilà pourquoi je suis d'avis qu'aucun homme sage ne peut le prendre au sérieux. Dans l'intérêt du peuple, on ne doit pas lui donner un droit qui le rendrait malheureux, et mettrait l'État sens dessus dessous. La France a besoin sans doute de liberté, de justice, d'égalité devant les lois; mais elle a aussi besoin d'un Pouvoir fort qui raffermisse sous ses pas le sol ébranlé ; elle a besoin d'un Pouvoir qui fasse régner l'ordre au dedans et contienne les ennemis au dehors. Or, pour subsister, ce Pouvoir doit être maître de ses déci-

---

[1] Ce jeu est en usage dans le midi de la France.

sions et de ses moyens. Tout ce qu'on peut raisonnablement lui demander, c'est qu'il s'éclaire auprès des représentants de la nation, et qu'il appelle autour de lui les plus dignes citoyens. Mais, quand on les lui a fait connaître, il doit demeurer libre dans son choix, comme il est responsable de ses actes.

C'est le seul moyen de sauver à la fois l'ordre et la liberté!

CHAPITRE XIV

L'Éducation.

§ I

L'éducation mal comprise. — Quatre sortes de gens qui s'occupent de l'éducation.

L'éducation est sans contredit l'un des plus importants sujets que puisse méditer un homme d'État.

En effet, s'il est juste d'honorer la vieillesse et de la placer dans les conseils de l'État, comme la gardienne et la vivante image des traditions du passé ;

S'il est nécessaire de diriger habilement l'âge mûr et de l'appeler aux affaires, parce que c'est le présent, c'est la force, c'est l'activité, c'est la grandeur actuelle de la patrie ;

Il n'est pas moins essentiel d'élever prudemment la jeunesse, car c'est l'avenir, c'est la joie et l'espérance de la nation.

Voilà pourquoi, lorsqu'on veut savoir quel sera un jour le degré d'influence ou de prospérité d'un État, on n'a qu'à observer l'éducation qu'on y donne à la jeunesse. Ce thermomètre ne trompe jamais.

Nous allons donc étudier ensemble l'éducation de la jeunesse française.

Mon Dieu! je sais bien que c'est là le constant objet de la haute sollicitude du Gouvernement, et que les représentants de la nation suivent, d'un œil vigilant et d'un cœur dévoué, la marche ascendante de la jeune France vers la noble carrière de la virilité, qui bientôt s'ouvrira devant elle.

Mais, il me semble que, dans un aussi grave sujet, il est bon que tout citoyen, depuis le plus grand jusqu'au plus humble, soit admis à exposer ses idées. Dans la poussière, n'y a-t-il pas quelquefois des perles?... Voilà pourquoi tout citoyen qui croit avoir quelque chose d'utile à dire doit pouvoir compter à la fois sur la sympathie du Pouvoir et sur la bienveillance de son Pays.

Eh bien! je dirai tout de suite que, selon moi, l'éducation n'est pas bien comprise en France.

On s'écrie de tous côtés : « Instruisons! Instruisons! » Mais tout le monde ne dit pas : « Moralisons! moralisons! »

En effet, un certain nombre de gens s'écrient : « Corrompons! corrompons! » C'est comme qui dirait l'extrême gauche de la nation. Ceux-là ne sont pas des saints, à coup sûr!

D'autres veulent que l'enseignement soit tout à fait aristocratique et anti-libéral, car tout libéralisme leur paraît une hérésie. C'est l'extrême droite.

Au milieu est la masse, qui prétend qu'un jeune homme doit tout savoir, le bien comme le mal; et aussi tout pratiquer, le vice comme la vertu, selon l'âge, la fortune, les circonstances, que sais-je? Ces insouciants sont les plus nombreux, et sont en général de bons vivants. Oh oui! Mais ils se laissent trop souvent mener par le bout du nez. On doit les plaindre car ils sont plus aveugles que méchants. Mais je sais des gens qui les appelleraient « les crapauds du marais. »

Enfin vient le bataillon des hommes sages, et, comme toujours, il n'est pas le plus nombreux. Ceux-là disent : « Instruisons! Moralisons! Démocratisons! Unissons la science, la religion et la liberté! Là est le véritable chemin, le seul qui ne conduit pas aux abîmes!.. » Et tous nos plus grands orateurs, tous nos plus habiles publicistes, tous nos plus éminents écrivains, tous nos meilleurs hommes d'État se rangent dans ce bataillon sacré.

Eh bien! je regrette de le dire, mais ces sages-là eux-mêmes n'ont pas toute la vérité,

Voici pourquoi :

Ils repoussent, il est vrai, comme une horreur satanique, comme une infamie qui ne doit jamais souiller la nation Française le système de ceux qui disent : « Corrompons ! Corrompons ! »

Et des lois aussi justes que sévères sont prêtes à châtier ceux qui voudront le mettre en pratique.

Ils rejettent encore comme un excès, comme une chose déraisonnable, illégitime et hors de saison, le système de ceux qui voient un danger dans l'instruction du peuple, ou qui voudraient la confier uniquement aux congrégations et la rendre oligarchique, anti-libérale, anti-progressiste, anti-populaire.

Ils condamnent aussi les insouciants qui ne croient ni au bien ni au mal et trouvent naturel que la jeunesse aime le plaisir, pourvu qu'elle y mette des formes. Ils disent que c'est là une souveraine imprudence ; que si le jeune homme a sous la main le bien et le mal, le vice et la vertu, les bons et les mauvais livres, l'austérité et le plaisir, il glissera certainement sur cette pente rapide et préférera presque toujours ce qui est le plus facile, ce qui flatte le mieux sa paresse, ses sens et ses instincts charnels ; que si, au contraire, il ignore le mal, il s'habituera facilement à la vertu et ne désirera pas le vice, car *on ne désire pas ce qu'on ne connaît pas*, dit un axiome de l'école.

Ils veulent donc, autant que possible, éloigner du jeune homme les miasmes impurs qui souilleraient son âme, flétriraient son visage et déssècheraient son cœur.

§ II.

Défauts de l'éducation française.

Mais cela suffit-il donc ?

L'éducation française est-elle très-apte à former d'intelligents agriculteurs, d'habiles ouvriers, des industriels, des financiers, des savants, des fonctionnaires, des hommes d'État, de bons fils, de bons époux, de bons pères, de bons citoyens, des hommes, enfin, qui soient dignes de ce nom?

Je pense que, sous tous ces rapports-là, l'éducation laisse beaucoup à désirer.

Pour établir quelque ordre dans mes observations, j'examinerai cette question immense sous quatre points de vue différents ; au point de vue de l'individu, au point de vue de la famille, au point de vue de l'État, au point de vue du progrès de l'Humanité.

§ III.

Défauts vis-à-vis l'individu.

1° Au point de vue de l'individu.

Un petit enfant va à l'école primaire; il y apprend à lire, à écrire, et à calculer ; on lui enseigne la grammaire, le catéchisme, quelques notions d'histoire et de géographie.

Cinq à six ans, plus ou moins, sont employés à l'acquisition de ces notions élémentaires.

Au bout de ce temps, l'enfant du pauvre passe de l'école à l'atelier ou dans les champs ; l'enfant du riche passe aux études plus élevées. Or, de ces deux enfants, le moins malheureux est certainement l'enfant du pauvre, et je vais le prouver jusqu'à l'évidence.

En effet, quoiqu'il n'ait reçu que des notions incomplètes, quoiqu'il n'ait appris rien de ce qu'il faut pour devenir un homme, quoiqu'il soit désormais livré à lui-même et obligé d'apprendre comme il pourra d'un patron intraitable, ou de son bonhomme de père, dont l'éducation avait été peut-être plus négligée encore que la sienne, les rudiments d'un métier, la routine agricole, les devoirs d'un bon fils, d'un bon époux, d'un bon père, d'un bon citoyen ; malgré tout cela, dis-je, il recevra, vaille que vaille, des conseils qui ne l'écarteront jamais de son but.

Or, c'est là un point capital. On l'aide peu, mais on ne lui fait pas faire fausse route.

Dès sa quinzième ou sa seizième année, il pourra déjà gagner sa vie ; et, avec un peu d'intelligence, de bonne conduite, d'économie, de bon vouloir, il deviendra bientôt un ouvrier ou un agriculteur passable. Il pourra se suffire, s'établir, se marier.

La carrière sera toute ouverte et toute tracée devant lui.

S'il n'est pas aussi instruit qu'il pourrait l'être; si son travail n'est pas des meilleurs ; si la pauvreté n'est jamais bien loin de son toit de chaume; en un mot, si sa vie est humble et modeste, elle n'en est pas moins paisible et heureuse.

Ce paysan et cet ouvrier sont, en temps ordinaire, et quoiqu'ils ne s'en doutent pas, assurément, les hommes les plus contents de l'Empire de France.

Quoique j'aie plusieurs observations à faire sur l'instruction primaire, et qu'elle mérite le reproche de n'être ni assez pratique, ni assez facilitée, ni assez sagement entendue, surtout en ce qui concerne l'éducation des filles, que l'on oublie trop d'élever au point de vue qui en ferait des ménagères, d'excellentes mères de famille ; cependant, dis-je, l'éducation primaire n'est pas la plus défectueuse dans notre patrie.

Celle qui est la moins sage, la moins parfaite et la moins habile, ou, pour parler plus clair, celle qui est la plus surannée, la plus sotte, la plus défectueuse, la plus maladroite; celle qui fait perdre le temps, qui éloigne du but, qui fatigue, qui ruine, qui épuise, sans compensation suffisante; celle qui nuit presque plus qu'elle ne sert, c'est l'éducation secondaire, c'est l'enseignement supérieur, c'est l'éducation donnée aux classes les plus éclairées et les plus riches de la société française.

Ici, par exemple, l'erreur perce presque partout, et je serais tenté de dire que tout est à refaire, parce que le monopole et la routine ont tellement arrêté le progrès sur ce point, que cette éducation est loin de répondre aux besoins de la société.

Voilà des paradoxes inouïs! dira-t-on.

Hé bien! étudions la question sans aucun de ces vains préjugés qui altèrent toujours la couleur des choses. N'ayons pas de prisme devant les yeux; n'écoutons que le bon sens; et sachons avouer la vérité.

Un enfant sort de la maison paternelle pour entrer au collége. Ordinairement il a déjà fréquenté cinq ou six ans l'école primaire, et son père veut lui faire compléter son éducation, c'est-à-dire, le rendre capable de faire honneur à sa maison et à ses affaires. Il le confie à l'Université ou à une Congrégation, peu importe. L'adolescent passe là une dizaine d'années, belles et florissantes années, qui devraient être les plus fécondes de sa vie. Ses maîtres lui répètent à chaque instant qu'il travaille pour l'avenir, qu'il sème péniblement pour moissonner joyeusement un jour. L'élève les croit sur parole. Il obtient des succès; il est chargé de lauriers académiques; il est enfin reçu bachelier; il porte barbe au menton; il entre dans le monde ; il doit être un homme ; il le croit du moins.....

L'est-il en effet?

Mon Dieu! Non! Et ce malheureux jeune homme, après avoir travaillé sérieusement pendant dix ans, n'est pas encore en état de se suffire et de gagner son pain au besoin. Il est moins avancé sous ce rapport que le fils du paysan et de l'ouvrier, qui habituellement cesse, dès sa quinzième année, d'être à charge à sa famille.

Mais qu'a-t-il donc appris dans dix ans ? Il était cependant intelligent et laborieux ; il avait des maîtres renommés et décorés ! Quel est le bilan de son instruction?

Le voici :

Il a étudié un peu de français, beaucoup de latin et de grec, les éléments des mathématiques, l'histoire grecque, l'histoire romaine, un peu d'histoire de France ; il a reçu quelque teinte de littérature et de philosophie, voilà tout.

Rien que cela? Dans dix ans?

Hélas! Oui! Encore remarquez bien que le peu de français qu'il connaît ne l'empêche pas d'être embarrassé pour faire une lettre, de commettre des solécismes et des barbarismes, d'ajouter, par exemple, un *s* à tous les futurs, de comprendre à rebours les règles des participes, etc., etc. Que si vous lui demandez de vous tourner un petit compliment en vers, il vous répondra que la poésie française est mise au pilori par l'Université... Et si vous l'invitez à écrire un rapport sur un événement quelconque, vous lui ferez suer sang et eau! Vous l'obligerez à vous avouer qu'au collége on fait beaucoup de latin, mais fort peu de français, parce que le français n'est pas une langue classique.

Pauvre enfant! Il ne sait donc pas même sa langue? Mais que lui faisait-on faire alors? Du latin! Du latin! Encore du latin! Toujours du latin! Tous les jours! A toute heure! Il fallait surtout composer des vers latins! C'était la langue de Virgile! Et tout homme bien né doit parler comme Virgile. D'ailleurs, la poésie latine perfectionne la prose latine, et on ne saurait trop la graver dans son esprit!

Remarquez que les maîtres qui disent cela prétendent que la poésie française est une perte de temps, et qu'elle gâte tout, la tête, le cœur, l'avenir tout entier..... Écrire comme Corneille! comme Racine! comme Boileau! comme Lamartine et Victor Hugo! Fi donc!... Parlez-moi de Virgile et d'Horace! voilà des demi-dieux!

Ainsi donc les jeunes Français sont obligés de s'évertuer, dix années durant, pour parler comme Horace et Virgile!

— Y parviennent-ils?

— Jamais!

— Peste! dit un bourgeois parvenu, tout fier

d'avoir un fils lauréat au collége, cela n'est pas étonnant! On dit que c'est difficile, en effet. Mais enfin ils parlent comme Plaute, comme Térence, comme le dernier des bouffons romains, ou du moins comme le curé de leur village! — Ah! quelle erreur! Vous n'y êtes pas! — Et comment parlent-ils donc le latin, ces chers enfants? — Ils ne le parlent pas du tout. — Comment, pas du tout? Ils l'ont étudié dix ans, et ils ne le parlent pas du tout? — Mon Dieu non! — Mais c'est incroyable! — Si vous voulez vous en convaincre, Monsieur, dites-leur de soutenir pendant cinq minutes une conversation en latin... de demander à déjeuner en latin... de désigner les choses les plus usuelles en latin...; ils demeureront bouche close. — Eh quoi! Ils ne savent pas même cela? Alors si mon fils allait à l'étranger, il ne saurait pas demander en latin une assiette, une fourchette, une cuillère, un couteau, un potage, un beefsteak, un cruchon de bière? — Non! — Il ne pourrait pas acheter un pantalon, un gilet, un chapeau, une paire de souliers? — Non! non! — Mais alors, je vous le demande, à quoi lui servira son latin??? Et moi qui croyais que mon fils, après dix ans de latin, pourrait s'exprimer facilement et se tirer d'affaire dans tous les pays civilisés où l'on étudie ce maudit latin!... — Mais il est donc bien difficile, ce latin?... — Ce n'est pas qu'il soit difficile, mais il est mal enseigné...

— Enfin, quoique ça ne soit pas amusant, je me console à la pensée que mon fils saura du moins parler grec. Oh! il est fort là-dessus, il a toujours eu les prix de grec. Il a traduit Homère, Hésiode, Plutarque, Démosthène, Xénophon; il sait l'Iliade par cœur... Ah! il est instruit, mon fils, il a bien travaillé, je suis content de lui... — Hélas! pauvre enfant, il a perdu son temps! — Comment donc?—Évidemment; dites-lui de vous désigner en grec les meubles de votre salon: de dire: Bonsoir papa, bonjour maman, j'ai froid, j'ai faim, j'ai soif, j'ai la fièvre, ou, à plus forte raison, de répondre au commerçant Hellène qui vient vous demander un renseignement, il ne le pourra pas. — Vraiment? Il l'aurait donc appris dix ans pour l'oublier aussitôt? Ce n'est pas possible! Je vous dis que ce n'est pas possible. — Mais c'est très-possible, puisque cela est... — Alors c'est encore comme le latin? — C'est pire encore!... — Comment donc?—C'est bien simple. Votre fils a étudié le grec qu'on parlait il y a deux ou trois mille ans, et que personne, même les savants, ne parle plus aujourd'hui... — Ah! Miséricorde! Je ne m'étonne plus maintenant s'il ne sait pas nommer les objets qui nous entourent! Le monde a changé depuis lors. C'est comme si on lui avait appris le français du moyen âge! C'est bon pour les archéologues. Ah! vraiment ce vieux grec si vanté ne lui servira pas beaucoup!..

Mais ce n'est rien encore. Interrogez votre lauréat sur toute autre chose, sur l'histoire, par exemple. Il saura l'histoire de la Grèce et de Rome, il vous dira le nom du plus petit torrent du Péloponnèse, celui de la chèvre qui a nourri Jupiter, ou des princes des Myrmidons. Mais croyez-vous qu'il connaisse les grands événements de l'histoire du Japon, de l'Inde, de la Chine, les empires les plus vastes et les plus populeux du monde? Pas du tout. Croyez-vous qu'il se fasse une idée bien nette de sa philosophie? Croyez-vous qu'il sache prouver solidement qu'il y a un Dieu? Qu'il a lui-même une âme, une intelligence immortelle servie par des organes? Qu'il n'est pas tout bonnement une bête ou une matière organisée? Croyez-vous qu'il se connaisse lui-même? Croyez-vous aussi qu'il connaisse ses semblables, et le grand art de vivre avec eux? Croyez-vous qu'il ait étudié les mœurs des peuples et l'histoire de l'esprit humain? Pas davantage. Croyez-vous encore qu'il connaisse les principales applications des sciences à l'industrie et aux arts? Oh non! Tout cela lui est à peu près inconnu. On l'a bourré de grec ancien, de latin, de mythologie, de vieux mots, de vieilles choses, de catégories pédantesques, d'arguments vicieux, de fables oubliées, de formules et de grimoires de toute espèce. La science lui est apparue comme un hérisson inabordable, tout couvert d'aspérités, une chose purement spéculative et théorique, fort ennuyeuse, et fort ridicule, assez semblable aux jeux qu'on appelle vulgairement *des casse-têtes*, et qu'on achète pour la forme seulement, et pour en faire étalage. Mais on ne lui a pas appris les choses pratiques, les choses usuelles, les choses qui sont d'une utilité, disons-mieux, d'une nécessité continuelle dans la vie, les choses, en un mot, qui forment l'homme tout entier, qui lui apprennent à tirer du présent tout le parti possible, et à prévoir, à préparer, à dominer l'avenir par la pénétration de son génie.

Quand je vois des enfants bien nés, des jeunes gens d'élite appelés à diriger un jour les affaires de leur patrie, consacrer la plus précieuse partie de leur vie à l'étude des choses anciennes et connaître si peu les choses présentes, je ne puis m'empêcher de gémir d'un pareil contre-sens, et je trouve cette aberration aussi grotesque que le serait la manie d'un citadin qui voudrait parler la langue franque de Louis-le-Débonnaire, ou porter le costume de François Ier. La langue des Romains et des Grecs correspondait à leurs idées religieuses, philosophiques et sociales ; la science étymologique le prouve jusqu'à l'évidence. Nous avons bien fait de rejeter leurs erreurs, leurs préjugés, leurs abus. Mais pourquoi alors tant idolâtrer leur langue, si peu en harmonie avec le monde d'aujourd'hui? Ce culte exagéré des langues anciennes n'est-il pas un réseau de compression qui étouffe le progrès moderne? Père de famille, vous vous plaignez, vous avez raison!

— Certainement, j'ai raison; j'ai mille fois raison! Mais je suis à me demander pourquoi les professeurs de mon fils lui faisaient ainsi perdre son temps et pourquoi surtout, après une pareille erreur, ils ont été décorés! — Mon Dieu! Monsieur, tout cela s'est fait parce qu'ils profitent du monopole et qu'ils suivent le programme de l'Université.

— Mais, au diable l'Université, alors! Comment! Moi qui la regardais comme l'oracle de la civilisation, comme la gloire et l'espoir de la patrie, et qui m'inclinais avec respect, en disant: « L'Université de France! » Moi qui croyais que dans les murs de ces lycées noircis par le temps et que j'ai toujours crus vénérables, les belles lettres et les connaissances utiles suintaient, pour ainsi dire, de tous côtés; que l'atmosphère était toute imprégnée de science, et que les jeunes gens la voyaient, l'entendaient, la respiraient, l'absorbaient par tous les pores et à chaque instant du jour!... Je me suis donc trompé?... Mon fils, que je croyais être un homme, n'est encore qu'un enfant! Il faut que j'achève moi-même son éducation? Que je lui fasse parler les langues vivantes qu'il ne parle pas? Que je lui apprenne le calcul de ses rentes qu'il ne connaît pas? Que je lui expose les éléments de l'hygiène, les lois de son pays, les devoirs du citoyen, du fils, de l'époux, du père, tous les droits et les devoirs de l'homme, toutes les connaissances pratiques et indispensables dans la vie, et dont il ne s'est jamais occupé, dont on ne lui a pas dit le premier mot! O mon fils, mon cher fils! Est-il possible d'avoir tant dépensé, tant travaillé, tant perdu de temps et de peines, pour apprendre des choses superflues et pour ignorer les choses nécessaires!... Oh! vraiment, il aurait bien mieux valu te garder auprès de moi dans la maison paternelle. Tu aimerais beaucoup plus ta famille; nous aurions tous été plus contents et plus heureux. Tu serais moins fashionable, peut-être, et tu connaîtrais moins les temps anciens; mais tu connaîtrais mieux le temps présent; tu saurais mieux la pratique de la vie et l'usage des affaires; en un mot, tu serais un homme, et tu aurais l'avenir devant toi !

Non! je ne pardonne pas à l'Université, je ne pardonne pas à mon pays d'élever la jeunesse à rebours, et de la nourrir d'archaïsmes, au lieu de lui faire connaître le monde contemporain et de la rendre maîtresse de ses destinées futures!... »

Voilà ce que disent tous les jours une foule de pères de famille. Et j'ai vu plus d'un jeune homme, actif, intelligent, plein de force et de volonté, verser des larmes amères sur l'insuffisance où le laissaient ses études passées pour se créer la position sociale à laquelle il avait le droit de prétendre.

Cela n'est-il pas douloureux, et la jeunesse française n'accusera-t-elle pas un jour notre impéritie et notre obstination à lui imposer des routines aussi absurdes que funestes?

En continuant cet enseignement, la France ne finira-t-elle point par être débordée, dominée, dédaignée, puis foulée aux pieds par les peuples étrangers, où les études pratiques seront plus développées que chez elle?

Mais, sans doute! Cette conséquence est inévitable comme la fatalité. Les lois morales sont aussi puissantes, aussi certaines, aussi constantes que les lois physiques; tôt ou tard l'empire du monde appartiendra aux meilleurs, selon la parole de l'illustre Vico. Pensons-y donc! Le grand problème de l'enseignement renferme toutes les destinées de la patrie, et de sa solution dépend un avenir qui déjà touche à nos portes.

Voilà comment l'enseignement actuel compromet les intérêts des individus.

§ IV.

Défauts de l'éducation vis-à-vis de la famille.

Voyons si elle compromet les intérêts de la famille. Je vais tâcher de préciser mes idées pour ne pas fatiguer mon lecteur.

Une famille s'est imposée de grands sacrifices pendant dix ou quinze ans, pour faire élever un enfant. Il est parvenu à sa vingtième année ; il devient citoyen ; il va être majeur et maître de sa personne. Il a besoin d'être un homme, puisqu'il sera désormais responsable de ses actions.

Par malheur, il ne l'est pas, comme je l'ai démontré. Que s'ensuivra-t-il? Sa famille sera obligée de faire de nouvelles dépenses, pour l'envoyer dans une grande ville faire enfin des études pratiques. Là, le jeune homme, tout en suivant les cours d'une faculté, devra s'habituer à la vie du monde, sans guide, sans appui ; et, à coup sûr, les écueils ne manqueront pas sur sa route. Je vous demande si son inexpérience, son ignorance, les passions d'un âge bouillonnant lui feront faire des bévues et des folies ! Evidemment le jeune homme s'amusera, boira, rira, jouera, s'amourachera, et la chose à laquelle il pensera le moins, ce sera son étude pratique. Il dépensera ainsi, disons mieux, il prodiguera avec une insouciance qui n'a d'égale que celle de la société, son argent, sa santé, sa raison et son temps, à faire des choses dont il rougira plus tard.

C'est donc en le faisant tomber sans cesse, que la société veut lui apprendre à marcher droit! C'est en le rendant fou pendant ses plus belles années qu'elle veut le faire devenir sage! C'est en le viciant, en le perdant, en le dégradant, qu'elle se flatte d'en faire un homme!

Mais, n'est-ce pas là un renversement d'esprit, une déraison que l'on ne sait comment nommer?...

Continuons.

Au bout de cinq à six ans, et parfois au bout de dix, le jeune homme a passé enfin tous ses examens. Le voilà docteur et praticien, vaille que vaille. Il a vingt-cinq ou trente ans. Il doit enfin s'occuper des affaires, ou n'y plus penser jamais.

Eh bien! Faut-il le dire? Un certain nombre de ces jeunes gens y renoncent pour toujours et deviennent des rentiers oisifs, parce qu'ils sentent leur insuffisance et ne peuvent plus s'accoutumer au travail. Voilà déjà un résultat fort triste.

Mais, le plus souvent, la famille ennuyée, fatiguée, à demi ruinée, fait à ce jeune homme l'avance d'une somme d'argent; elle le marie peut-être; elle l'oblige enfin à se suffire désormais.

Mais le jeune écervelé de tantôt va-t-il, tout à coup, se trouver nanti de la prudence, de la sagesse et de la maturité d'esprit nécessaires à un père de famille, à un homme de robe, à un médecin, à un magistrat?

Ah! que de tiraillements, de malaises, de souffrances et de douleurs secrètes dans une famille ainsi composée! Que d'imprudences et de sottises dans les affaires ainsi dirigées! Que de florissantes santés à jamais compromises par les conseils d'une science médicale apprise au milieu des plaisirs et des orgies, dans les estaminets et les boudoirs! Toutes les familles dont les affaires et les destinées seront confiées à des soins peu éclairés et à des mains inhabiles, auront singulièrement à souffrir.

Donc, si l'individu dont on a si mal dirigé l'éducation a le droit de maugréer contre une société maladroite, la Famille n'a pas des plaintes moins légitimes à faire entendre contre elle.

§ V

Défauts de l'éducation vis-à-vis de l'Etat.

Mais l'État, l'État du moins, sera préservé de tout danger, parce qu'on n'appellera aux affaires que des hommes sérieux, des hommes mieux élevés, dont la haute raison saura tout réparer, en sauvant la patrie.

Il le faudrait, en effet. Mais, où prendrez-vous ces hommes-là? Il s'en trouvera toujours, direz-vous. — Peut-être; et, s'il en existe quelques-uns, ceux-là précisément seront mis à l'écart.

— Pourquoi donc?

— Pourquoi? Parce que la société, jetée dans le moule de l'enseignement vicieux dont j'ai parlé, sera frappée d'aveuglement; elle ne verra pas ses plaies; elle ne comprendra pas les dan-ers qui la menacent; elle redoutera les sages ui lui ouvriraient les yeux; elle repoussera les hommes dont la haute raison a su éviter les écueils, et dont l'habile et vigoureuse main apporterait à ses maux les seuls remèdes qui puissent les guérir.

Une société corrompue choisira des chefs qui lui ressemblent; elle accablera de faveurs et de dignités des hommes qui flatteront ses vices, qui cajoleront sa paresse, qui courtiseront sa vanité, qui la proclameront belle, adorable, parfaite. Oh! ceux-là seront proclamés grands! Mais tout homme que l'élévation de son esprit et la magnanimité de son cœur porteront à dédaigner une popularité qu'il faut acquérir par des bassesses; tout homme que l'amour de la justice portera à s'incliner devant Dieu seul, et à regarder avec un sourire amer les prostitutions de la société au pied des idoles qui la corrompent ; tout homme enfin qui voudra faire du devoir son étoile, et de l'honneur *le palladium* de sa fortune sera impitoyablement éloigné des emplois publics. Heureux encore, s'il n'est pas honni, calomnié, poursuivi et traîné, des hauteurs sereines du temple de la vertu, aux abîmes sanglants de la roche tarpéienne!...

La société se donnera donc des chefs faits à son image.

Les remèdes ne lui viendront pas de l'État, et le système vicieux que je signale produira infailliblement tous ses fruits pour la société. Pour connaître ces funestes résultats, nous n'avons qu'à suivre dans la vie civile les jeunes gens de nos écoles.

Le fils de famille, après avoir consacré son adolescence à faire des études à rebours, après avoir passé sa jeunesse dans la débauche, est parvenu enfin à l'âge viril. Le voilà maître de ses actes et de ses volontés, le voilà obligé d'agir en homme sérieux et en bon citoyen. L'éducation qu'il a reçue l'a-t-elle préparé à ce rôle ! Nous allons le voir.

Qu'est-ce, d'abord, qu'un bon citoyen !

Un bon citoyen est un homme qui remplit fidèlement les devoirs que lui impose la société qui l'a reçu dans son sein.

Or, la société impose à tous ses membres :

1° Les vertus personnelles, qui sont le fruit du

bon usage que l'homme fait de toutes ses facultés, car l'individu n'est pas le maître absolu de sa personne : il appartient à l'État dont il fait partie, et dont il doit se montrer un digne citoyen ;

2° Les diverses vertus de famille qui font le bon fils, le bon père, le bon époux, car la famille est la pépinière des hommes libres, et l'État doit veiller à sa bonne administration ;

3° Les vertus civiques, qui embrassent tous les devoirs du citoyen envers le gouvernement de son pays, puisque l'État, protecteur des intérêts généraux, a le droit d'imposer à l'individu tous les sacrifices nécessaires au bien public ;

4° Les vertus sociales, qui embrassent tous les devoirs de l'homme envers ses concitoyens. En effet, l'État, chargé de veiller à l'ordre et à la paix intérieure, a le droit d'interdire tout acte propre à troubler l'harmonie parmi les citoyens.

Eh bien ! je demande si l'étudiant, habitué à vivre sans règle et sans frein, au gré de ses caprices et de son bon plaisir, à ne chercher dans la société que les avantages qu'elle procure, sans s'habituer à aucune idée de sacrifice, d'obéissance et de devoir, deviendra tout-à-coup, parce qu'il a obtenu un diplôme, parce qu'il s'est établi et qu'il est maintenant son maître absolu, le modèle des citoyens ?

Quel est l'homme de bon sens qui voudrait soutenir ce paradoxe ?

Il est évident que tout ou presque tout devra être réformé dans les idées, les habitudes et les mœurs de l'étudiant. Et croyez-vous que cela se fera sans douleur pour lui? sans tiraillements pour sa famille? sans malaise pour la société? Non! non! cela n'est pas possible.

Donc, l'éducation qui a produit ce déplorable résultat ne valait rien.

Mais poursuivons.

Ordinairement, l'étudiant changera le moins qu'il pourra ses mauvaises habitudes, et s'efforcera plutôt de les faire accepter par la société. Dès lors, il engagera contre ce qu'il appelle « *le bon vieux temps,* » une lutte incessante, dans laquelle tout l'avantage sera forcément pour la jeunesse, parce qu'elle a l'avenir devant elle.

La société éprouvera donc de continuelles atteintes : elle s'altérera, se viciera, se décomposera peu à peu, jusqu'à ce qu'enfin, la licence devenant générale, tous les principes seront foulés aux pieds, toutes les croyances rejetées, toutes les lois méconnues, tous les caractères abaissés, toutes les âmes avilies et dégradées, et que l'État soit devenu comme ce fruit maudit de Sodome, qui sous de belles apparences ne renferme que la poussière et la stérilité.

Voilà ce qui arrivera par la force des choses. Une loi morale aussi inébranlable que les lois du monde physique veut que l'homme ne montre dans l'âge viril que l'épanouissement de l'éducation qu'il a reçue dans ses jeunes années. Or, l'éducation a été mauvaise : donc, l'épanouissement sera mauvais.

D'ailleurs, ici les faits parlent plus haut que les paroles, et je n'ai pas besoin d'insister. Les personnes expérimentées qui se souviennent des métamorphoses de la société depuis un demi-siècle ne me contrediront pas, j'en suis sûr.

Eh bien! la licence, l'égoïsme, la mauvaise foi, l'absence des principes dont tout le monde se plaint, sont les fruits amers de la fausse éducation de la jeunesse. C'est là qu'est le mal, et c'est là aussi qu'est le remède. C'est là que se forme le levain vicieux qui corrompt la masse de la nation. C'est là qu'habite le ver rongeur qui fait jaunir les feuilles de l'arbre et tomber ses fruits. Mais c'est là aussi que se trouve la sève puissante dont la fécondité, sagement dirigée, pourrait donner au monde la fraîcheur et la vie.

Pères de famille, soignez vos enfants! Gouvernements, réformez l'instruction publique! Hommes expérimentés, veillez plus sagement à l'éducation de la jeunesse! et dans moins de trente ans, cette intelligente société française que l'œil de l'observateur aperçoit languissante aujourd'hui, malgré son apparente prospérité, aura recouvré toute sa sève et sa vigueur.

Croyez-moi, cela vaudra mieux que les lois

contre le célibat. Le moyen le plus efficace de détruire le célibat est de rendre le mariage plus agréable, plus sage et plus avantageux, en rendant la société meilleure. Les mesures isolées que l'on propose contre le célibat me rappellent l'ordonnance d'un chirurgien major, qui, dans une visite à l'hôpital militaire, prescrivait à un torse une application de sinapismes aux deux jambes. — Mais, s'écria le malade, je n'en ai plus, docteur ! — Les célibataires vous disent la même chose aujourd'hui. Vous leur conseillez le mariage. Mais, pour cela, il faut des mœurs, il faut des habitudes sérieuses, il faut l'amour de la famille, il faut l'estime et le respect de soi-même et d'autrui ; et le jeune homme vous répondra : « Je n'en » ai plus, docteurs ! » N'allez pas dire en tournant le dos : « C'est bien égal, » comme le fit le vieil Esculape. Qui veut la fin doit vouloir les moyens. Réformez donc la jeunesse. C'est une cire molle : jetez-la dans un moule convenable : elle sera tout ce qu'elle doit être et tout ce que vous voudrez.

§ VI.

Réforme de l'éducation.

« Mais, me dira-t-on, voilà assez de critiques. Que nous proposez-vous de mettre à la place de ce que vous voulez démolir ? »

Mon Dieu! j'avoue que malgré mes fréquentes réflexions sur ce grand sujet, la réponse me paraît si délicate, que j'éprouve à la faire un certain embarras. Certes, il est bien loin de ma pensée de prétendre à l'infaillibilité, et j'ai voulu surtout appeler sur cette grande question toute la sollicitude de mes concitoyens. Cependant, comme une critique est toujours incomplète, si elle ne donne point de préservatif contre le mal indiqué, je vais exposer avec précision et simplicité quelques idées qui me semblent utiles, et pour lesquelles je sollicite la bienveillance de mes lecteurs.

§ VII.

Réforme de l'éducation classique.

Je crois qu'il est nécessaire et urgent de réformer le plan d'études, dont je suis loin d'avoir signalé tous les défauts.

Je proposerais de diviser les années d'études que l'on passe ordinairement au collége en trois parties, savoir : quatre ans pour l'étude de la langue française, et des langues anciennes; quatre ans pour l'étude des belles-lettres, des sciences, de l'histoire, de la géographie, des langues vivantes; deux ans pour l'étude de la philosophie, des principes de droit usuel, de médecine pratique, d'agriculture, de commerce et de tout ce qui est nécessaire à l'homme dans la pratique de la vie comme dans toutes les positions sociales : soit dix ans d'études classiques.

La première partie serait subdivisée comme il suit :

1re année : Grammaire française, avec tous les exercices qui y correspondent ; notions sur l'histoire et la géographie de la France.

2e année : Grammaire grecque comparée à la grammaire française [1] ; explications du professeur en français ; mais fréquents dialogues en grec moderne dans les classes. Notions sur l'histoire et la géographie des temps anciens, spécialement de la Grèce.

3e année : Grammaire latine comparée à la grammaire grecque et à la grammaire française. Explications du professeur en français ; dialogues fréquents dans les classes en latin et en grec. Histoire et géographie du monde romain.

4e année : Continuation des études sur les trois langues, et sur l'histoire des temps anciens. Ajoutez aux cours actuels des études sur la Chine et l'extrême Orient, complétement négligées jusqu'ici.

---

[1] Il est rationnel de faire étudier le grec avant le latin, puisque le latin est dérivé du grec. Logiquement même, il aurait fallu commencer par l'étude de cette langue : mais il m'a paru indispensable que les enfants de la France apprissent d'abord la langue de leur pays.

Nota. — A la fin de ces exercices, un examen pourra être passé en public devant la Faculté ; ce sera le premier pas vers le baccalauréat.

La deuxième partie serait à son tour subdivisée ainsi :

1re année : Principes de littérature. Examen des règles du style dans la littérature des Grecs et des Romains. Étude obligatoire de l'italien et de l'espagnol, langues modernes qui se rapprochent le plus du latin et du grec. Explications du professeur en français ; mais dialogues fréquents dans les classes en grec, en latin, en italien, en espagnol. Histoire et géographie du moyen âge. Arithmétique et algèbre, sciences inséparables.

2e année : Continuation des études littéraires. Littératures des peuples modernes : française, italienne, espagnole. Histoire et géographie modernes. Langues : l'anglais et l'allemand, dérivés plus éloignés du grec et du latin, (d'après la méthode précédemment indiquée.) Sciences : géométrie théorique et appliquée, *appliquée surtout* par des problèmes usuels, et non pas chimériques.

3e année : Continuation des études littéraires, Littératures anglaise, allemande et orientale. Histoire et géographie modernes, en insistant spécialement sur les colonies espagnoles, portugaises et anglaises, c'est-à-dire sur l'histoire de l'Amérique et de l'Afrique. Langues orientales, et de préférence le chinois, devenu indispensable à cause de nos relations croissantes avec l'extrême Orient. Sciences : physique et chimie.

4ᵉ année : Étude de l'éloquence chez les peuples anciens et modernes. Histoire et géographie du monde contemporain. Exercices fréquents de déclamation.

Nota. — A la fin des exercices, un examen pourra être passé devant la Faculté; ce sera le second pas vers le baccalauréat.

La troisième partie serait ainsi organisée :

1ʳᵉ année : Étude de la philosophie chrétienne; dissertations et thèses fréquentes soutenues par les élèves sur les principes fondamentaux. Études élémentaires de la morale et du droit.

2ᵉ année : Étude des systèmes philosophiques chez les plus grands peuples du monde. Ne pas oublier la philosophie de l'Inde et de la Chine, si injustement négligée dans nos lycées. Études élémentaires de médecine pratique, d'agriculture, de commerce, d'économie politique et sociale.

Nota. — A la fin du cours de philosophie, un nouvel examen sera passé devant la Faculté. Ce sera le troisième pas vers le baccalauréat. Les élèves admis dans les deux examens précédents ne seront plus interrogés sur les matières qui en font partie. Les notes obtenues par eux demeurent acquises. L'admission au troisième et dernier examen donne droit au diplôme de bachelier ou de lettré.

Ce plan d'études semblera compliqué peut-être : mais l'enseignement est donné par les maîtres avec précision et clarté, il n'y a pas un élève doué d'une intelligence ordinaire qui ne puisse le suivre facilement.

§ VIII.

Réforme de l'éducation religieuse.

Pendant le cours des études classiques, l'enseignement religieux serait donné aux jeunes gens par les ministres des différents cultes. Cet enseignement devrait être organisé plus sérieusement qu'il ne l'est aujourd'hui. Un ou deux ministres de chaque culte sont actuellement chargés d'enseigner la religion à des centaines de jeunes gens. C'est là une chose matériellement impossible. Aussi bien, sont-ils obligés de s'en décharger en grande partie, principalement dans les classes inférieures, sur les professeurs qui font réciter le catéchisme aux élèves avec leurs autres leçons. C'est là une grave anomalie, parce que souvent le professeur appartient à un culte différent, et les élèves ayant ainsi tour à tour des maîtres catholiques, juifs, protestants, rationalistes ou athées, qui, même à leur insu, laissent percer leurs opinions dans leur enseignement, finissent par regarder tous les cultes avec indifférence, ou même par ne plus rien croire du tout.

Ce système est donc mauvais, très-mauvais, et c'est la principale cause de l'impiété croissante de la jeunesse française. Ce funeste résultat, qui va s'aggravant tous les jours, finira par enraciner dans toutes les classes de notre Patrie ce déplorable scepticisme, qui, en niant tout principe et tout devoir, devient la cause efficace de la corruption des âmes et de l'abaissement des caractères, signes précurseurs de la décadence des nations. Peut-être n'y a-t-il pas d'autre moyen de remédier à cela que de donner une complète liberté d'enseignement, afin que les catholiques fassent élever leurs enfants dans des écoles catholiques, les protestants, dans des écoles protestantes, les israélites, les musulmans et tous les autres croyants quelconques, dans des écoles dirigées par des maîtres qui aient toute leur confiance et toutes leurs sympathies. Les examens seraient toujours passés devant les Facultés de l'Etat dont le contrôle ne serait nullement affaibli.

Mais, je reviendrai là-dessus un peu plus loin.

§ IX.

Réforme de l'enseignement professionnel.

On me dira sans doute que cet enseignement ne suffira pas pour certaines spécialités professionnelles. Mais il est bien facile de répondre à cette objection.

En effet, si je suis profondément convaincu que l'éducation ci-dessus développée est indispensable à tout français qui veut occuper dans son pays une position honorable, je suis bien éloigné de prétendre qu'elle suffira pour l'exercice de telle ou telle profession spéciale. Cette éducation n'est que la base de l'éducation d'un grand peuple. Mais, sur ce tronc vigoureux, on doit greffer des rameaux variés qui répondent à tous les besoins spéciaux et à tous les goûts particuliers.

Vous voulez être un homme de robe. — Eh bien! vous étudierez plus à fond la législation dont vous connaissez déjà les éléments; vous suivrez les cours de l'école de droit.

Vous voulez faire partie du noble bataillon qui s'applique à guérir les maladies physiques de l'homme. — Eh bien! vous recevrez de la bouche des Hippocrates modernes les développements approfondis du grand art de guérir.

Vous aspirez à l'honneur d'être apôtre et médecin des maladies morales, qui ne sont ni les moins graves ni les moins difficiles à guérir. — Eh bien! vous irez étudier les sciences sacrées dans les sanctuaires désignés à cet effet.

Vous voulez être ingénieur, architecte, directeur des travaux de l'État ou de vos concitoyens.

— Eh bien ! vous irez dans les écoles organisées dans ce but.

Vous voulez vous consacrer à la défense de votre patrie, combattre et vaincre ses ennemis sur terre et sur mer. Eh bien ! vous aurez des écoles spéciales, des sanctuaires du patriotisme et de la valeur.

En un mot, chaque spécialité sera étudiée à part. Je dirai même à ce propos qu'à mon avis, l'État, qui s'est occupé depuis peu de l'enseignement appelé spécial, n'a pas assez fait de ce côté, et a voulu encore agglomérer trop de choses ensemble. C'est un défaut assez commun en France. On veut faire des œuvres qui servent à une foule de choses à la fois, et qui, pour répondre à tout, ne répondent à rien d'une manière suffisante.

Après l'enseignement du collége ou du lycée dont j'ai parlé ci-dessus, et que je regarde comme indispensable à tout jeune homme qui veut paraître avec honneur dans un pays libre, où les emplois les plus élevés peuvent être un jour les justes récompenses de son mérite et de ses efforts, je crois que l'enseignement professionnel sera fort utile, soit à l'avancement du jeune homme, soit au bien général de la société.

Créons donc des écoles spéciales pour toutes les carrières :

Écoles professionnelles pour la marine; écoles

professionnelles pour l'armée de terre; écoles professionnelles pour le génie militaire; écoles professionnelles pour le génie civil; écoles professionnelles pour les beaux-arts; écoles professionnelles pour le droit; écoles professionnelles pour la médecine et la chirurgie; écoles professionnelles pour le clergé de tous les cultes; écoles professionnelles pour le commerce; écoles professionnelles, en un mot, pour toutes les carrières que peuvent embrasser les fils d'un grand peuple civilisé.

. Mon Dieu! la vie de l'homme est si courte et ses forces sont si bornées qu'il est insensé de vouloir lui faire approfondir une foule de choses à la fois. Ne lui faisons donc rien faire d'inutile. Qu'il choisisse sa carrière, sa vocation, sa profession, et que tous ses pas le mènent à son but. Il sera parfaitement en état de prendre cette grave décision, quand il aura terminé les études classiques dont j'ai parlé. Son choix fait, il faut qu'il n'ait qu'à s'orienter. La vigilance de l'État, les sympathies et le concours dévoué de tous les hommes expérimentés doivent avoir préparé à ce jeune citoyen, plein de bon vouloir, tous les moyens de fournir honorablement sa course. S'il n'est pas énergiquement soutenu à cet instant décisif, il hésitera, il ne fera rien, et peut-être deviendra-t-il un mauvais citoyen. Il doit donc sentir au-dessus de lui la haute vigilance de l'État, qui lui offre, dans l'école professionnelle, tous les conseils et toutes les ressources qu'il peut raisonnablement demander à son pays, pour remplir dignement la carrière qu'il a choisie.

La société lui apparaîtra dès lors comme une mère, qui, après l'avoir caressé dans ses langes, après l'avoir soigné sous le toit paternel, a ouvert son intelligence dans l'école primaire, l'a développée dans le collége, l'a mûrie dans l'école professionnelle, et, après tant de soins vigilants et dévoués, l'a placé enfin sur le chemin de la vie en lui disant : « Mon fils, tu n'as qu'à marcher; te voilà un homme! L'avenir est devant toi ! »

Croyez-vous que cette société-là ne serait pas aimée par ceux qu'elle aurait ainsi élevés ?

On se plaint souvent de ce que l'ordre social est méconnu, insulté, outragé et même violemment attaqué par ses enfants.

Eh! mon Dieu! Pourquoi se nourrir d'illusions? La société d'aujourd'hui est assez pétrie de vices et d'abus, pour qu'elle n'ait pas le droit de se plaindre trop haut des ingrats qu'elle rencontre sur sa route. Il n'est, hélas! que trop vrai, qu'elle doit apparaître à une foule de citoyens comme une marâtre, qui ne songe qu'à bénéficier de l'exploitation des faibles et à jouir des biens qu'elle a acquis trop souvent par l'injustice, par la violence, ou même par le crime. Comment voulez-vous alors qu'elle soit aimée par les déshérités, puisqu'elle ne fait rien pour eux, et qu'elle emploie trop souvent sa puissance à les humilier, à les pressurer, à les fouler aux pieds?

Que la société soit juste envers tout le monde, et son autorité sera universellement respectée! Alors, si de loin en loin, quelque insensé a le malheur de méconnaître ses bienfaits et de lever contre elle une coupable main, des milliers de bras s'armeront spontanément pour sa défense, et une voix, la grande voix de tout un peuple, maudira le coupable comme un fils rebelle et dénaturé.

En parlant des écoles professionnelles, je ne veux pas oublier une importante observation qui a rapport aux écoles de médecine et de droit.

On a bâti à grands frais des édifices, on y a installé d'habiles professeurs; mais on n'a rien fait pour y attirer la jeunesse. Chaque étudiant y vient comme il peut. L'État ne s'occupe de lui que pour lui marchander son diplôme et le droit de se rendre utile à ses concitoyens. Hors de là, on ne songe pas à lui; il peut être mal nourri, mal logé, mal vêtu; il peut être exploité, pressuré, volé; il peut végéter, souffrir le froid, la faim et la soif; il peut même se jeter à la Seine, s'il veut; l'État ne s'inquiète pas de lui; ça lui est fort égal.

Eh bien! je dis que tout cela est un non-sens, une barbarie, une monstruosité!

Comment ! Vous, hommes intelligents, qui vous préoccupez, avec mille raisons assurément, de la protection des animaux, vous ne faites rien pour régulariser la position de la jeunesse d'élite que la France envoie dans nos grandes villes pour suivre les cours des facultés? Vous la laissez exploiter par de vils spéculateurs sans faire entendre une protestation? Vous la voyez s'égarer, se corrompre, s'étioler, s'affaiblir, se suicider, sans dire un seul mot? Mais cependant il y a là l'élite de la France, les fils de vos proches et de vos amis, vos enfants eux-mêmes! Vous avez fait des lois pour protéger les animaux domestiques, et vous n'en faites point pour protéger la jeunesse?...

Oh ? Je ne veux rien dire ici de pénible... Mais, permettez-moi d'espérer que si vous avez de l'intelligence et du cœur — et ceux qui dirigent la France doivent en avoir toujours — vous vous empresserez de régulariser sagement la situation déplorable qui est faite aux étudiants de nos écoles. Vous leur ouvrirez des maisons bien bâties, bien aérées, bien situées ; vous leur donnerez une nourriture saine et abondante pour réparer leurs forces ; vous mettrez auprès d'eux, non pas des Argus pour épier leurs paroles et leurs actes, oh ! non ! mais de sages conseillers qui leur feront connaître les écueils, qui les préserveront des pas dangereux, qui éloigneront d'eux les miasmes pestilentiels, et dont les avis, pour être plus autorisés, seront rétribués par le trésor public, car ils ne seront que les délégués, les représentants de l'État et les économes des familles.

§ X.

La liberté de l'enseignement.

J'ai dit précédemment que le moyen le plus efficace d'empêcher le scepticisme de gagner comme une lèpre toute la jeunesse française, était de ne pas l'obliger à recevoir successivement la doctrine des professeurs catholiques, protestants, israélites, rationalistes ou athées, mais de laisser tout à fait aux familles le libre choix du collége et de l'école professionnelle où leurs enfants doivent être élevés, conformément à leurs désirs et à leurs convictions. Cette mesure me semble éminemment utile au point de vue religieux et social.

Mais, elle suppose une chose essentielle : *La liberté d'enseignement.*

Je dirai tout de suite que je n'envisage pas seulement cette grande question au point de vue du droit des citoyens ; mais au point de vue des intérêts de l'État, qui sont l'objet de ma constante préoccupation dans ce volume.

Eh bien ! L'État me semble s'être chargé d'un fort grand embarras et d'une responsabilité aussi onéreuse qu'inutile, en prenant dans sa main *le monopole de l'enseignement.*

Tout monopole gêne la concurrence et empêche plus ou moins le Progrès. Mais, quand c'est l'État qui en recueille, ou qui est censé en recueillir les bénéfices, le monopole apparaît aussitôt comme un instrument de despotisme et d'oppression. De là des plaintes et des tiraillements sans fin.

Les parents se plaignent des principes qu'on donne à leurs fils, des goûts et des sentiments qu'on leur inspire : or, comme l'enseignement est officiel, tous les murmures et tous les mécontentements retombent directement sur le Gouvernement.

Le Corps enseignant se plaint de ce que l'égalité promise par la Constitution ne lui a jamais été appliquée ; il se plaint de ce que les professeurs de l'Université constituent, au milieu des valeureux pionniers de l'éducation nationale, une sorte de bataillon privilégié, qui accapare toutes les faveurs, toutes les décorations, toutes les distinctions et tous les traitements. Il se plaint de ce qu'au lieu de récompenser également des services égaux, les deniers de l'État, qui appartiennent à tous, ne sont distribués qu'à quelques-uns. Il se plaint du peu d'encouragement qu'on donne aux institutions libres, des tracasseries sourdes, des mesures vexatoires dont elles sont bien souvent l'objet. Il se plaint de ce que des hommes d'un mérite réel et d'une science reconnue vivent et meurent dans la disgrâce de l'État, comme professeurs indépendants, sans laisser souvent, après une longue carrière toute consacrée à la jeunesse française, aucune ressource à leurs veuves et à leurs enfants : et cela parce qu'ils se sont dévoués à ce qu'on appelle *l'enseignement libre*, mais qu'il serait plus exact d'appeler *l'enseignement disgracié, l'enseignement emprisonné, l'enseignement hilote et paria*.

Enfin, la nation se plaint de ce qu'elle est gênée sans cesse et jusque dans ses droits les plus légitimes, jusque dans la direction qu'elle veut donner à ses enfants. Elle se plaint de ce que l'éducation, cette chose sacrée qui tient du ciel et de la terre et qui est le privilége le plus inviolable des familles, devient une œuvre de parti, une œuvre de coterie, une œuvre politique avant tout.

Mais, indépendamment de ces plaintes qui toutes dépopularisent plus ou moins le Pouvoir, il résulte du système actuel des conséquences plus funestes encore. Chaque Gouvernement impose à l'Université officielle tel enseignement. Sous le premier Empire, par exemple, le bonnet doctoral était ultra-Napoléonien.

La Restauration arrivait à peine dans les bagages de l'armée Austro-Russe que le docte bonnet devenait plus blanc que neige.

Quand la monarchie de juillet sortit des langes des 221 la sainte toque devint plus multicolore que les trois couleurs.

La République de 48 fournit à son tour à l'Université l'occasion de faire plus d'une joyeuse incartade contre tous les tyrans passés, présents et futurs et contre une foule d'autres personnes, jadis honorées à l'égal des Dieux : tout cela, aux grands applaudissements de la jeunesse de cette époque.

Enfin, le second Empire est arrivé sur le pavois, et aussitôt tous les bonnets jacobins de tomber du haut des doctes fronts, d'être dédaignés, insultés, piétinés, changés en chiffons, sous les yeux des écoliers, moins rieurs cette fois, parce qu'ils étaient obligés de s'incliner devant une toque plus sévère et une férule plus raide que jamais.

Or, il n'est pas un seul des régimes qui se sont ainsi succédés qui ait retiré du servilisme universitaire les avantages qu'il en attendait. Le monopole de l'enseignement, bien loin de leur être utile, comme l'Université l'a trop souvent dit (et pour cause!) n'a fait que les compromettre en les mêlant à une foule d'abus, de tracasseries, de querelles irritantes, qui leur ont fait perdre peu à peu toute leur popularité en compromettant même leur existence.

Louis-Philippe ne serait peut-être pas tombé de son trône, si, trop docile aux déplorables conseils du ministère Guizot, il ne se fût pas obstiné à refuser la liberté d'enseignement, et à soulever contre lui une véritable émeute de l'opinion catholique et libérale dans la France entière.

Mais, une conséquence plus durable et plus funeste encore à l'État, c'est que la jeunesse française assistant à toutes les palinodies politiques de l'enseignement officiel, se persuade que tout ce qu'on lui apprend en fait de principes moraux, de philosophie et d'appréciations historiques, n'est qu'une invention pour l'attacher à l'ordre existant, une machine gouvernementale qu'un jour voit naître et un autre jour se décomposer. Elle s'habitue à penser que tout est, dans le monde, une affaire de convention, de calcul et d'intérêt; qu'aucun principe n'est vrai en soi : que toute renommée n'est légitime que relativement; qu'il n'y a que vague dans toutes les opinions humaines et que rien n'est certain sous le soleil.

Ainsi, l'éducation officielle, après avoir fait tomber la jeunesse dans *le scepticisme religieux*, la fait tomber encore dans le *scepticisme politique*. Et voilà aussitôt des jeunes gens qui envoient l'ordre social rejoindre les croyances religieuses dans la *garde-robe des vieilles idées !* Voilà des jeunes gens qui croient donner des preuves évidentes de leur intelligence et de leur capacité en se moquant de toutes choses ! Voilà des jeunes gens pour qui le respect des lois et la fidélité au Souverain ne sont plus que des mots vides de sens, et qui ne reconnaissent plus qu'une morale sociale, CELLE DE L'INTÉRÊT !

Après avoir blasphémé contre Dieu, ils acclament César, parce que la force l'environne et que leur ambition le demande. Mais combien de temps cela durera-t-il ? L'espace d'un matin. Leur fidélité est comme une voile livrée à toutes les tempêtes de l'Océan !...

Quand donc les Gouvernements comprendront-ils enfin qu'une sage liberté, bien loin d'être nuisible au Pouvoir, est toujours sa meilleure sauvegarde ? Il est à remarquer que toutes les fois qu'un Gouvernement veut élargir outre mesure le cercle de ses attributions et porter la main sur des choses qui ne sont pas de sa compétence, sa victoire apparente amoncelle bientôt tant d'obstacles sur sa route qu'elle se tourne finalement en défaite, défaite d'autant plus décisive que l'usurpation a été plus audacieuse et plus étendue.

Eh bien ! En France, indépendamment de toutes les récriminations, de toutes les colères, de toutes les haines que les Gouvernements se sont attirés, dans la question de l'enseignement, ils ont vu se produire une anomalie qui n'est pas moins dangereuse pour eux. L'enseignement officiel étant odieux à une foule de citoyens, il a fallu tolérer l'enseignement privé; et le monopole de l'État produisant une réaction puissante, les maisons d'éducation instituées en dehors de son patronage, se sont déclarées complétement indépendantes en face de lui. Cette situation peut se résumer dans un seul fait assez récent encore. S. E. M. Duruy, ayant fait prévenir de sa visite le Supérieur d'un célèbre établissement des PP. Jésuites, à Paris, reçut cette diplomatique réponse : « Si Son Excellence vient à titre officieux, Elle » sera toujours parfaitement reçue ; mais si Elle » vient à titre officiel, Elle est prévenue que toutes » les portes lui seront fermées. »

Et le Ministre a dû s'incliner, car la loi était contre lui.

Ainsi, l'Enseignement libre, justement irrité de se voir frappé d'hilotisme par la corporation Universitaire, s'écrie : « Puisque l'État ne fait » rien pour moi, et que je suis exclu de toutes ses » faveurs, je ne lui dois rien non plus ! » Et cela est logique, si logique que l'Université privilégiée ne sait qu'y répondre.

Voilà comment l'État voulant devenir docteur et tenir dans sa main le monopole de l'enseignement, a perdu l'une de ses prérogatives les plus sacrées, qui consiste à exercer toujours un droit de contrôle sur tout ce qui concerne l'ordre social, et, par conséquent, sur l'éducation de la jeunesse qui en est l'une des plus puissantes bases.

De plus, l'irritation des professeurs libres les porte ordinairement à une hostilité plus ou moins cachée, mais incessante contre le Gouvernement.

Et cela se conçoit très-bien ! Le Gouvernement est à leur égard le monopole, le privilége, l'oppression ! C'est une conséquence aussi naturelle qu'inévitable. Or, comme les sentiments des maîtres déteignent toujours, plus ou moins, sur les élèves, il s'ensuit qu'une foule de jeunes français prennent dès l'enfance l'habitude de détester le Gouvernement de leur patrie et de rêver des réformes, des changements, voire même des révolutions !

Les faits sont là... convaincants, invincibles!.. Je connais depuis longtemps la jeunesse, et je défie qu'on puisse accuser mes paroles de fausseté !

Voilà pourquoi je n'hésite pas à dire que l'une des plus puissantes causes de l'instabilité des Gouvernements en France est cachée sous *le monopole universitaire*, sous l'intervention abusive et doctrinale de l'État, dans une affaire qui devrait être laissée entièrement au libre arbitre des citoyens.

Le monopole de l'Enseignement est donc extrêmement funeste au Pouvoir.

Mais il n'est pas moins funeste à la Nation elle-même.

En effet, le monopole est toujours un réseau plus ou moins gênant, qui détruit au profit de quelques-uns le libre développement d'une nation. Et quand il s'applique aux choses de l'esprit, c'est toujours un éteignoir posé sur l'intelligence nationale. On dira qu'en France, cet éteignoir laisse passer quelques rayons lumineux. D'accord! Mais la lumière ne serait-elle pas plus éclatante, si au lieu de rester sous un boisseau qui l'étouffe, ou qui, du moins, l'atténue singulièrement, elle pouvait se déployer en gerbe radieuse avec une entière liberté? Pourquoi établir des priviléges sur une terre égalitaire? Pourquoi empêcher l'essor d'un peuple libre vers le Progrès? Notre industrie et notre commerce auraient-ils jamais pris le grand développement, que nous voyons, s'ils avaient eu à lutter contre l'absurde monopole de l'Etat? Comment voulez-vous que l'éducation grandisse, si vous l'emmaillotez sans cesse? Laissez donc la Nation se développer à son gré! Qu'elle choisisse la doctrine qui est le mieux en harmonie avec ses goûts et ses idées! L'instinct du peuple est généralement plus infaillible que cette prétendue sagesse qui en voulant tout régler, tout enrégimenter, tout classer, ne produit que la confusion.

Nous avons vu plus haut que le monopole universitaire n'aboutit qu'à protéger toutes les routines, à maintenir sur le pinacle toutes les vieilleries, à enrayer le Progrès, les réformes, et les améliorations ! Nos lycéens étudient le latin et le grec, comme auraient pu le faire les Romains du temps de Caton et les Hellènes du temps de Miltiade. Le français n'est pour eux qu'une langue secondaire et déshéritée dont la poésie leur est interdite. On néglige les langues vivantes ; on reste sous ce rapport en arrière de toutes les nations Européennes. Voyez les jeunes gens qui sortent des Universités d'Allemagne et d'Angleterre !

Ils s'expriment tous facilement en plusieurs langues. Nos lauréats les plus brillants sont souvent moins solides qu'eux sur le français et sont généralement frappés de mutisme si on leur parle une langue étrangère.

Eh bien ! A quoi faut-il attribuer cette déplorable infériorité, et toutes les autres qu'il serait aisé de constater ?

Au monopole universitaire ! Le monopole c'est l'oligarchie, c'est la routine, c'est l'éteignoir ! Et remarquez que cet éteignoir est posé aussi bien sur la tête des professeurs de l'Université que sur celle des autres. Je me plais à reconnaître que l'Université compte beaucoup de membres qui gémissent en secret de la routine et appellent la Réforme de tous leurs vœux.

Mais que peuvent-ils contre la hiérarchie académique? Rien, absolument rien : et si leurs plaintes sont un peu trop vives, l'avancement leur est interdit à jamais.

Enlevez-donc l'éteignoir fatal et que la lumière brille librement! L'esprit ne souffle-t il pas où il veut? Pourquoi l'assujettir, le gêner, le contraindre, l'emmaillotter, l'étouffer?

On me dira : « Eh bien! quels remèdes proposez-vous donc? »

Un seul : « La Liberté! »

Plus d'enseignement officiel en littérature, en histoire, en linguistique, en droit, en médecine, en histoire naturelle! Plus de cette centralisation scientifique qui ne produit que l'avilissement des caractères, l'étouffement des esprits et la destruction de tous les principes sociaux. Plus de ce creuset absurde où s'engouffrent pêle-mêle toutes les opinions et toutes les croyances, et d'où il ne sort que deux choses, *le scepticisme et le chaos!*

Que les pères de famille soient entièrement libres d'élever leurs enfants comme ils l'entendent, de choisir les écoles qui leur plaisent et les maîtres qui savent mériter le mieux leur confiance.

Que l'Université de France, au lieu d'être un canal étroitement endigué, répandant parcimonieusement ses eaux appauvries sur une terre brûlée par toutes les ardeurs du monde moderne, devienne un grand fleuve qui reçoive dans son sein toutes les sources des montagnes, tous les ruisseaux de la plaine, quelles que soient leur provenance, leur limpidité, leur couleur, et qui, coulant à pleins bords et avec une entière liberté, aille porter le tribut de ses eaux partout où se trouve une fleur languissante, une plante desséchée, un terrain avide de sucs nourriciers !

Qu'on efface cette odieuse distinction d'un enseignement privilégié et d'un enseignement *paria*, qui produit de si déplorables rivalités. Qu'il n'y ait plus qu'un seul enseignement, *l'enseignement libre et national !*

Que *l'Université nationale*, comptant sur elle-même, marche sans le secours des lisières de l'État, et ouvre son sein à tout homme dévoué, qui consacre sa vie à l'éducation de la jeunesse ! Que le corps des lettrés français forme une immense association d'hommes éminents par le cœur, par l'intelligence et par le savoir ! Non pas, certes, une association despotique ou oligarchique, mais une association démocratique comme la société civile qu'elle doit éclairer, progressiste comme la jeune France qu'elle doit élever !

Pourquoi, par exemple, le suffrage universel, tant applaudi dans la vie politique, ne serait-il pas aussi la base de la société enseignante? Assurément la masse du corps professoral est bien autrement intelligente que la masse du corps politique. Pourquoi donc la conduire despotiquement, sans jamais la consulter, sans jamais lui donner voix au chapitre, dans les choses qui concernent ses intérêts les plus chers? N'est-ce point là un non-sens, le plus rétrograde des préjugés, la cause véritable de la paralysie, du mécontentement, de l'avilissement du Corps professoral aux yeux de la société?

Certes la carrière des lettres et de l'enseignement est loin de jouir en France de la considération légitime dont elle jouit en Angleterre, en Allemagne, en Chine même; et bien des gens la considèrent avec un superbe dédain. Pourquoi? Parce que la situation faite au professeur n'est pas digne de lui.

Quand une classe quelconque de la société n'a pas le rang qu'elle mérite, la Nation souffre comme un corps dont un membre est disloqué. Tout l'art de la clinique ne saurait faire cesser le malaise, tant que le membre malade n'est pas remis à sa place. Eh bien! Le seul moyen de chasser du corps de la Nation française ces humeurs putrides que l'on appelle le *matérialisme* et le *sensualisme*; le seul moyen de rendre au caractère national la noblesse et la dignité d'autrefois; le seul moyen d'expulser ces âcretés, ces douleurs, ces convulsions qui font trembler si souvent la société sur ses bases, *c'est de donner la liberté au Corps enseignant.*

Pour purifier l'eau d'un bassin, il faut purifier d'abord la source qui l'alimente. Or, le corps enseignant est la source d'eau vive qui alimente toutes les forces vitales de la nation. Donnez-lui la dignité et la liberté dont il a besoin ; qu'il soit chargé lui-même de sa propre destinée, et qu'il s'organise comme il l'entendra.

Vous verrez aussitôt une prodigieuse activité intellectuelle éclater dans toutes les provinces de l'empire ; l'enseignement rachitique et vicieux complétement délaissé ; le mérite acclamé partout ; et l'orgueilleuse médiocrité obligée de déposer le sceptre.

L'émulation des diverses académies produira les meilleurs résultats et donnera un essor inouï à l'éducation ; chacune apportera son tribut aux réformes et au progrès ; et je ne doute pas que dans un avenir prochain, l'éducation de la jeune France ne soit citée comme le modèle de l'éducation des peuples libres.

— Mais, me dira-t-on, si l'enseignement est entièrement libre, chaque professeur va être livré à l'isolement, c'est-à-dire à l'impuissance et au découragement, et les congrégations religieuses, solidement associées, vont s'emparer de l'enseignement national. Or, c'est ce que nous ne voulons à aucun prix.

Je réponds à cela qu'en demandant la liberté complète d'enseignement, je ne demande qu'une chose, c'est que le corps enseignant soit détaché de l'État et laissé à ses propres forces, à son libre développement. Je suis loin de vouloir détourner l'enseignement laïque de l'esprit d'association.

L'association est indispensable, selon moi, pour faire quoi que ce soit de durable et de grand! Mais, que l'association, au lieu d'être immuable et serrée dans des langes, ait la liberté de ses mouvements, de sa direction, de ses développements. Les laïques sauront bien s'organiser de manière à tenir tête à l'enseignement clérical. Entre leur association et les congrégations, la lutte sera égale, et au lieu de produire un découragement regrettable, elle donnera le jour à une féconde émulation de tous les talents. L'enseignement laïque n'est débordé aujourd'hui en beaucoup d'endroits, que parce qu'il n'est pas libre. Son asservissement finirait par le perdre tout-à-fait. La mesure que je demande lui rendra la vie, en lui rendant la liberté !

— Mais, quoi! dira M. Frédéric Morin, vous voulez des facultés libres pour les belles-lettres, les sciences, la médecine et le droit?...

— Eh! pourquoi non? Depuis quand la férule de S. Exc. le Grand-Maître de l'Université serait-elle nécessaire au développement des lumières et au choix intelligent des professeurs? Pourquoi les Facultés ne seraient-elles pas libres en France comme en Allemagne ou en Angleterre? Les associations laïques et les associations religieuses mettront sur le pavois leurs sujets les plus éminents. Les professeurs seront élus au scrutin secret par leurs pairs. Et je ne doute pas que ce mode d'élection ne soit préférable à celui du despotisme universitaire. Bien des hommes éminents, délaissés aujourd'hui, obtiendront alors la parole et je ne doute pas que le régime de la liberté n'ait à citer des noms, qui feront promptement pâlir la gloire des *soleils du système de la protection.*

— Mais, vous conviendrez du moins, ajoutera-t-on, que la liberté a ses périls, et que si l'État retire sa main de l'enseignement, l'avenir des professeurs ne sera jamais assuré.

Mais, si je ne me trompe, la retraite des membres de l'Université actuelle a été assurée par un prélèvement annuel fait sur le traitement de chacun d'eux. Qui empêchera les membres de l'*Université nationale* d'imiter cette sage précaution et de pourvoir ainsi aux éventualités de l'avenir?

Du reste, le traitement et la retraite des professeurs pourraient être assurés par la municipalité des communes de France, et il y aurait même sur ce point cet avantage que chaque ville aurait ainsi des maisons d'éducation et des professeurs d'un mérite proportionnel aux sacrifices qu'elle saurait s'imposer. Les municipalités s'habituant ainsi à suffire collectivement aux frais de l'éducation, on aurait fait un pas immense vers le système de l'enseignement gratuit, et voilà pourquoi cette mesure doit obtenir l'approbation de tout ami du progrès.

— Mais l'État, l'État aura perdu toute influence sur l'enseignement et par conséquent sur l'éducation de la France. Toutes les écoles deviendront autant de foyers de complots contre lui, et son autorité sera grandement compromise.

Je réponds à cela qu'un Gouvernement n'est jamais plus solide et plus populaire que lorsque le peuple est content, et que les affaires vont pour le mieux. Or, la liberté complète de l'enseignement est l'une des mesures qui causeront le plus de joie à la France, et qui auront la plus salutaire influence sur son avenir. Ce sera donc une bonne fortune pour l'État. Du reste, il exercera un sévère contrôle sur toutes les maisons d'éducation, sans exception aucune, et il sera le maître d'exiger de *tous les professeurs* l'austère accomplissement de leurs devoirs civiques. La situation de l'État étant plus nette et plus indépendante, lui permettra d'exiger davantage, sous certains rapports, et d'imposer à tous l'observation des mêmes règlements généraux. Son prestige restera donc intact ; et il aura gagné, au demeurant, une situation plus naturelle et une immense popularité.

La liberté d'enseignement sera donc extrêmement utile aux professeurs, agréable à la nation, salutaire au pouvoir.

Concluons-en que la mesure est bonne, nécessaire et urgente.

CHAPITRE XV.

La Société des Civilisateurs.

Mais, pour préparer de nouvelles Réformes, pour faciliter de nouveaux Progrès, pour aider la France à devenir de plus en plus digne de diriger le grand mouvement civilisateur, dont nous avons bien des fois parlé dans cet ouvrage, il serait nécessaire de former une Association civilisatrice. Cette Société ouvrirait son sein à tous les Français d'élite, donnerait une direction commune à leurs aspirations progressistes, réunirait leurs efforts en un invincible faisceau, et donnerait à l'action civilisatrice de la France cette impulsion, qui peut seule enfanter des prodiges et amener le triomphe de la civilisation chrétienne, sur les débris de tous les obstacles vaincus.

Il y a longtemps que l'auteur de ce livre appelle de tous ses vœux l'organisation d'une Société de ce genre. Plusieurs fois, même, il en a proposé le plan à différents Personnages. Mais l'idée de la mission civilisatrice de la France était encore trop neuve ; elle paraissait audacieuse, étonnante, chimérique même ; on n'avait pas encore vu les pompeuses ambassades des Peuples les plus lointains venir à Paris des extrémités du monde; on ne croyait pas qu'il fût possible de voir les Empereurs et les Rois accourir au sein de la Grande Nation, parler de la paix universelle, et s'essayer à ce grand Congrès International, qui doit un jour distribuer la Justice au Genre Humain.

Le moment n'était pas venu encore de publier ce grand dessein. Mais, aujourd'hui que nous voyons tout cela de nos yeux, et que la fraternelle solidarité des nations fait de rapides progrès, il semble opportun de proposer à l'Univers la fondation de cette OEuvre. Je vais donc préciser ma pensée là-dessus en peu de mots.

La *Société des Civilisateurs* devant être essentiellement politique, le Gouvernement Français devrait en prendre la direction avec l'élévation de vues et la fermeté qui le distinguent. Sa Majesté l'Empereur Napoléon III serait à la tête de l'entreprise; tous les hommes d'État de la France devraient y coopérer; et, dans chaque Préfecture, un registre serait ouvert pour recevoir les adhésions volontaires à l'Association.

Dès que les Associés seraient en nombre convenable, le Gouvernement lui-même les inviterait à se réunir pour faire les statuts de la Société, pour organiser les journaux destinés à la défendre et pour préparer tous les moyens de mener à bonne fin la *grande Croisade Civilisatrice*.

L'Association Française s'efforcerait de recueillir des adhésions chez tous les peuples du monde; et, dès que les nouveaux adhérents seraient assez nombreux, ils formeraient à leur tour une *Association civilisatrice*.

Toutes ces Associations diverses seraient solidaires entre elles et travailleraient énergiquement à préparer l'avénement de la Justice Internationale, à détruire partout le règne de la Force aveugle, à vaincre la barbarie qui est l'ennemi commun, et à faire triompher universellement la Civilisation chrétienne, cette bienfaisante Mère du genre humain.

Tout homme intelligent et généreux comprendra aisément l'immense portée de cette Institution. Le Gouvernement civilisateur de la France y trouverait un solide point d'appui pour sa politique au dedans et au dehors.

Tous les Législateurs ne manqueraient pas d'encourager une œuvre qui les aiderait à élaborer de sages décrets.

Les Empereurs et les Rois comprendraient peu à peu que la propagande de la vérité est le plus ferme soutien du Pouvoir, et la meilleure sauvegarde contre les Révolutions.

Les Peuples eux-mêmes, avec leur admirable instinct, sentiraient que l'Œuvre du triomphe de la Justice, en assurant la paix du monde, assurera par là même le respect de tous les droits, le progrès et le bonheur de l'Humanité.

Voilà pourquoi la *Société des Civilisateurs* doit être fondée !

Maintenant, si l'on veut bien me le permettre, j'ajouterai ici que les principes fondamentaux de l'Association doivent être : 1° Le Christianisme. 2° La démocratie couronnée. 3° La fraternelle solidarité des Nations. 4° L'harmonie des lois particulières de tous les Peuples avec les besoins généraux du genre humain. 5° La création d'un *Congrès* ou *Aréopage international*, chargé de faire régner la justice parmi les peuples, comme les tribunaux ordinaires la font régner parmi les individus.

1° Le christianisme doit être la première base de l'*Association des Civilisateurs*, parce qu'il est la plus parfaite religion qui existe sur la terre, celle qui répond le mieux à tous les besoins physiques et moraux de l'humanité, celle qui promulgue le plus explicitement ce grand dogme de la Fraternité humaine, qui est la base de tout ordre social, et spécialement du monde nouveau, qu'il s'agit de faire sortir de toutes les ruines amoncelées par les révolutions. Ce ne sont point les Civilisations de Bouddha, de Confucius ou de Mahomet qu'il s'agit de faire triompher dans l'Univers. Ces civilisations-là, de même que les religions qui les ont produites, ont depuis longtemps donné la mesure de leur impuissance : elles ne renferment que des parcelles de la vérité; elles n'ont pas pu ouvrir devant l'homme ces immenses perspectives, ces horizons infinis qui dilatent son cœur, illuminent son intelligence, et lui permettent de progresser toujours, sans jamais atteindre l'extrême limite du progrès. Voilà pourquoi les peuples chez qui elles ont semblé produire pendant quelques siècles un prodigieux épanouissement de puissance et de vie, se sont arrêtés soudain dans leur développement, et semblent aujourd'hui plutôt agoniser que vivre en réalité, semblables à ces arbres plantés dans un terrain peu fertile, qui, après s'être rapidement couverts de feuilles et de fleurs, jaunissent tout à coup, et ne peuvent pas mûrir leurs fruits, parce que le fonds appauvri qui les porte, ne peut leur fournir cette séve puissante qui fait monter vers les cieux les rois du monde végétal.

Ce sont les grands principes qui font les grands peuples, les grands progrès, les grandes civilisations. Or, nulle religion et nulle philosophie connues n'en contiennent autant que le christianisme, qui, après avoir régénéré l'Europe, lui a donné la suprématie sur le genre humain. Voilà pourquoi il doit être la pierre fondamentale sur laquelle s'élèvera le monde nouveau, qui doit porter dans ses flancs les générations futures.

2° Sur cette base religieuse doit s'élever la première assise politique qui ne saurait être autre chose que la Démocratie couronnée, c'est-à-dire la souveraineté du Peuple qui se couronne lui-même dans la personne d'un prince élu par ses suffrages, et dont il éclaire la marche, contrôle les actes et fortifie le pouvoir par l'intermédiaire de ses représentants. C'est le mode de gouvernement le plus conforme à la raison et le plus favorable à la justice.

3° La fraternelle solidarité des nations doit être la base de la politique extérieure. Dès lors que tous les hommes sont frères, les nations sont sœurs, et partant solidaires, comme les membres d'une famille. Donc elles doivent se tendre une fraternelle main, et, bien loin de proclamer cette absurde doctrine de la *non-intervention*, d'après laquelle chaque nation est absolument maîtresse chez elle, et libre de violer tous les droits, il faut apprendre aux diplomates qu'ils sont responsables de leurs actes devant l'opinion du genre humain, et que l'injustice et la violence ne peuvent triompher quelque part sur la terre sans que les intérêts de tous les peuples en soient lésés plus ou moins, parce qu'ils sont les membres solidaires du grand corps de l'Humanité. C'est une vérité proclamée par la nature et par la raison.

4° L'harmonie des lois de chaque peuple avec les besoins généraux de tous les autres doit être la règle de la politique intérieure. En effet, chaque nation est libre de mettre ses mœurs, ses usages et ses lois en harmonie avec ses besoins particuliers : mais elle ne doit pas oublier qu'il ne lui est pas permis de les mettre en opposition avec les intérêts de la grande Famille humaine. De même que la liberté de chaque citoyen cesse devant l'intérêt général de la patrie, de même les droits de chaque nation sont limités par les droits généraux du genie humain. C'est une chose incontestable. Malheureusement, cette grande vérité a été complétement méconnue dans les siècles passés, et c'est pourquoi la guerre a été en permanence parmi les hommes. Les amis du progrès doivent aujourd'hui la proclamer et la défendre avec une généreuse ardeur, car elle est le Palladium de la Paix universelle.

5° Le *Congrès* ou l'*Aréopage international* n'est pas moins nécessaire pour faire respecter enfin par les Nations, la justice qu'elles imposent elles-mêmes avec raison à tous les citoyens. Les sociétés n'ont pu s'établir qu'en créant des Tribunaux chargés de trancher toutes les difficultés qui s'élèvent parmi les individus, sans quoi les luttes d'homme à homme, et la plus brutale sauvagerie auraient rendu tout ordre social impossible. Eh bien! le temps est venu où la justice doit étendre son sceptre salutaire sur les Nations elles-mêmes. Les agglomérations d'hommes, quel que soit leur nombre, ne sont pas plus au-dessus du droit naturel que les individus. L'égoïsme et les diverses passions de ces derniers ont été sagement réprimés, par les lois de chaque Peuple. Ce premier pas étant fait, il faut maintenant faire le second, et morigéner les passions des Peuples par une grande institution qui domine le genre humain. Ce sera *la Haute Cour de Justice, le Congrès permanent, l'Aréopage international*, chargé de veiller au maintien de l'ordre et au respect du droit dans l'Univers entier. Lui seul peut faire cesser les luttes fratricides qui ont tant de fois ensanglanté la terre. Lui seul peut faire observer les lois générales de la Civilisation, tout en respectant les institutions de chaque peuple. Lui seul réalisera ainsi cette grande maxime humanitaire :

« *La Variété dans l'Unité!* [1] »

[1] Nos lecteurs trouveront de plus amples détails sur ces diverses questions dans notre ouvrage sur *La Civilisation universelle*, 2º édition, Dentu, éditeur, au Palais-Royal.

TABLE DES MATIÈRES.

Préface   V

PREMIÈRE PARTIE.

Le Nœud Gordien. — Exposition de toutes les questions politiques actuellement pendantes dans le monde entier   1

Chapitre I. — Le Pangermanisme.   3
— II. — Le Panslavisme 16
— III. — L'Empire Ottoman 35
— IV. — L'Angleterre et l'Irlande 53
— V. — L'Autriche 61
— VI. — La Péninsule Ibérique 68
— VII. — L'Amérique 78
— VIII. — L'Afrique 83
— IX. — L'Asie 88
— X. — La question religieuse et sociale en Europe 98

DEUXIÈME PARTIE.

Les Solutions.—Politique nouvelle proposée au Gouvernement Français 145

Lettre I — A S. M. l'Empereur. Necessité de la paix. Confédération européenne. La Pologne. La Civilisation universelle 147
— II. — A S. M. l'Empereur. Suite du même sujet. 153
— III. — A S M. l'Empereur. L'alliance russo-américaine Moyen de lui résister. Double jeu de la Prusse 159
— IV. — A S. M l'Empereur 168
— V — A S. M. l'Empereur 170
   § Ier. — La réorganisation de l'armée française 170
   § II. — Hiérarchie 175
   § III. — Drapeau 180
   § IV. — Armes offensives et défensives. 181
   § V. — Ordre de bataille 185
   § VI. — L'impôt du sang, ou le recrutement. Le Champ-de-Mai . . . 187
— VI. — A S. M. l'Empereur. Coalition du Nord ou alliance de la Russie, de l'Amérique et de la Prusse. Réflexions sur le Mexique . . 199
— VII. — A S. M l'Empereur. Les deux politiques. 208
— VIII. — A S. M. l'Empereur. Le salut de l'Empire. Situation intérieure 214
— IX. — A S M. l'Empereur. La Papauté à Jerusalem 223
— X. — A M. le baron Haussmann 231

TABLE DES MATIERES. 417

Lettre XI. — A S M l'Empereur. La Turquie, ou la
question d'Orient. Mission de la France. 234
— XII. — A S. M. l'Empereur. L'alliance franco-ame-
ricaine. Question des colonies. La Greffe
humaine 241
— XIII. — A S. M. l'Imperatrice La clinique d'un
diplomate. La maladie sociale. Ses cau-
ses. Ses remèdes. Les Peres de la Patrie.
Le nouveau monde 251
— XIV. — A S. Altesse I Mgr le Prince Napoleon.
Le roi du peuple 263
— XV. — A S. Altesse I. Mgr le Prince Napoléon.
Necessite des reformes. L'exposition uni-
verselle. Fêtes de l'Union des peuples.
La Décade humanitaire 272

TROISIÈME PARTIE.

A la Nation française. — Les Réformes. . . 283

Chapitre I. — Causes des revolutions Un principe-
sauveur. 285
— II — Exploitation de l'homme par l'homme. 288
— III — Coalition des travailleurs 291
— IV — Rupture de l'equilibre social 292
— V. — Conséquences 297
— VI. — Coalitions et grèves. Societés coopérati-
ves Questions des salaires. Organisa-
tion du travail. Cours de commerce. . 300
— VII. — Les paroles des Sycophantes 313
— VIII. — Quelques remèdes veritables 320
— IX. — Loi du Maximum 321

TABLE DES MATIÈRES.

Chapitre X. — Loi du Minimum.	326
— XI. — Les monopoles.	330
— XII. — Le cumul des emplois	334
— XIII. — Le népotisme et le favoritisme. Les Plutusiens. L'institution du Mérite national. La poussée électorale	337
— XIV. — L'Éducation :	
§ I. - L'éducation mal comprise. Quatre sortes de gens qui s'occupent de l'éducation	351
§ II. — Défauts de l'éducation française.	355
§ III. — Défauts vis-à-vis de l'individu.	355
§ IV. — Défauts vis-à-vis de la famille.	368
§ V. — Défauts vis-à-vis de l'État. .	370
§ VI. — Réforme générale de l'éducation	376
§ VII. — Réforme de l'éducation classique.	377
§ VIII. — Réforme de l'éducation religieuse.	381
§ IX. — Réforme de l'enseignement professionnel	382
§ X. — La liberté d'enseignement .	389
— XV. — La Société des Civilisateurs .	407

FIN DE LA TABLE.

www.ingramcontent.com/pod-product-compliance
Lightning Source LLC
Chambersburg PA
CBHW070624230426
43670CB00010B/1640